重阳登高 全真普世道情

高从宜　王肖苓　著

中华根柢·道教三书

西北大学出版社

前 言

1918年，鲁迅先生在《致许寿裳》的书信中指出："中国根柢全在道教。"这是针对中国文化讲的。把中国文化的根柢归之于道教，斯言义重。在当代中国语境下，对其阐证更显亟需，然而又尤其艰难。《中华根柢·道教三书》就是对鲁迅先生这一深刻命题的阐证尝试，也是对华夏道学脉起及宗教沿革、华夏信仰源头及思想学说的回溯、清理与释义。

黄帝是人文始祖，老子是华夏道祖，其与道教的信理干系，久且深矣，因此，本丛书首先要梳理"犹龙祖风之道境"；钟吕八仙既是历史天幕的绚烂云霞，也是文化世界的鲜活面容，更是仙道信仰的伟大宗师，自然我们不能不涉入"钟吕八仙之道光"；作为钟吕法脉的受命传人，王重阳及其全真教在"靖康之耻"的华夏危难时刻，以"活死人墓"的骇人姿态，将"道"的智慧力量演绎成了扶危济世、拯救生命的恩典世界，这是我们对道脉延续的"全真普世教理"考量的历史依据。以历史顺序而罗列的以上三个主题，构成本丛书的基本架构，目的在于阐证鲁迅先生所谓中国文化根柢在道教这一历史命题，明晰这一命题的客观的决定性分量。

1993年，湖南郭店楚墓老子文本出土。它以现代考古学事实，最终确证了《史记·老子列传》的权威形象，确证了《老子》先于《庄子》的历史事实。1990年，坚持了60年《庄子》先于《老子》

的钱穆先生逝世。这既辛酸又欣慰。不止钱穆，还有梁启超、侯外庐和郭沫若诸先生，他们都是《老子》后于《庄子》论者。面对湖南郭店楚墓"老子"出土，这让人既悲观又乐观。悲观不必多言，是什么让人乐观呢？郭店老子文本不单是厘清了一两个学术争论，中国人真正进入道境的步伐可能悄然开始了，华夏崛起的道歌可以唱出久哑的喉咙了。这就是大家们的失误留给我们的宝贵启迪。至于一些学者至今仍然脱离道教信仰、远离证道实践而"谈玄论道"的作为，那不过是现代学术自由之一种表现罢了。

《祖风犹龙》就是我们对先祖道境的思想言说、学术言说，也是价值释义和信仰释义。如果说思想言说和学术言说使《祖风犹龙》不同于纯粹的道教教义书籍；那么，价值释义和信仰释义便使它有别于坊间学者专家著述。作为价值和信仰释义，在今日地球村语境中，与佛教、基督教和古希腊思想的比较既是艰难的，也是必须的。《祖风犹龙》中的"道与逻各斯""老子的灵相界"和"老庄哲学：道与言"等章节对此作了初步阐发，也是基本阐发。

1900年敦煌藏经洞被发现，其中有钟吕八仙的珍贵文献《湘祖白鹤紫芝遁法》；1933年，《吕让墓志》出土；再加上《宋史·陈抟传》、杨亿《谈苑》，吕洞宾——这位中国家喻户晓、广受喜爱的天人英雄，这位道教史承前启后、影响巨大的传奇人物，其历史运行的实际轮廓已经清晰显影。其剑仙、酒仙和诗仙形象，乃是盛世唐朝尊崇剑、酒和诗的精神产物和修道仙果；其内丹为主、性命双修乃是唐末五代道教仙学的实践体现和理论概括；其隐居华山、飞行洞庭的人生轨迹乃是家国身世的忠实映现和真实映射。《风追盛唐》的命名寓意，其缘由即此。

吕祖洞、八仙庵是华夏大地最广泛的道场。八仙过海、瑶池庆寿是中国文化最热衷的戏剧。民间的剪纸和年画，至今仍然可见钟吕八仙道影。《风追盛唐》努力体现的方法论和释义立场，就是这种仙道学—文化学—民俗学三位一体的整体结构视野。鉴于文化学和民俗学的八仙题材已有不少学者涉猎,《风追盛唐》的重点便放在仙道层面;基于钟吕丹法的单纯技术内容也有许多学者研究,《风追盛唐》的仙道学便重点放在历史维度。

"华山论剑"是金庸先生《射雕英雄传》和《神雕侠侣》两部经典作品的压轴好戏,其中高手云集,侠光道影,精彩纷呈。其历史背景正是蒙元时期宋、金、元的"三国演义"。金庸先生的武侠创作是严谨认真的,小说后附有相关的历史资料。"但迄今为止,还没有见到一篇论文对金庸小说与历史上的全真教及其主要人物进行比较分析研究。"(左洪涛,2008年)而"华山论剑"的"历史宗教文献研究"更无从谈起,《终南山祖碑》《甘水仙源录》《金莲正宗记》等渺无"华山论剑"之踪迹。如此希望维持"华山论剑"的神奇性和阅读美感,就得拒绝历史世界;坚守历史性和文献记述,就得解构武侠世界。亲爱的读者,谁愿意接受这种"精神和文化分裂"的"中神通"形象呢?

本书系中的《重阳登高》,披阅史料,探幽发微,在丰富、深沉、濒于湮没的众多文献面前,不仅和金庸"华山论剑"的精彩性取得完全一致,并敞示了王重阳更为神奇的精神视域。我们系统分析了王重阳"华山论剑"的五大史料:(1)元代山西永乐宫壁画上的"别河辞岳";(2)全真教"经华岳,入南京"的密语语法;(3)《重阳全真集》的隐喻言说;(4)陆游《赵将军》中的"关中奇士"和商挺《甘河遇仙宫》的感怀叙事;(5)马丹阳"九转华阳巾"的王重阳追忆。结果发现,"华山论剑"不只属于金庸先生的武侠世界,也是全真教最隐秘的历史真相。还有"九阴真经"、还有"活死人墓"、还有"一阳指"、还有"宇宙黑洞"和"人间恩仇"……我们既努力恢复了王重阳全真教精神和文化的统一形象,也摆脱了小说和历史阅读互相冲突的两难尴尬,同时解答了中神通王重阳留给世人的神奇遗产。

  20世纪80年代，英国《撒旦诗篇》的作者曾经遭到信仰者的强烈谴责和漫天追杀。那么，请原谅《风追盛唐》中对《八仙考》作者浦江清等先生的批判，请原谅《祖风犹龙》中对《老庄通辨》作者钱穆等先生的批评，请原谅《重阳登高》中对《丘处机》作者赵益等先生的批驳——那是出于信仰的终极关怀和学术的理性品质。撇开信仰不说，仅就学术的理性品质而言，我们所有的批判、批评和批驳文字完全属于学术的理性探讨范围；同时，我们完全对等地欢迎其他学者对拙作可能进行的批判、批评和批驳。至于我们批评了已经仙逝的前辈先贤，一是他们皆是历史批评家，二是他们的作品都有相当影响力——仍然影响活者，仍然"活"着！
  就民族复兴和精神信仰而言，毛泽东在非常艰难的延安时期，写作了包括《愚公移山》在内的"光辉三篇"。"愚公移山"的主人是谁呢？是《列子》和列子。我们在《祖风犹龙》中，给《列子》以高度的思想阐发，给列子以崇高的心灵敬意。创造了"愚公移山"精神的《列子》被一些学者诬为"伪作"，具有"愚公移山"实践的列子是道家真人。毛泽东写作《愚公移山》的时候，中国属于半封建和半殖民地社会。今天，中国已经是完全的独立主权国家。然而，中国文化精神的振兴仍然任重道远，民族信仰领土的收复依然道阻且长。"周虽旧邦，其命惟新。"《中华根柢·道教三书》旨在为中国文化精神的振兴，竭尽我们的绵薄之力；旨在为民族信仰领土的收复，奉献我们的管窥之见。大道天下为公，希望大家批评，欢迎大家指正！

高从宜
2013年早春于西安

目 录 CONTENTS

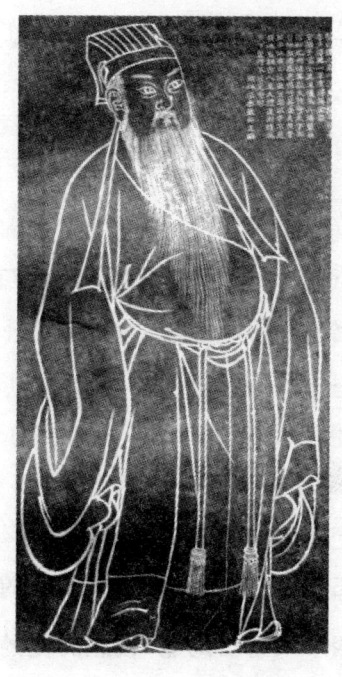

人本篇

第一章　重阳登高望京华

第一节　抬棺狮吼：招魂汉民族……003

第二节　害风害风：告别士大夫……009

第三节　重阳重阳：迈向全真道……014

第四节　甘河遇仙：道教的救恩史……018

第五节　活死人墓：华夏的释迦剧……024

第六节　遍地金莲：全真的救赎史……029

第七节　重阳登高：乱云望京华……036

第二章　金莲七朵丹阳开

第一节　北七真的结构伦理……040

第二节　从"马半街"到"托钵僧"……………………045

第三节　百日锁庵全真心……………………048

第四节　祖庭心死重阳宫……………………052

第五节　清净散人　全真金花……………………058

第六节　云水无端　长真无为……………………062

第七节　高古大通　华山仙风……………………067

第三章　全真白云跃龙门

第一节　金诏五番　玉阳一处……………………074

第二节　长生之门　处玄之境……………………078

第三节　一言止杀：救赎历史的话语权……………………084

第四节　雪山论道：救恩历史的西游记……………………089

第五节　宋金朝元：道演华夏的三国志……………………096

第六节　龙门洞：峭壁上的窗户……………………099

第七节　西西弗斯的神话……………………103

道本篇

第一章　全真道之证量

第一节　道本：全真之"道"……………………111

第二节　道本：全真之"证"……………………115

第三节　证道：王重阳之"死"……………………120

第四节　证道：王重阳之"矗"……………………123

第五节　道本之心　师徒皆疯……………………128

第六节　道本之情　母子出家……………………132

第七节　道本之缘　夫妻皆仙⋯⋯⋯⋯⋯⋯⋯⋯⋯⋯⋯⋯⋯⋯⋯⋯137

第二章　普世之道的证境

第一节　道本通密　白云出岫⋯⋯⋯⋯⋯⋯⋯⋯⋯⋯⋯⋯⋯⋯⋯⋯141

第二节　道本玉球　丘谭马刘⋯⋯⋯⋯⋯⋯⋯⋯⋯⋯⋯⋯⋯⋯⋯⋯146

第三节　道本归宗　三教祖风⋯⋯⋯⋯⋯⋯⋯⋯⋯⋯⋯⋯⋯⋯⋯⋯150

第四节　道本灵宝　普世救赎⋯⋯⋯⋯⋯⋯⋯⋯⋯⋯⋯⋯⋯⋯⋯⋯153

第五节　量子跃迁和顿悟之道⋯⋯⋯⋯⋯⋯⋯⋯⋯⋯⋯⋯⋯⋯⋯⋯160

第六节　宇宙爆炸和重阳之死⋯⋯⋯⋯⋯⋯⋯⋯⋯⋯⋯⋯⋯⋯⋯⋯165

文本篇

第一章　王重阳著作释义

第一节　《重阳全真集》释义⋯⋯⋯⋯⋯⋯⋯⋯⋯⋯⋯⋯⋯⋯⋯⋯171

第二节　对话录:《重阳教化集》释义⋯⋯⋯⋯⋯⋯⋯⋯⋯⋯⋯⋯177

第三节　隐喻书:《分梨十化集》释义⋯⋯⋯⋯⋯⋯⋯⋯⋯⋯⋯⋯181

第四节　得得得:马鸣重阳歌⋯⋯⋯⋯⋯⋯⋯⋯⋯⋯⋯⋯⋯⋯⋯⋯186

第五节　吉吉吉:道言王嚞风⋯⋯⋯⋯⋯⋯⋯⋯⋯⋯⋯⋯⋯⋯⋯⋯191

第二章　全真七子著作释义

第一节　顿超之境:《渐悟集》释义⋯⋯⋯⋯⋯⋯⋯⋯⋯⋯⋯⋯⋯195

第二节　龙门之跃:《磻溪集》释义⋯⋯⋯⋯⋯⋯⋯⋯⋯⋯⋯⋯⋯200

第三节　长春通密:丘著历史疑议⋯⋯⋯⋯⋯⋯⋯⋯⋯⋯⋯⋯⋯⋯209

第四节　穿越黑暗:《女丹诀》的特殊性⋯⋯⋯⋯⋯⋯⋯⋯⋯⋯⋯216

第五节　新声先发:《仙乐集》的特异性⋯⋯⋯⋯⋯⋯⋯⋯⋯⋯⋯220

第六节　云山道歌:《云光集》与《水云集》⋯⋯⋯⋯⋯⋯⋯⋯⋯226

第七节　华山论剑:《太古集》与《华岳志》⋯⋯⋯⋯⋯⋯⋯⋯⋯234

第三章　全真之文　释义之道

第一节　诗歌体：全真文本之冠……………………………………250

第二节　性命观：全真文本之旨……………………………………255

第三节　先知书：全真文本之奥……………………………………263

第四节　视知性：朝元洞与修真图…………………………………267

第五节　朝天阙：重阳宫与白云观…………………………………274

人本篇

第一章 重阳登高望京华

第一节 抬棺狮吼：招魂汉民族

《三国演义》第74回的题目赫然在目："庞令明抬榇决死战，关云长放水淹七军。"庞德和关羽的决战尽管失败了，其抬棺死战的英勇气概却惊天地泣鬼神。《三国演义》和《史记·周本记》还分别记载了诸葛亮和周文王的木雕塑像在战争中的重大作用。在司马迁笔下，周武王用"木主"代替了父亲的身体到场，表达着父亲尸体的在场怒吼。商周牧野大战，周武王和诸侯的联合部队只有十几万人，而殷纣王的部队是70万人。有赖周文王"木主"的圣灵降临，周武王获得了牧野大战的历史性胜利。华夏文明形成于公元前800年的文武周朝，是学界共识。1127年，北宋靖康是华夏文明的惨败标志。"四十三年，望中犹记，烽火扬州路"；靖康之耻后的43年，公元1170年正月初四，除旧迎新的爆竹声中，全真教祖王重阳于北宋汴梁（开封）仙逝。隔年，王重阳的四大弟子——马丹阳、谭处端、刘处玄和丘处机，抬着王重阳的灵棺，从北宋汴梁出发，昼夜兼程，风餐露宿，丧行千里，将王重阳安葬于陕西终南山下的全真祖庵。赵道一的《历世真仙体道通鉴》记载：

师自到京日，使马钰等四人乞钱于市，市及斤之鲤煮食之，秤不及则不食。友之颇惑，默念："道人看《乐章集》，已非所宜，又食鱼，必其斤重，果何为哉？"他日，问："《乐章集》彻乎？"师不言，但付其旧本。友之检阅，其空行间逐篇和讫，不觉叹曰："神仙语也。"……师自是不复食鱼，盖以友之为大鲤，故示意尔。师命马钰召匠者造独坐风车，工毕，狮云："近日火烩我眼，不能见。"使燃灯徧照之，马钰即顿悟。又师自市四鲤，穿而拖之，入于邸中。

以羊肉二斤并煮之熟,藏之月余,其鱼肉皆臭败。令门人弟子食之,时各戒膻荤,莫有敢食者。凡数朝,先令钰早食羊鱼,又令沽酒,市天蒸枣蜜弹子,师自食之。询钰曰:"会得否?"钰未悟……后入关,始悟京中之事,皆玄妙之教也。师曰:"丹阳已得道,长真已知道,吾无虑矣。处机所学,一听丹阳、处玄,长真,当管领之。"甫正月,师与众别曰:"今可赴师真之期矣。"……后钰辈复往南京,取其灵柩归葬于刘蒋。(《王重阳集》345—347页,齐鲁书社,2005年。以下只注页码,余同)

这是王重阳之死的最详尽记载。从"以羊肉二斤并煮之熟,藏之月余"等看,王重阳一行在北宋汴梁停留的时间大概有四十多天。他真是病得无法行走吗?王重阳之所以停留汴梁四十多天,在于对马钰四子进行历史教育。王重阳精神之乐观,整天阅读《乐章集》;身体之健康,吃肉饮酒,并且"师自市四鲤,穿而拖之,入于邸中"。那么,为什么王重阳不前往关中,而死于开封呢?对于王重阳之死,有三种解释立场:(1)全真道的信仰态度,以秦志安的《金莲正宗记》为代表;它强调指出:"昔日披毡师真秘语云:九转成,入南京,得知友,赴蓬瀛。吾今将赴其约。"王重阳之死被视为完全的先定安排和奥秘事件。(2)学者们的理性态度和立场。王重阳之死,中国学者多漠然置之。最普遍的情况,是不予理会追究;最善意的态度,归结为"积劳成疾"(于善庆的《甘水仙源》);最仔细的努力,是景安宁对"独坐风车"的考察。(3)我们的立场:在信仰中理解,在理解中信仰。主张凡是可理解者,就不必诉诸信仰语言;不可理解者,也不要强不知以为知。我们就以"独坐风车"的考察为例。

对王重阳的"独坐风车",国内学者多漠然置之。从张广保的《金元全真道内丹心性学》、王西平和陈法永的《重阳宫与全真道》、牟钟鉴等的《全真七子与齐鲁文化》到赵卫东的《金元全真道教史论》近十部专著,均未考察分析。唯景安宁在《道教全真派宫观、造像与祖师》(该书 29 页,中华书局,2012 年)中对"独坐风车"进行了讨论。景安宁的引文出自《永乐宫壁画题记录文》,和赵道一的《历世真仙体道通鉴》基本一致:"师命马钰召匠者造独坐风车,工毕,师云:近日火焮我眼,不能见,使燃灯徧照之。钰即顿悟。"由于非信仰立场,景安宁对"独坐风车"的考察结论为:"王重阳显然体力不支,无法继续西行",死于汴梁是纯粹患病结果,和王重阳的精神意志无关。其实,包括"独坐风车"在内的王重阳之死的临终情景,作为托命弟子的马丹阳也理解得很吃力:"钰未悟……后入关,始悟京中之事,皆玄妙之教也"。比如,"独坐风车",诚然不能完全排除实用理性的交通功能,而本质乃在于对全真清修的坚持。"又师自市四鲤,穿而拖之,入于邸中",怎么能说"王重阳显然体力不支,无法继续西行"呢?耶稣说自己是学者的绊脚石,王重阳亦然。

王重阳的临终情景,"友之颇惑",我们更困惑。"友之"叫孟宗献,是汴梁的一位官员和好道人士。王重阳死后,尸骨就安葬于孟宗献的私人花园。作为一位官员和好道人士,孟宗献对王重阳的困惑是:"道人看《乐章集》,已非所宜,又食鱼,必其斤重,果何为哉?"王重阳年轻应举,作春宫赋,亦即《乐章

四子捧柩

集》类读物。那么，提倡苦己清修的王重阳，为何临终之际却在阅读《乐章集》呢？苦己清修的全真教不是排斥酒肉吗？临终之际，王重阳在沉思以吃酒食肉、欲乐定为突出特征的男女双修的可行性问题。强昱认为："王重阳在《重阳祖师修仙了性秘诀》中已经面临着房中术对修真问题的干扰情况，因此正面提醒信众心性修炼的人生觉醒"（《刘处玄学案》14页，齐鲁书社，2012年）。面对房中术和男女双修对全真教的干扰和挑战，王重阳临终之前的回答就是继续"独坐风车"！"风车"指修炼，"独坐风车"即清修证道。"食羊"指"羊车"（《重阳金关玉锁诀》）。"又食鱼，必其斤重"指历史尺度倘若进化到和平盛世，未尝不可以考虑吃酒食肉乃至男女双修的修炼问题。眼下，"靖康耻，犹未雪"，又身处北宋汴梁，临终前，王重阳的决断是：继续坚持全真教的苦己清修精神——"独坐风车"。临终之前，王重阳一反常态地饮酒、食羊肉和"独坐风车"的寓意解释，还可以参考《重阳金关玉锁诀》中的"羊车"，可以参阅王重阳的诗篇《赠打车》（《王重阳集》74页，齐鲁书社，2005年），而"造独坐风车，工毕，不能见，使燃灯徧照之。钰即顿悟"也是明确注解。藏传佛教的男女双修，诚然让全真后裔吃了大亏；宋徽宗的处女癖好，更让民族受尽苦难。河南汴梁正是靖康之耻的发生地和见证。身在汴梁的王重阳吟道："害风害风旧病发，寿命不过五十八。"民族意识和爱国情怀就是王重阳修道的核心价值，即他的"旧病"。在北宋汴梁，已经成仙的王重阳决定离开世界。仙逝汴梁，源于王重阳的旧病和心病，是王重阳自由意志的最后呈露和诉求，是民族意识和爱国情怀的本质决断。

隆冬季节，仙逝汴梁，王重阳以自己的"死"祭奠着赵宋王朝之"亡"；华岳在前，撒手中途，王重阳以自己的"亡"提示着华夏民族之"辱"。渊默如雷：马丹阳诸弟子抬着王重阳的灵棺，一定能听见师傅灵魂的强劲心音；抬棺狮吼：王重阳以自己特有的遗姿，拉开了全真教招魂汉民族的历史帷幕！死亡现象，已经是西方哲学孜孜以求的存在论主题。王重阳之死，更是华夏文明历史的一个精神事件。全真道的信仰立场和现代学者的理性态度，以一种对立互补的形态，完全搁置了王重阳之死的考察事务。秦志安在《金莲正宗记》中写道：

  昔日披毡师真秘语云：九转成，入南京，得知友，赴蓬瀛。吾今将赴其约。门人惶恐，乞遗世语，祖师曰：我三年前已题于壁矣。又云：害风害风旧病发，寿命不过五十八。两个先生次定来，一灵真性诚搜刷。(《王重阳集》335页)

《金莲正宗记》中的"披毡师真"，即指吕洞宾。甘河遇仙的核心内容就是吕洞宾师真授予的《秘语五篇》。"九转成，入南京，得知友，赴蓬瀛"即"秘语之五"。"我三年前已题于壁矣"指《题终南山资圣宫殿壁》，其中写道："经华岳，入南京，得知友，赴蓬瀛"。"入南京"一语双关：既指北宋汴梁国都，也指玄都道境。同

祖师仙莹

时,"入南京"既指涉吕洞宾逝于湖南岳阳楼,守护南唐灭亡,也指涉王重阳逝于汴梁城,见证了北宋灭亡。吕洞宾和王重阳皆诞生于"故国不堪回首月明中"的历史瞬息,也是让人惊诧的苦难轮回,"曾几何时,赵佶的先祖俘人为房,让李煜'故国不堪回首月明中',没想到同样的命运竟落到赵家子孙身上"(张晓松《丘处机大传》第6页,青岛出版社,2006年)。终南山下既是王重阳成道的地方,也是吕洞宾传道的地方;马丹阳抬棺狮吼的终点,正是终南山下。王重阳仙逝汴梁,马丹阳抬棺狮吼,就是要唤醒华夏民族的辉煌和屈辱、荣耀和悲惨的历史记忆,就是全真教招魂汉民族的悲壮史诗。

　　王重阳至今被安葬四次。王重阳的安葬地,第一次是汴梁开封,后三次为户县祖庵重阳宫。安葬地点的迁徙,源于王重阳的遗愿。1170年王重阳逝世,马丹阳主持,遗体葬埋于开封私人花园,源于"九转成,入南京,得知友,赴蓬瀛"的师真预约。1172年第二次安葬灵体,马丹阳主持,源于王重阳的遗嘱。1241年,元朝尹志平主持"大举会葬王重阳"为第三次安葬,源于全真教的空前兴盛。2009年,任法融主持,历史上第四次安置王重阳灵骨,源于"文革"对重阳宫祖墓的骇人破坏。撇开道教的先知信仰,王重阳仙逝汴梁,马丹阳抬棺狮吼的历史影响,无疑十分巨大。马丹阳四子"途经长安住孔仙庵,史处厚持'三髻画图'迎接,同往刘蒋。和玉蟾、李灵阳知丘、刘、谭、马西归,留钱给卖糕之人,嘱其热情接待"。临潼零口赵悟玄母子的"举家入道",更是突出个案(《甘水仙源录》卷三)。马丹阳四子从汴梁到长安,经过临潼零口的时候,赵悟玄母子先是接待之,后来一家六口皈依之——"举家入道"。在《重阳殿画传》"四子奉柩"中写道:

　　丹阳师以大定十二年壬辰,乞自然钱数十千于长安,与三师东抵夷门,取祖师灵柩。祖师现神,或为启途,或为备饭。秦魏之民,悉为敬信(《王重阳集》365页,齐鲁书社,2005年)。

《重阳殿画传》用"秦魏之民,悉为敬信",概括"四子奉柩"的历史作用,客观可信。毛泽东评价长征时指出:"长征是宣言书,长征是宣传队,长征是播种机。"王重阳仙逝汴梁,马丹阳抬棺狮吼,显然也是全真道的宣言书、宣传队和播种机。

第二节　害风害风:告别士大夫

公元1112年,王重阳出生于陕西咸阳的大魏村,今属咸阳市秦都区。王重阳出身于一个"家业丰厚"的富裕家庭。他的一生正值北宋沦亡,金人入侵,民族灾难深重的时代。青年时代,他"痛祖国之沦亡,悯民族之不振",攻文习武,志向远大。但由于南宋政权孱弱,舍弃广大北方人民不顾,苟且偏安,王重阳的抱负没有能够施展。抗金失败后,王重阳掘地穴居,称之"活死人墓",以方牌挂其上,书云:"王害疯灵位"。王害疯灵位,是王重阳告别士大夫生活的庄严誓词,是以身殉道、以死证道的神圣承诺。

从年轻时候的攻文习武、志向远大,走到万念皆休、以死证道的疯痴状态,王重阳肯定会有一个复杂曲折、非常艰难的精神历程。与王重阳得道之后、山东寻徒、名扬天下、树碑立传的丰富驳杂形成鲜明对比,他48岁得道之前的历史记载十分贫乏、相当零碎,任何勾勒都极为困难。比如,王重阳是否应举成功,赵道一的《仙鉴》:"弱冠,业进士,系学籍,好属文,才思敏捷。始名中孚,字允卿,后入道,改称焉。""业进士"如何理解?是考中进士了,还是准备应考进士,无法确定。秦志安的《金莲正宗记》:"膂力倍人,才名拔俗,蚤(早)通经史,晚习弓刀。当废齐阜昌间,献赋春宫,迕意而黜。复试武举,遂中甲科。"《金莲正宗记》记载王重阳"复试武举,遂中甲科",是"废齐"的武举。按照金源璹的《全真教祖碑》,王重阳参加的是金国武举科场:"弱冠修进士举业,籍京兆府学。又善武略","圣朝天眷间（1138—1140年）收复陕西，英豪获用，先生于是捐文场，应武举，易名德威，字世雄"。按照其他几种传世文献，包括《金史》资料，王重阳事实上不可能参加金国的武举科场。麻九畴在《邓州重阳观记》中写道："王重阳讳喆，字知明，有文武艺。当废齐阜昌间（1131—1137年），脱落功名，日酣于酒。岁四十有八（1160年），遇二异人，得证玄理。"（《王重阳集》329页）。换句话说，在金国圣朝天眷间（1138—1140年）设立科举考试的时候，王重阳已经"脱落功名，日酣于酒"了。台湾学者姚从吾也指出："天眷期间根本没有考试过武举，王嚞自然不能捐文场应武举，改易名字了"（《金元全真教的民族思想与救世思想》）。如此属实，那么秦志安在《金莲正宗记》中记载王重阳"复试武举，遂中甲科"，和金源璹的《全真教祖碑》"圣朝天眷间（1138—1140年）收复陕西，英豪获用，先生于是捐文场，应武举，易名德威，字世雄"，就都站不住脚了。唐代剑认为，王重阳参加文选和"应武举"是不同时的两件事。"伪齐"刘豫曾于阜昌四年（1133年）和七年两次开科取士。据诸书记载，王重阳确实参加了其中的一次。王重阳的府试成绩名列前茅，但由于"献赋春宫，迕意而黜"，没有录取，故而麻九畴在《邓州重阳观记》中说他"脱落功名，日酣于酒"。"献赋春宫"符合王重阳的精神性格，酷爱柳词即是例证。王重阳担任金朝的甘河镇酒监，也有可能不是通过武举，而是王重阳的军功影响。什么样的军功影响呢？《全真教祖碑》记载："以文非时，复意于武，勘定祸乱，志欲斯举，文武二进，天不我与。"其中"勘定祸乱"一语，或可理解为王重阳曾在平定地方治安中有所作为，与唐代剑所考"得军功"获酒监职位相吻合。刘祖谦在《终南山重阳祖师仙迹记》中说：

师咸阳人，姓王氏。……当天眷之初，以财雄乡里。岁且饥，人多殍亡，有盗尽劫其资以去。一日适因物色得盗，终不之问，远近以为长者。正隆己卯（1159年）间忽遇至人于甘河……自是尽断诸缘，同尘万有。佯狂垢污，人益叵测；千态万状，不可穷诘。……呜呼！箕子狂，九畴叙；接舆狂，凤歌出；权智倒横直竖；均于扶世立教，良有以也。（《王重阳集》326—328页）

重阳成道宫

宋金乱世，民不聊生，盗贼四起，治安恶劣。王重阳家遭到抢劫，他不仅不去追究，并且释放了盗贼之首。对此重要事件，金源璹的《全真教祖碑》有相同记载："会废齐摄事，秦民未附，岁又饥馑，时有群寇劫真人家财一空。"家财被洗劫一空，王重阳的父亲向官府报案。"贼之渠魁"被抓获，王重阳却释放之。王重阳的威信就是这样慢慢积累起来的，兼之"真人美须髯，大目，身长六尺余寸。气豪言辩，以此得众"。王重阳不仅获得了乡亲里人的敬仰，并对地方治安作出了突出贡献，"咸阳、醴泉二邑赖真人得安"。

几十年后，手无寸铁的丘处机之所以能够安抚山东农民起义，靠的是和师傅王重阳一样的威信和魅力。丘处机后来成为成吉思汗的贵宾和帝师，王重阳得到了甘河镇的酒监职务。甘河镇酒监，这在官场仕途舞台，属于轻而又轻的低级职务。对王重阳后来的遇仙得道，甘河镇酒监却是关键重要的人生阶段。首先，王重阳在酒监职位上，并不尽职，因为"天遣文武之进两无成焉"。其次，近水楼台先得月，既是酒监，王重阳非常方便地"日酣于酒"。其三，王重阳一边做着酒监，同时搜寻道教经文。"昔日庞居士，如今王害风"表明，公然修道成为王害风之前，王重阳有一个居家修持的"庞居士"过程。据《重阳全真集》记载，"昔日庞居士"这种居家修行大致持续了7年时间。王重阳遇仙是在1159年，他48岁，南宋彻底放弃了陕西。那么，王重阳属意出世修炼大致在1153年前后，金人入关定都今日北京。在这种大的历史背景下，王重阳在酒监公务上，持完全的消极敷衍态度；在日常生活中，是不务家业，"日酣于酒"。《重阳全真集》中的《解佩令》，记录了他在酒监任上因酒醉丢失公文袋被人送还之事：

  害风王三，前时割税，为酒爱，饮中沉醉。往往来来，眼前事全然不记，与仁人当街打睡。腋袋头巾，尽皆遗弃，有经文，里面诀秘。深谢明公，发善心，与予拈起。解佩令，报贤好意。

  一般说来，"日酣于酒"的生活态度本身，就不为士大夫所赞赏。爱饮酒的苏轼，就遭到朱熹的公开批判；爱饮酒的李白，就无法做士大夫。何况王重阳对酒的沉醉痴迷，似乎已经超过了苏轼和李白。王重阳在公务时间，喝得烂醉，"前时割税，为酒爱，饮中沉醉"；"当街打睡，腋袋头巾，尽皆遗弃"，落魄至极！这是士大夫世界所不能允许的，王重阳也和士大夫世界渐行渐远。"有经文，里面诀秘"，王重阳的公文包里，恐怕既有收缴酒税的账目，也有道家炼丹的法诀。这两个世界是无法长久兼容的，王重阳的害风状态乃是兼容期的分裂告白。"深谢明公，发善心，与予拈起。解佩令，报贤好意"，神奇的世外高人已经暗中保护王重阳许久了！箕子颠，佯狂来；接舆来，楚狂出。刘祖谦的《终南山重阳祖师仙迹记》和秦志安的《金莲正宗记》都把王重阳的沉醉落魄，与箕子之佯狂、接舆之疯狂相提并论。箕子被囚、接舆被杀，天佑重阳，道爱赤心，异人对王重阳的保护从暗中开始公开化；瓜熟蒂落，水到渠成，王重阳的赤心从日在酒乡决定性地来到了身许道场。"解佩令，报贤好意"，王重阳的谢意乃是发自内心的历史感恩和庆幸命运。公元1160年的一天，王重阳提着壶酒，来到甘河岸边。一位道士叫他说："害风害风，拿酒来喝。"王重阳应声将酒递过去。道士一饮而尽，然后让王重阳拿着空壶到甘河中汲水。水汲来，道士又让王重阳自饮，一饮之下，觉得味道极佳，真是仙酒哩。道士告诉他说："我就是海蟾公。"说完，便失了踪影。王重阳从此不再饮酒，只喝水，脸上却常有醉容。为此他还作了首词，说道："王害风，饮水知多少，因此通玄妙。"王重阳遇道士后，回到刘蒋村，搭起座茅庵，题名为"活死人墓"，在墓上立张纸牌，上书"王害风灵位"。害风，便是疯子，从此人们都以"害风"称王重阳。《重阳全真集·自画骷髅》："此是前生王害风，因何偏爱走西东。任你骷髅郊野外，逍遥一性月明中。""害风"是骷髅观的境界和收获。《化马钰》写道：

莫虑王风冷，王风自不寒。

百朝燄地过，出路你咱看。

"害风"是超越风寒的道境和道果。《卜算子·雪中作》写道：

谁识这风狂，谁识斯三喆。

恰遇炎蒸得清凉，正寒也，成温热。

王害风，意即王疯子。《重阳全真集》中，除了"全真"这一概念外，就数"害风"出现的频率高了。"害风"其实是对自然季节和人伦世界的颠覆过程和出离境界。余虹在《王重阳"狂颠"人格之审美意蕴》中比较了魏晋名士和王重阳"狂颠"人格的异同，萧进铭在《光、死与重生》中已经把王重阳的"狂颠"人格置于密契神学背景。我们此处只问两个问题：其一，从历史发生学看，"害风"时间的起点和基本经过；其二，王重阳害风问题的基本分析和意义评价。王重阳"害风"现象的时间起点大致出现于甘河任职期间。王重阳在甘河镇的职务是监酒。监酒是酒业管理，王重阳却放弃自我管理，"不拘形迹，常常在市井间乞食，平时穿短裙破草衣，拿着残破的饭瓢，夜里便睡在冰雪地里"。这是酒醉现象，也是酒狂状态。关于王重阳害风问题的基本分析和意义评价，由于相关资料的缺失，我们这里只能初步判断，"害风问题"，大致有酒狂、诗狂和道狂三种情况。酒狂和诗狂，李白和苏轼也有此种人格特征（刘梦溪《中国文化的狂者精神》45—56页，三联书店，2012年）。关于酒狂和诗狂的关系，即酒神和艺术创作的因缘，尼采在《悲剧的精神》中开始进行艺术哲学分析。当代对此问题的精辟阐释是布罗斯基的《文明的孩子》。至于狂颠和修道的关系，就中国思想史看，大概是"王阳明、李卓吾、袁宏道几位大思想家，第一次把狂和闻道、和龙德、和入圣联系起来"（《中国文化的狂者精神》117页）。的确，狂颠和修道有非常密切的关联。狂者最突出的乃是个体的人格生命，还有"天赋的使命""正义的愤怒"和"良知的傲慢"。就王重阳而言，狂颠将他送到了大道的故乡和尊贵的天境。《重阳全真集》弥漫"害风"之气，充满王风自称，良有以焉。

一般而言，狂者总包含某种心理或生命根据。据2009年重阳宫安葬王重阳灵骨报道，王重阳的腿骨比常人要长10厘米，可见其魁梧高大。王重阳应武举，善骑射，中甲科。身体是生命的本钱，魁梧高大的身体更是王重阳生命超越的本钱。害风即疯子。疯子有三类：疯痴、疯癫和疯狂。此三者，王重阳兼而有之。

第三节　重阳重阳：迈向全真道

欲知重阳，必须先说阴阳。阴阳有三个方面的含义：(1) 作为科学常识概念，如人类男女，动物雌雄，这是直观的存在现象。(2) 作为哲学知识范畴，如个人的生理和心理矛盾问题，这是抽象的本质概念；用以描述存在的普遍原理和事物的变化原则。(3) 作为本体论神学概念，如人的身心、个体的性命；用以回答人的来源命运和宇宙的终极起源。就阴阳的第一个科学含义而言，它是人类共有的直观现象和观念。就阴阳的第二个哲学含义而言，它是中国儒道共有的本质观察和变化观念。它最早集中于《易经》，是易理的核心范畴。就阴阳作为矛盾变化的辩证法原理看，它最初被战国邹衍发展成阴阳五行理论，用以描述社会历史的王朝轮回。道家借用阴阳概念，主要用来探讨人的性命问题，用以描述终极关切。《老子》作为道教第一部著作，其中就有"万物负阴而抱阳"的说法。道家运用五行概念，第一个集中体现者，就是汉末魏伯阳的《周易参同契》。就阴阳的第三个神学含义而言，它则是中国道家尤其道教特有的形而上学和本体论概念。《易经》有"一阴一阳之谓道"，道即阴阳。中国道家尤其道教发展出了"纯阳"和"重阳"概念，既最终和儒家道学相区别，也迥异于基督教的二元论神学和康德式的哲学二元论。道教的"纯阳"概念来自于唐末的钟吕金丹学派，"重阳"

重阳宫正门

概念就是全真教王重阳创构的。

作为全真教的创立者，王重阳的"重阳"概念也有三个维度：其一，作为民俗审美概念，如重阳节，经常和菊花相联系；其二，作为修炼概念，特指性命双修，经常和"全真"相联结；其三，作为终极信仰概念，如大罗仙，经常和"天界"相联通。王重阳有几首"咏菊诗"，集中表现了"重阳"的审美趣味。其《菊花新》写道：

对月无何添雅致，丛绿花黄偏有异。正是遇重阳，霜露冷、宜呈祥瑞。清香覆我如言志，害风来，且休攀视。应共到蓬莱，琼筵上、众仙颁赐。

豪放率性以至于疯癫是王重阳的一般形象。《菊花新》中，呈现着的却是细腻高雅的王重阳。"清香覆我如言志"，诗咏菊，菊言志；王重阳明确以菊自况。"害风来，且休攀视"；丛绿花黄偏有异的菊香中，他大致也曾有攀折的冲动。由于爱怜和喜欢，王重阳制止了自己本能的"冲动，既体现了作为一个观赏者的细腻高雅，也敞露出审美距离说，还将菊花的"正是遇重阳，霜露冷、宜呈祥瑞"带入无扰自在世界。不消说，这一无扰自在世界直接通向"应共到蓬莱，琼筵上，众仙颁赐"的本体密契。在这种本体密契的爱怜意境，"对月无何添雅致"表现着的无疑就是语言的贫乏和理智的局限。由于意识到了语言的贫乏和理智的局限，一贯豪放率性的王重阳才是"害风来、且休攀视"的虔敬和细腻的审美端详，犹如甘河遇仙般的虔诚和崇敬。在《菊花新》中，高洁芬芳的美学意境，王重阳以陶渊明为隔代知音。王重阳，字"知明"，都与陶渊明有关。陶渊明有《重九》诗，王重阳也创作了多首《重九》诗。其中《惜黄花·重九日》写道：

万红憔悴，秋光独锐。别有番颜色，按中央殊丽。时分惜黄花，九日同天意。冒浓霜，放开金蕊。篱畔渊明喜，白衣来至。忽然间，走出个重阳小子。应收揽清香，认得头间瑞。插三枝，蓬莱一醉。

丘处机在《满庭芳·九日》中写道：

塞雁回声，园林色变，暮秋别是风光。练波横地，锦树映天长。过云雨山磊落，迎霜茂，金菊芬芳。佳辰会，千门万户，欢笑庆重阳。嘉祥。谁得遇，吾门四友，极味先尝。乃频沾清露，时倒霞浆。饮罢醍醐灌顶，归来后，月满虚堂。无愁思，陶陶快乐，酩酊入仙乡。

全真道给人的一贯印象是苦心励志，庄严清迈。在《惜黄花·重九日》和《满庭芳·九日》中，我们听见了全真祖师们开心的欢乐和陶醉。"篱畔渊明喜，白衣来至"，也是王重阳自己的喜悦吧。"白衣来至"是说观音菩萨吗？观音菩萨既是圣洁的女神，也是欢乐的天使。"应收揽清香，认得头间瑞"，审美的一片菊香中，仍然是典型道家的祥瑞认知："插三枝，蓬莱一醉"，即"精、气、神"的全真境界。相比于师傅王重阳的含蓄，丘处机的《满庭芳·九日》的意境更为直爽："佳辰会，千门万户，欢笑庆重阳"，直接就写佳节的欢乐；"嘉祥。谁得遇，吾门四友，极味先尝"，直接就写佳节的嘉祥；"无愁思，陶陶快乐，酩酊入仙乡"，直接就写佳节的仙境。《惜黄花·重九日》和《满庭芳·九日》都有菊花的感性芬芳，都有审美的直观意境。到了王重阳的《浣溪沙·重九日》和丘处机的《青天歌》就完全是形而上学的道境了。《浣溪沙·重九日》写道："金虎咆哮金马传，金公重九撒金钱。金风过处舞金钿。金地徧成金蕊泛，金童折得步金莲。金盘裹面献金仙。"

这已经是完全脱离了感性经验的修炼境界了。在纯粹的修炼诗境中，"重九日"的花神不再是菊花，而代之以"金花"或者"金莲"。在这首《浣溪沙·重九日》里，重阳节的众神中，不仅"金蕊""金莲"出现了，并且金虎咆哮、金马跳跃；不仅"金公撒金钱""金风舞金钿"，并且"金地徧金蕊""金童步金莲"；重阳节的诸神中，最后出场的才是主神："金盘裹面献金仙"。"金盘献金仙"，即藏密心中心的大圆满,就是王重阳全真教的大罗仙。为了区别自然美学的重阳节和全真道学的重阳界,王重阳和全真七子除了用"金蕊""金莲"代替"菊花"之外,也把《满庭芳》的常用词牌换成了《神光灿》,把《如梦令》换成了《无梦令》,《瑞鹧鸪》换成了《得道阳》,《惜黄花》换成了《金莲堂》(左洪涛《金元时期道教文学研究》171页,人民出版社,2008年)。马丹阳有一部诗集就叫作《神光灿》。《神光灿》取代《满庭芳》就源于自然美学和全真道学在"重阳"概念上的区分意识:(1)由自然界的芳草过渡到人的神光;(2)由外在自然的阳光过渡到内在性命的灵光。《如梦令》换成了《无梦令》也是同样道理:"如梦"者为识阴境界,"无梦"者为道阳世界。丘处机著名的《青天歌》,主题也是全真教的重阳境界:它不是表达气象学的白云晴天,而是讴歌全真道的无云蓝天。一句话,重阳即全真,全真即重阳。全真意味着超越这个世界,重阳意味着照耀这个世界。

第四节　甘河遇仙:道教的救恩史

《吕祖本传》正文的前面,有两首"赞辞",其中写道:"苍梧北海,白云帝乡。甘河一滴,源远流长。""甘河一滴,源远流长",说的就是王重阳的甘河遇仙故事,讲的就是全真教的华夏救恩历史。德国思想家洛维特有一部名著,叫作《世界历史和救赎历史》。什么是救赎历史?当年,宋太宗蹂躏了李后主及其美人,李煜为他《虞美人》的自由表达付出惨死代价。150年之后,作为其子孙的宋徽宗及其美人又遭到他者的同等蹂躏,连铁画银钩的美术创作也甭想了!这就是救赎历史。秦始皇威怒震天,期待万世,而二世丧亡;本指望龙体永恒升天,却49岁魂断路上、尸臭难掩。这就是救赎历史。宋高宗杀害岳飞,宋理宗的尸体被番僧高挂树上;西汉号称黄老清净，奢侈的金缕玉衣被当代缴获，马王堆华贵女尸被科技解剖。这就是救赎历史。台湾学者林富士在《中国宗教和医疗》中已经提出了"宗教救赎"概念。相比于港台特别是欧美学者，中国大陆的全真教研究至今仍然严重地囿于"世界历史"视野，似乎无法走进"救赎历史"的解释学立场。尽管如此，甘河遇仙之于全真教的关键历史作用，学者们也在某种程度上觉识到了。张广保的《金元全真道内丹心性学》"历史篇""第一章"的题目就是《甘河证道，山东阐教》，王西平和陈法永的《重阳宫与全真道》"第二章"也有"甘河遇师"的专节叙事。在《甘水仙源——王重阳的全真之路》中，于国庆开宗明义。的确，"甘河遇仙"是道教救恩史最辉煌的经典演出。

记载"甘河遇仙"的历史文献有许多。各种文献有一个大致的共同情节：王重阳于金正隆四、五两年（1159、1160年），先后三次遇到两位道士，传授丹道口诀；而后"辞官解印，黜妻屏子，拂衣尘外"，在关中户县的南时村穴居和刘蒋村结庐修炼。其中有两个问题需要探讨：

第一，王重阳遇仙时的身份。王重阳是否担任金朝官员，各道教文献含糊其辞。有人以为王重阳曾中金朝武举，甚至中进士，因而获得小官吏职位。《金莲正宗记》："当废齐阜昌间，献赋春官，迕意而黜。复试武举，遂中甲科。"《全真教祖碑》："圣朝天眷间，收复陕西，英豪获用。先生于是捐文场，应武举，易名德威，字世雄，其志足可以知。"李道谦的《七真年谱》同。这几条史料都说王重阳曾中武举，但中哪朝之举却没有明言。麻九畴的《邓州重阳观记》也认为：王重阳"当废齐阜昌间，脱落功名，日酣于酒"，也就是说，虽参加了功名考试，却因故"脱落"。陈垣认为："伪齐之废，重阳年二十六矣，痛祖国之沦亡，悯民族之不振，脱落功名，日酣于酒，宜也。"对于王重阳是否参加科举并中武举一事，王西

终南遇仙

平、陈法永《重阳宫与全真道》一书认为:"天眷年间,金未设武举。而宋绍兴三年,'复兴元祐十科举士之制';天眷间,当陕西为宋所辖时,王重阳欲应的是宋的武举。故而金源璹所言'圣朝天眷间,收复陕西,英豪获用,先生于是捐文场应武举',是不符合历史事实的。"台湾学者姚从吾也持类似观点。

王重阳确实担任了金朝的低级吏员。元代《类编长安志》卷五寺观:"重阳宫。……在终南县刘蒋村。金正隆间,王祖师监甘河镇酒,遇仙于此,掘活死人墓成道。""遇仙宫。……在终南县甘河镇。昔重阳王祖师为是镇酒监,有披毡裘二先生索酒,日以为常。一日,毡裘二先生邀祖师饮于甘河岸上,以瓢酌甘河之水,果良酒也,醉饮得道。门人于此建遇仙宫。"(骆天骧《类编长安志》142—143页,三秦出版社,2006年)。王重阳担任金朝的低级吏员,不排除科举仕进因素,主要还是来自于他于乱世时期表现出来的能力和影响。

第二,王重阳所遇道士到底是谁?学界有几种不同看法。我们先介绍樊光春的研究结果(《西北道教史》365—371页,商务印书馆,2010年)。王重阳于正隆四五两年所遇道士共有三次:第一次在甘河镇,第二次在醴泉,第三次仍在甘河镇。对第一次即正隆四年甘河遇仙，其所遇道士，两件最早的王重阳传记《全真教祖碑》和《仙迹记》都没有指明是谁，而且见面的具体场地也略不同。《全真教祖碑》说是王重阳当时在甘河镇上的一家屠户家饮酒吃肉，与"两衣毡者"相遇，得授口诀，碑文称两位道士为"二仙"。《仙迹记》则说王重阳"遇至人于甘河"。

第二次即正隆五年醴泉遇仙。《全真教祖碑》说是"明年再遇于醴泉"，也就是说，这次遇到的，仍然是上年甘河镇所遇两位道士。这一次，王重阳问他们"乡贯年姓"。"答曰：'濮人，年二十有二，姓则不知也。'"《金莲正宗记》则说："问其乡里，答曰：'蒲坂永乐是所居也。'又问年甲几何，答曰：'春秋二十有二。'复问其族，默而不言。"显然，后者是将"濮"演绎为"蒲坂"，暗示其人为吕洞宾。醴泉遇仙之前，《金莲正宗记》又演绎了一段过渡的故事，说王重阳于正隆五年某日，遇一道者同宿，经其指点，于中秋日至醴泉，再遇此道者。第三次是在王重阳醴泉遇仙之后，到南时村建造"活死人墓"穴居。"后复遇至人，饮以神浆，因止酒，唯饮水焉。"（《全真教祖碑》）《金莲正宗记》对这一记述进行了演绎，并说道人自称"吾海蟾公也"。

可以看出，在最早的两部金代王重阳传记中，没有出现王重阳直接受吕洞宾、刘海蟾点化的说法。大定二十三年（1183年）梁栋《重阳教化集序》，也只是说："重阳蚤遇至人口传至道，乃结庐于甘水之上。"大定二十八年（1188年）范怿《重阳全真集序》与梁栋说法相同："真人博通三教，洞晓百家，遇至人于甘河，得知友于东海"，这两篇撰写于金代的文献，都与前两部王重阳传记相吻合。直到入元以后的《金莲正宗记》中，首次出现刘海蟾。其后的《七真年谱》和《仙鉴续编》，又将王重阳首次甘河遇仙认定为"纯阳吕真君"。

这是樊光春的《西北道教史》研究的大致内容。樊光春的研究结论有合理成分：他看到了王重阳全真教与吕洞宾的师承关系，有一个逐渐明确并强调的历史过程。樊光春对这一复杂过程的分析程度，则有待完善。王重阳和吕洞宾的师承关系，樊光春认为是元代全真文献明确并强调的；景安宁认为，"可见王重阳遇师吕纯阳的传说出自他自己"（《道教全真派宫观、造像与祖师》12页，中华书局，2012年）；王西平、陈法永认为，"甘河遇仙，是否是吕洞宾、刘海蟾，不必过分考追"（《重阳宫和全真教》11页，陕西人民出版社，1999年）。事实上，金大定期间的《四仙碑》就有"昔重阳王先生两遇吕真人，遽然入道"（陈垣《道家金石略》430页，文物出版社，1988年）。尽管如此，王重阳和吕洞宾的师承关系，的确有一个逐渐明确并强化的历史过程。这是典型的先知叙事和救恩启示。它有三个特点：（1）先含蓄朦胧，后明确清晰；（2）先简单白描，后丰富饱满；（3）先单纯写实重事理，后感情想象重信仰。

　　《全真教祖碑》的作者金源璹和《仙迹记》的作者刘祖谦为国士名流，《金莲正宗记》的作者秦志安、《七真年谱》的作者李道谦和《历世真仙体道通鉴续编》的作者赵道一乃是全真道士。他们的叙事记述，无论从世界范围还是道教本身来看，无疑是差异最小的救恩历史记录。从国士名流《全真教祖碑》的"乡贯年姓"，"答曰：'濮人，年二十有二，姓则不知也'"，到全真道士《金莲正宗记》"问其乡里，答曰：'蒲坂永乐是所居也。'又问年甲几何，答曰：'春秋二十有二。'复问其族，默而不言"，仅仅一步之遥，仅仅是一种明确化而已。《历世真仙体道通鉴续编》作者赵道一明确写道："其所遇者，盖唐纯阳子吕仙翁之化身也"。这毫无疑义地属于救恩历史和先知事件！我们也可以再提供一些灵智现象学标志。

　　首先，从目前文献碑石看，金源璹的《全真教祖碑》出现最早。其中记载的"乡贯年姓""答曰：'濮人，年二十有二，姓则不知也'"，已经透露出吕洞宾的身影消息了。"濮人"者，一语双关：暗示自己的"蒲坂"里籍和云水仙境。"年二十有二"更明确了：是

"吕"和"回"的寓言表达。正是由此出发,秦志安的《金莲正宗记》才明确写道:"问其乡里,答曰:'蒲坂永乐是所居也。'又问年甲几何,答曰:'春秋二十有二。'复问其族,默而不言。""复问其族,默而不言"和"姓则不知也"皆暗示:他已经属于天界神仙,与人世的名姓和族里没有关系了。作为全真教

剑仙吕洞宾

创始人,王重阳自己当然清楚不过,《重阳全真集》多次吟唱:"唐纯阳兮做师父"。其次,王重阳和吕纯阳既名号众多,且风格一致。甘河遇仙如果不是吕洞宾,就自己而言是妄称,对师傅也是不尊重。在此问题上,王重阳没有任何必要摆"空城计"。再次,从《吕祖全书》的内容看,吕洞宾经常魂绕终南故土,灵飞关中。他和王重阳的密契相遇既是可能的,也是自然的,甚至有某种必然性,这种必然性的依据正是出于救恩的历史紧迫和严重程度。正是出于救恩历史的紧迫性和严重程度,王重阳才处于疯狂状态,采取的是空前骇然的"赴死"姿态——"活死人墓"的极恶行证道方式。全真教自身明白这一切,很明白甘河遇仙的特殊性和重要性。全真教的经典史书叫作《甘水仙缘录》。甘河遇仙,作为王重阳和吕洞宾的灵智相遇事件,既是道教的救恩历史,也是华夏的救赎历史。

第五节　活死人墓：华夏的释迦剧

金庸小说《神雕侠侣》中的古墓，是全真教祖师王重阳出道前的修行之所，后来林朝英与其打赌，能以手指在石上刻字，王重阳认输后将古墓让给林朝英居住，林朝英便是古墓派的创始人。这里也是杨过与小龙女相识、相恋、隐居的地方。历史上有"活死人墓"这个地方，的确也是王重阳修道练功的地方。王重阳抗金失败后，

掘地穴居，称之"活死人墓"，以方牌挂其上，书云：王害疯（王自称疯子）灵位。两年后，王重阳走出活死人墓，开始了另一种方式的性命修炼。

海德格尔的《存在与时间》是现代哲学的标志性作品。这本巨著的一个重要观点，就是生存的死亡本体论。《存在与时间》的写作地点，海德格尔特意于书的扉页表明："todtnauberg, schwarzwaild"，即"黑森林，死亡之谷"。就此而言，全真教祖王重阳

活死人墓

无疑是海德格尔的思想先驱和中国知音。甘河遇仙是全真教的辉煌历史事件，活死人墓则是王重阳人生经历的最为关键剧场。不研究活死人墓，就不会了解王重阳，也就不会明白什么是全真教，甚至也就谈不上了解道教和道家之道。

金正隆四年（1159年）王重阳已变得狂妄无羁，他自称"王害风"。一天，王重阳像往常一样，踱步村外的甘河桥头，或察水，或观鱼，或闷思。突然，有一人仙风鹤骨，吟诀踏桥而来。两人相视，对掌大笑。道士自称姓刘，名海蟾。喝完王重阳递过来的一瓢水酒，刘仙人口授其秘语五篇，劝他回避现实，独闯一条修身养性之路。（《金莲正宗记》）王重阳作《遇仙》诗纪念："四十八上得遭逢，口诀传来便有功，一粒丹砂色愈好，玉华山上现殷红。"王重阳来到户县祖庵南时村，穴居炼丹，竖木牌曰"活死人墓"。他自我戏谑，即兴赋诗一首：

活死人兮王诘乖，水云别是一般谐。

道名唤作重阳子，谑号称为没地埋。

来者路，不忘怀，行殡须是挂灵牌。

岁月悠悠。又过了三年，王重阳破土而出，离开墓穴，回到刘蒋村结庐而居，继续潜心修炼。关于活死人墓，金源璹的《全真教祖碑》的记叙十分简明："于南时村作穴室居之，名曰活死人墓"，一句带过。刘祖谦的《终南山重阳祖师仙迹记》记载就详细多了："师后于南时村掘地为隧，封高数尺，旁曰'活死人墓'。又于四隅各植海棠一株，曰：'吾将来使四海教风为一家耳。'居三年，复自实之。"秦志安的《金莲正宗记》和赵道一的《历世真仙体道通鉴续编》的记载内容大致相同。"活死人墓"的地理位置，各书都认为是户县祖庵的"南时村"，仅秦志安的《金莲正宗记》写成了"刘蒋村"。王重阳穴居"活死人墓"的修炼时间，金源璹的《全真教祖碑》没有记载；刘祖谦的《终南山重阳祖师仙迹记》的记载是"居三年";刘天素、谢西蟾的《王重阳》的记载是"大定元年辛巳"到"癸未秋"（1160—1162 年），3 年时间；赵道一的《历世真仙体道通鉴续编》的记载也是"居三年"。西藏密宗有所谓的"极恶行"和三年闭关修炼。王重阳有一组《活死人墓赠宁伯功》的七绝诗，共 30 首，系统描绘了这种特殊的修炼方法。诗中写道：

其一：活死人兮活死人，自埋四假便为因。墓中睡足偏惺洒，擘碎虚空踏碎尘。其二：活死人兮活死人，不谈行果不谈因。墓中自在如吾意，占得逍遥出六尘。其三：活死人兮活死人，与公今日说洪因，墓中独死真嘉活，并枕同棺悉作尘。其四：活死人兮活死人，火风地水要知因。墓中日服真丹药，换了凡躯一点尘。其五：活死人兮活死人，活中得死是良因。墓中闲寂真虚静，隔断凡间世上尘。其六：活死人兮活死人，害风便是我前因。墓中这个真消息，出水白莲肯若尘。其七：活死人兮活死人，须知五谷助身因。墓中观透真如理，吃土餐泥粪养尘。其八：活死人兮活死人，昼眠夜寝自知因。墓中有个真童子，笑杀泥团尘里尘。其九：活死人兮活死人，空空空里是空因，墓中当有真空景，悟得空空不作尘。其十：活死人兮活死人，活人珠玉问余因。墓中境界真家计，不免临头总化尘。

以上 10 首，均以"活死人兮活死人"开头，既表现出活死人墓在王重阳修炼得道生涯的关键意义和深远影响，也突出了《活死人墓赠宁伯功》的主旨和主题；一唱十叹，流连忘返，意味深长。从第 11 首开始，《活死人墓赠宁伯功》改变了形式：

其十一：天地高深覆载人，人心奸巧不凭因。只知名利为身宝，不悟身为物里尘。其十二：寻思到岸下船人，笑指白云便是因。丹橘在身无价宝，自然光耀绝纤尘。其十三：人人不作是非人，远此无由地狱因。三界超生灵物在，仙宫那得有飞尘。其十四：有个逍遥自在人，昏昏默默独知因。存神养浩全真性，骨体凡躯且浑尘。其十五：人能弘道道亲人，人道从来最上因。若把黑云俱退尽，放开心月照繁尘。

《活死人墓赠宁伯功》共 30 首。30 首七绝,第一句都以"人"结句,第二句都以"因"结句,第四句都以"尘"结句,极富匠心和形式节律。从"其一"到"其十",皆以"活死人兮活死人"开头,可见活死人墓留下的烙印之深;同时,第三句又皆以"墓中"起句,既和"活"构成形式美感,也突出"活死人墓"的核心主题。"活死人兮活死人,自埋四假便为因"是 30 首七绝的第一句,活死人墓的主题就是出于"自埋四假"。"四假因"即构成人"身"的四大要素:火、风、地和水。火、风、地和水的最后归宿无逃于"尘"。"逍遥出六尘""尘外分明鉴"和"炼取纯阳身"就是活死人墓的修炼目标。结句最后的"三光尘外分明鉴,照尔身形尽土尘"表明,活死人墓的修炼目标圆满成功。释迦牟尼是佛教的创始人,释迦牟尼在菩提树下,七天七夜睹明星而悟道;活死人墓中,王重阳睹"三光"而证道。释迦牟尼悟道之后,拒绝身体;王重阳证道之后,强调清修。释迦牟尼悟道之后,强调出家;王重阳证道之后,要求抛妻。释迦牟尼是在自己的迦毗罗卫国破亡的背景下修道的,王重阳是在赵宋皇帝北掳的悲剧中证道的。尽管《老子》中就有"出生入死"的哲言,尽管道教在汉末已经创立,但在严格的意义上,特别是在释迦牟尼和王重阳证道特征的宗教比较学来看,可以说,道教历史上的真正创始人就是王重阳。姚从吾著名的《金元全真教的民族思想与救世思想》的结语之句是:

从比较宗教学与历史的观点说,全真教才真是我们中华民族自创的一种宗教呢。

王重阳创立的全真教,之所以能够成为道教历史上影响最大的派别,岂偶然哉?其无迹可寻欤!在"靖康耻,犹未雪",华夏历史的严峻关头,王重阳的活死人墓,尽管个人风格突兀,而实质就是一出汉民族的释迦戏剧。

第六节　遍地金莲：全真的救赎史

《福音书》写道："一粒麦子不死，还是一粒；一粒麦子死了，就结成许多麦穗。"王重阳之于他的全真教事业，正是这样。王重阳犹如金莲籽，通过北七真，全真教的救赎事业，波及迅速，影响全国，遍地金莲，芳香四溢。马丹阳（1123—1183年）是王重阳的大徒弟。为了劝化马丹阳出家修道，王重阳既是百日锁庵又是分梨十化，既是儒雅赋诗又是神奇入梦，可谓殚精竭虑、费尽苦心，以至于自己的身体出现了严重病变。《重阳教化集》记载："余在烟霞洞，与丹阳抵足同眠。向晓，因令丹阳舒过手来，摸我后腰间近日生起疥有半指厚，缘我急图尔等，作《黄鹤洞中仙》。"这首感人的《黄鹤洞中仙》写道：

有个害风儿，海上寻良价。只为心头忒紧图，意马脍，惹出浑身疥。款款细搜求，日月年时赛。遂得中央四宝珠，禄马快，走入关西界。

《丹阳继韵》的唱和诗写道：

三髻马山侗，未称真奇价。恣纵心猿放耍颠，马儿脍，憋出吾师疥。蓦想死生危，宿世因缘赛，宝内忻然占一珠，马凤快，奔赴秦川界。

很难想象吧！一个师傅为把道传给他人，竟然急得"起疥有半指厚"。不可思议吧！一位神仙出于将自己的珍贵心法交付给徒弟，居然焦虑到生病地步。中国著名的教育家孔子对他的高徒颜回，没有这样的苦心故事。当代中国漫天飞舞的《教育学》，挖空心思创造不出这样的授业故事。当然了，翻捡王重阳著述，像这种神仙焦急、失去火候、心急惹病的传道故事，也绝无仅有，仅此一桩。王重阳声称"有个害风儿"，他的传道方式是疯狂的，他的苦心教导是疯癫

030 | 重阳登高 全真普世道情

王重阳讲道图

的,他的爱心教育是疯痴的。《圣经·雅歌》有"我因爱成疾",那是男女之间的爱情。《黄鹤洞中仙》的"我因爱成疾",却是师徒之间的爱情故事。"向晓,因令丹阳舒过手来,摸我后腰间近日生起疥有半指厚":当代一些学者的全真教研究,云雾里臆测一番,就是不面对这些身体接触的生命故事。学者都有幸福的家庭。幸福家庭,能少了身体接触的男女密契吗?法国德勒兹讲:"最深的是皮肤。"六祖《坛经》言:"五八果上圆。"王重阳对马丹阳的授道方式,就是"最深的皮肤"言说,就是"五八果上圆"的胜义。王重阳的生命付出,获得了欣悦的回报:"遂得中央四宝珠,禄马快,走入关西界。"谭处端、丘处机、王玉阳和郝大通被找到了,七真领袖人物马丹阳被找到了。"走入关西界",返回故乡关中的旅程,王重阳可以安排了;"奔赴秦川界",回归神仙世界的自由,王重阳得到了。"宝内忻然占一珠",马丹阳已经得道!王重阳死后,马丹阳成为全真教当之无愧的领袖人物。山东寻徒,七朵金莲的花蕊已经圆满开放。马丹阳之外,谭处端(1123—1185年)也和师傅王重阳有过终生难忘的身体接触。秦志安的《金莲正宗记》写道:

适大定丁亥冬,风眩瘫痪,缠绵不解,缄药甚多,皆莫能效。

闻重阳先生来自终南，方在宁甫马君宅中闲居，扶杖往谒，将求治疗之法。先生扃户不纳。公乃坚守，终夕剥啄不已，门忽自开。重阳大悦，以为仙缘所契，乃召之同衾而寝，谈话亲密过于故交。比晓下床，旧疾顿愈，四体轻健，奔走如飞，方知重阳之为异人也。辄抛弃产金，如视粪壤，乞侍左右，终身不退，乃赐之法名曰处端，字曰通正，号曰长真子焉。（赵卫东《谭处端学案》135—136页，齐鲁书社，2010年）

在王重阳和全真七子中，有妻室子女者三人：马丹阳、谭处端和师傅王重阳。《重阳全真集》中，我们经常可以读到妻子儿女的不满和抱怨，很少看到王重阳的刚硬愤怒。《分梨十化集》中，有孙不二的犹豫，也有马丹阳的耐心等待。可是谭处端呢，"其妻严氏诣庵呼归，公怒而黜之"。妻子严氏企图让谭处端回家，谭处端不仅无半点儿动摇，不仅不做任何解释，直接就是一副愤怒金刚形象。表面看，谭处端是由于"风眩瘫痪，缠绵不解"来拜师王重阳，是病情让他们师徒结缘。金源琦《长真子谭真人仙迹碑铭》中的"一朝因醉遇雪卧于途中，即感风痹之疾"，让我们明白了谭处端病疾的来源。饮酒已经是性情者的爱好，醉酒已经是性情深处的体验，醉酒雪卧就更是豪放痴酒才有的遭遇了。谭处端的故事和师傅王重阳的醉酒如出一辙！谭处端比起师兄马丹阳的醉酒状态，更需要师傅王重阳来扶出这个世界。比起《金莲正宗记》，金源琦的《长真子谭真人仙迹碑铭》中的"时严冬飞雪，寒可堕指。真人遂展足令抱之，少顷汗流被体"，更写出了王重阳、谭处端师徒之间密契的性质和分量！

在王重阳身体的三昧真火中，谭处端"汗流被体"，病没了，人好了，道传了！一个曾经醉卧雪途、愤然黜妻的金刚猛男，在师傅三昧真火的熔炼下，后来成为全真七子中最为淡定超脱的《水云集》作者。请注意谭处端怀里抱着的是师傅王重阳的双脚，"真人遂展足令抱之"。《丹阳金关玉锁诀》中，王重阳非常强调"双脚"修炼的关键性。"双脚"修炼既是修道的最高标志，也是谦卑的无声言说。这基本上就是谭处端后来的角色使命，谭处端没有辜负王重阳交给他的特殊使命：就地域位置看，他修行所在的洛阳，乃是关中马丹阳和山东王玉阳的中点，是地道的鼎立三足形势；就传承关系看，他是师兄马丹阳无为和师弟刘处玄有为的过渡，是成功的承先启后形象。洛阳修行的全真七子，有刘处玄、孙不二和谭处端三人，占了几乎半壁江山，谭处端无疑是领袖人物。正像师傅王重阳把严冬的温暖传递给了他一样，谭处端也把自己的赤心奉献给了师兄弟们，奉献给了创业期的全真教事业。

和谭处端一样，孙不二（1120—1182年）也在洛阳修行，在洛阳仙升。孙不二号清净散人，最接近谭处端的清静无为。孙不二生于宋徽宗宣和元年（1120年），是全真七子的大姐大；其父曰忠显，母梦六鹤飞舞于庭，一鹤飞入怀中，觉而有娠，乃生仙姑；性聪慧，严礼法。孙不二以她坚强的性格和超人的贤慧，既有力地支持了丈夫的修道事业，又特殊地助佑了师傅的传道伟业。"妇女能顶半边天"，孙不二之于丈夫和师傅的全真道事业，完全如此。

刘处玄（1147—1203年），字通妙，号长生子，莱州（今山东省莱州市）武官庄人，生于宋绍兴十七年（1147年）。1170年的冬天，王重阳在汴州逝世，遗命尚未悟道的刘处玄，听从师兄谭处端的教诲。金大定十四年（1174年）守丧期满，于中秋节时，马钰、谭处端、刘处玄和丘处机在秦渡镇真武庙夜话，这时刘处玄表示会以"斗志"为修炼方向。与同门分别后，刘处玄前往洛阳，混迹于世俗市井和花街柳巷之中，以磨炼自己的心性。

金大定二十一年（1181年），刘处玄返回家乡山东莱州武官庄，从此长期在山东弘道。金大定二十二年（1182年），他在武官庄兴建道观(后名灵虚观)。1184年，刘处玄在山东莱阳县和登州主持斋醮时，信众目睹王重阳和马钰显灵（李道谦《七真年谱》，载《七真传

300页，团结出版社，1999年）。金大定二十五年（1185年）谭处端逝世，刘处玄继任为全真教第四任掌教。承安二年冬天（1197年），刘处玄应金章宗的邀请前往燕京。至元六年（1269年），元世祖诏赠为"长生辅化明德真人"。刘长生门下弟子众多，著名者有宋披云和于道显。于道显以苦修知名，在金末影响较大；宋披云为刘长生门下的掌教大弟子、后主修《道藏》，创建宫观，对全真教发展贡献巨大。

孙不二毁容

金大定九年（1169年），宁海人构建金莲堂请重阳。重阳挈邱、王等众前去居住。郝大通（1140—1212年）携瓦罐乞食，不小心触碎瓦罐，王重阳又另授一罐，且题颂其上云："扑碎真灰罐，却得害风观，直等悟残余，有个人人唤。"马、谭、刘、邱四师跟从王重阳西去，郝大通与王玉阳留居山东荣成的铁槎山。金大定十二年（1172年）葬重阳祖师于祖庭，郝大通欲与四子同庐墓侧，长真激将他说："跟随别人脚跟转，能了道吗？"郝大通后来在河北和山东苦练身心，升堂演道，远近来听者，常数百人，阐化十方，利物度人。

王处一（1142—1217年），号玉阳子，山东宁海（今山东牟平）人。金大定八年（1168年）师事王重阳，长期隐居山东荣成的铁槎山云光洞，炼形9年，常年赤脚，人称"铁脚先生"；洞居9年，制炼形魂，心地开明。丘处机赠诗颂云："九夏迎阳立，三冬抱雪眠。"王处一往来于齐鲁间，或歌或舞，出神入梦，接物利生。金大定二十二年（1182年），王玉阳秋居宁海，丹阳从关中来，同宿金莲堂；两人有一番值得品味的交谈。王处一告诉马丹阳说："我的仙缘未到，只好猖狂混世罢了。"马丹阳逝世之后，金大定二十七年（1187年），金世宗遣使聘王处一出山。金世宗用鸩酒验试王处一的道功。王玉阳饮鸩酒而无虞，大显神奇。金泰和三年（1203年）癸亥，金章宗授命王处一在亳州太清宫两次主理普天醮事，戒度道士千余人；万鹤翱翔醮坛之上，太上老君现于云中，面赭如日。王处一作诗云："圣感传宣出洞天，金门演教尘无边，东方云海玉阳子，蒙受皇恩第四宣。"王处一和金庭的合作，极大地提升了全真教的朝野影响，为丘处机的大显身手铺平道路。

《福音书》写道："最小的，将是最大的。"丘处机（1148—1227年）之于北七真，就是如此。丘处机，是登州栖霞人，1168年拜王重阳为师。王重阳为他取名处机，字通密，号长春子。1170年，王重阳携弟子4人西游，途中病逝于汴梁城，弥留之际嘱咐说："处机所学，一任丹阳。"自此，丘处机在马丹阳教诲下，知识和道业迅速长进。金大定十四年（1174年）8月，丘处机隐居磻溪（陕西省宝鸡市）潜修6年，又到陇州龙门山潜修7年。这期间，他"烟火俱无，箪瓢不置，""破衲重披，寒空独坐，"生活极为清苦，但"静思忘念，密考丹经"，潜心于养生学和道学的研究，并广交当地文人学士，获得了丰富的历史、文化知识。金大定二十八年（1188年）3月，丘处机应金世宗召，从王重阳故居赴燕京（今北京），奉旨塑王重阳、马丹阳（时已去世）像于官庵，并主持了"万春节"醮事。丘处机掌教时间长达24年，使全真道的发展进入全盛时期。

在 1203 年至 1219 年间，他在山东蓬莱、芝阳、掖县、北海和胶西等地传教；1214 年，山东发生杨安儿起义，凭借丘处机的声望，登州和莱州等地很快恢复平静。1216 年至 1219 年间，金朝和南宋末年，金、宋双方都派人来邀请丘处机，丘处机没有去。1220 年，丘处机接受了成吉思汗的诏书，从抚州出发，历经了几十个国家，行程一万多里。丘处机一行经常骑着马在深雪中前进；他们在马上举起鞭子抽打积雪测试深度，鞭痕常常还不到积雪的一半。1224 年，雪山论道归来，丘处机进驻长春宫（北京白云观）；进城时曾出现"四远父老士女以香花导师入京，瞻礼者塞路"的热烈场景（郭武《丘处机学案》150 页，齐鲁书社，2011 年）。《金莲正宗记》记载：

又过洛阳，谒上清宫，题诗于壁间曰："丘谭王风捉马刘，昆仑顶上打玉球。你还搬在寰海内，赢得三千八百筹。"既毕，指东方曰："汝何不观之？"先生回首而望，道者曰："何见？"曰："见七朵金莲结子。"道者笑曰："岂止如是而已，将有万朵玉莲芳矣。"（《王重阳集》332—334 页）

这乃是王重阳师傅的先知预言。作为王重阳的大徒弟，马丹阳一生为全真教开辟了陕西和山东两大根据地。全真七子中，王玉阳为神通第一，既是皇诏邀请的第一位全真大师，也是功行神奇的全真高人。1187 年，王玉阳在亳州太清宫，一次度化道士超过千人。丘处机作为享寿最长、影响最大的王重阳弟子，雪山论道之后，声誉日隆，功盖天下；日常高朋满座，应接不暇，主持斋醮，动辄逾万人。"一言恺切，万国生春，人心归向者，如百川赴海而莫之能御也……自轩辕以来，教门弘盛，未有如今日者。"（秦志安）由北七真为基础的遍地金莲，集中体现了全真教的历史救世伦姿。先知预言的神学解释，人们有权怀疑；遍地金莲的救世历史，却没人可以否定之。

第七节　重阳登高：乱云望京华

重阳登高有三个方面的文化意涵：民俗、审美和宗教。先说重阳登高的民俗意蕴。每年农历的九月九日，是中国传统的重阳节，又名重九节、登高节、菊花节。我国古代把九定为阳数，农历九月九日，月日并阳，两阳相重，故名"重阳节"，又名"重九节"。汉末曹丕在《九月九日与钟繇书》中说："岁往月来，忽复九月九日。九为阳数，而日月并应，俗嘉其名，以为宜与长久，故以享宴高会。"《西京杂记》记载，刘邦的爱妃戚夫人死后，她的侍女贾佩兰被逐出宫，嫁给平民为妻。她谈起每年九月九日，在皇宫中佩茱萸、食蓬饵、饮菊花酒，以求长寿的事情。唐代则正式由朝廷批准民间以中和、上元、重阳为节令。明代皇宫春节初一吃花糕，九月九日重阳节，皇帝亲自到万寿山登高。此风俗一直流传到近世。每到这一天，人们出游登高，赏菊花，饮菊花酒，佩茱萸，吃重阳糕。时至今日，我国一些地区仍保存着这种风俗。重阳登高的审美意蕴，应该首推唐代诗人王维的《九月九日忆山东兄弟》：

　　独在异乡为异客，每逢佳节倍思亲。
　　遥知兄弟登高处，遍插茱萸少一人。

题目中的"山东"，指"华山之东"，不是今日的山东省，恰恰指今日的山西省：山西省是王维的故乡老家。诗人王维当时生活于京华长安。"遥知兄弟登高处，遍插茱萸少一人"——这"少一人"即王维，当时王维就在长安的乐游原或少陵原上吧。王维《九月九日

全真祖庭

忆山东兄弟》的魅力在审美文化学。

其一,"九月九日"是华夏重阳节,是"佳节"。节日是人类文化学的重要课题,有超越个体心理的普遍品格。其二,华夏文明的重阳节,有登高习俗。王维即在重阳节,来到西安南郊的乐游原。王重阳生活于关中长安,关中长安是盛唐首都。由于北宋衰败和民族危机,王重阳诗词中的重阳意境和情趣,完全不同于盛唐,而接近于晋代的陶渊明。在《惜黄花·重九日》中,王重阳有"篱畔渊明喜,白衣来至。忽然间,走出个重阳小子"。在《恨欢迟》中,王重阳有"学易年高便道装,遇渊明语我嘉祥"。在《红芍药》中,王重阳有"这王喆知明,见菊花坚操。便将重阳子为号"。

《恨欢迟》中写道:

名喆排三本姓王,字知明子号重阳。似菊花,如要清香吐缓缓,等浓霜。学易年高便道装,遇渊明语我嘉祥。指蓬莱,量买路如归去慢慢,地休忙。

《自咏》中写道:

终南山顶重阳子,真自在,最逍遥。清风明月长为伴,响灵呦,空外愈,韵偏饶。蓬莱稳路频频往,只能访,古王乔。丹霞翠雾常攒簇,弄轻飘,系云腰,上青霄。(《重阳全真集》卷五)

重阳登高的审美心理中,王重阳着重继承了陶渊明的"咏菊"意境和盛唐诗人的"登高"遗风。王重阳登高的地理环境已不是盛唐的台原(乐游原),而是终南山。这也是从审美走向宗教的地理标志吧。的确,无论"咏菊"和"登高"的词章遗风,宋金时代的王重阳主要表现的已经不是审美意趣,而是宗教追求。《红芍药》:"这王喆知明,见菊花坚操。便将重阳子为号。心香起,印出仙经"(《重阳全真集》卷五);菊花之坚操、陶潜之秋逸,都被王重阳带入"心香起,印出仙经"的宗教情怀。从审美走向宗教的诗学标志有两个: (1)尽管王重阳非常喜爱陶渊明和菊花,《重阳全真集》出现最多的毕竟是吕洞宾和莲花。吕洞宾是他的全真道师傅,而佛教有《妙法莲花经》,全真史书是《金莲正宗记》。 (2) 重阳登高的审美地理特征,一般以台原、楼阁为自然理想环境,如乐游原、岳阳楼,重阳登高的宗教地理特征,一般以高山、云光为自然理想环境,如终南山、云台观,王重阳的《自咏》中的"终南山顶重阳子"就是注解,"弄轻飙,系云腰,上青霄"就是注解;北七真的《云光集》《水云集》著作的命名就是注解。这也决定了在王重阳和北七真的眼中,京华也更多的是宗教玄都意义上的概念,而不是政治首都意义上的概念。

京华是京城之美称,因京城是文物、人才精华汇集之地,故称。晋代郭璞的《游仙诗》之一:"京华游侠窟,山林隐遁栖。"郭璞(276—324 年),字景纯,横跨东西两晋,在东晋生活了仅七年。这样看,其笔下的"京华"应该指洛阳。陈毅的《由北京到广州》诗:"朝辞京华雪满天,夕过黄河冰塞川。"很清楚,陈毅笔下的京华,和林语堂的《京华烟云》一样,就是今日北京。《京华烟云》原文是英文,书名为《Moment in Peking》,《京华烟云》为中译名。王重阳诗词有一千余首,既没有出现"首都"一词,更不会出现"京华"概念。1127 年北宋灭亡时,王重阳是 15 岁的少年。王重阳和师傅吕洞宾一样,也是由儒士转为道士;那么,北宋灭亡之前,王重阳认同的"首都"或"京华"应该是汴梁开封。金代共三个都城,上京会宁府是金朝第一个都城,1153 年海陵王迁都燕京(今北京)是为金朝第二个都城,称金中都,金朝第八位皇帝宣宗于 1214 年迁都汴梁(今开封)。王重阳 1170 年死于汴梁开封,正是一座"空城":北宋灭亡,金国未都;或者说,王重阳以自己的"死"悼念着北宋,预示着金都。当金国将政治中心迁于下都开封的时候,它本身也面临和北宋一样的灭亡命运。

王重阳"选择"死于汴梁开封,叠加着两个王朝的兴衰身影;至少他强调过卞和的悲剧故事。卞和故事是一个人的悲剧,汴梁故

事是一个国家的悲剧。悲剧的空前性还是：这是山河破碎、狂风飘絮的苦难时分，是金、元和南宋割据的严峻时刻，并

重阳登高

且是异族将华夏王朝剿杀的黑暗时分。王重阳的"心"会朝着何方呢？"终南山顶重阳子"，他的"京华"在哪里呢？

《重阳全真集》一字不谈政治，足见其政治关怀的深沉和智慧。王重阳山东寻徒，既是出于傅斯年概括的"夷夏东西说"，也是对南宋朝廷"直把杭州作汴州"的强烈愤懑。就行政区域看，王重阳一生活动的陕西和山东，基本上是金国的统治范围。那么，他接受了金国的臣民身份吗？没有，王重阳癫狂的身影就是证明。他是赵宋王朝的逸民吗？也非，王重阳东进的选择就是证明。《三国演义》中的徐庶是"身在曹营心在汉"，王重阳也完全是"身在金国心在汉"。这个"汉"并非赵宋朝廷，而是华夏文明的本位意识，是华夏玄都的全真境界。在《浣溪沙·重九日》中，王重阳的玄都有"金童折得步金莲，金盘裹面献金仙"的金殿描写。在《惜黄花·重九日》中，王重阳的玄都是"插三枝，蓬莱一醉"的三元全真。在《红芍药》中，王重阳的玄都，就是"便将重阳子为号。恁时节，永处长生，住十洲三岛"的重阳境界和仙岛世界。《红芍药》全词写道："这王喆知明，见菊花坚操。便将重阳子为号，正好相倚靠。每常却要，缀作诗词，笔无停，自然来到。心香起，印出仙经，便实通颠倒，便实通颠倒。早得得良因，速推推深奥。玄玄妙妙任穷考，又更餐芝草。白气致使，上下盈盈，金丹结，炼成珍宝。恁时节，永处长生，住十洲三岛，住十洲三岛。"站在这种重阳登高的全真境界和道教玄都，现实人间的宋、金国都，对王重阳来说，正是乱云望京华。

第二章 金莲七朵丹阳开

第一节 北七真的结构伦理

释迦牟尼创立佛教,靠的是 12 位大弟子;耶稣基督宗教的创立,也有 12 个徒弟。为什么都是 12 个弟子呢?答曰:一年有 12 个月,这是人类星球的天道季节。那么,王重阳创立全真教,为什么选择的是北七真呢?回答也来自天上,即夜里的北斗七星。中国古代的政治理想,叫作北辰七政,来自北斗七星。中国道教的修炼方法,有踏罡步斗,来自北斗七星。王重阳山东寻徒的时候,眼睛望着的恐怕也是北斗七星,这就是北七真的天道背景。北七真的社会背景是,宋金乱世,中国北方完全陷落,华夏必须有北斗七星帮助人们确定新的历史方向。北七真的修道背景是,从心莲初开到圆满金莲,有七个阶段,相当于光色的七大频谱。全真教自己的史书就叫作《金莲正宗记》。王重阳创立全真教,真是这样选择北七真的吗?

让我们继续凝望天空,继续凝望夜空中北方的星斗。北斗七星,大的结构就是斗杓四星和斗柄三星。天枢、天璇、天玑、天权组成斗身,古曰魁、斗魁。玉衡、开阳、摇光组成为斗柄,古曰杓。天璇、天枢相连成直线并延伸约五倍的距离,就可以找到北极星,构成北极星区。北七真中,著名的"丘刘谭马"构成"斗魁四星";天枢星是马丹阳,直接

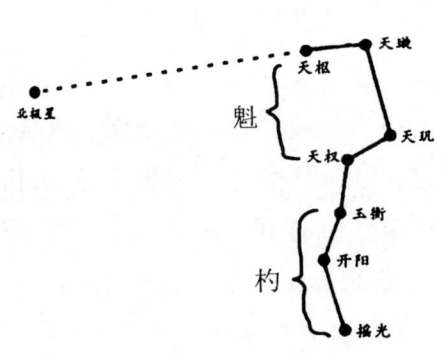

北斗七星

指向王重阳（北极星）。"斗柄三星"即王玉阳、郝大通和孙不二。王重阳在《结物外亲》中写道：

其一

一侄二子一山侗，连余五个一心雄。六明齐伴天边月，七爽俱邀海上风。真妙裹头拈密妙，晴空上面蹑虚空。东西南北皆圆转，到此方知处处通。

其二

一弟一侄两个儿，和余五逸做修持。结为物外真亲眷，摆脱尘中假合尸。周匝种成清静景，递相传授紫灵芝。山头并赴龙华会，我趁蓬莱先礼师。

王重阳在《结物外亲》中，"一侄二子一山侗"和"一弟一侄两个儿"，即指丘处机、刘处玄、谭处端和马丹阳。其中"一侄"指谭处端，"二子"即刘处玄、丘处机，"一弟"和"一山侗"指马丹阳。马丹阳和丘处机，就像天枢和天璇二星，直接决定了王重阳全真教的事业方向。"连余五个一心雄""和余五逸做修持"，即斗魁四星和北极星，指丘处机、刘处玄、谭处端、马丹阳四人和王重阳自己。"六明齐伴天边月"，"六明"即北七真中的马、丘、刘、谭、王和郝六大士；"天边月"指孙不二，是北七真中的唯一女性。"七爽俱邀海上风"，直接点明了北七真的圆满构成。"真妙裹头拈密妙，晴空上面蹑虚空"，则开始描述北七真的全真境界和天文情景。"东西南北皆圆转，到此方知处处通"，回答了北斗七星寻找历史方向的救赎功能，以及他们自身的超越境界。

两首《结物外亲》，"其二"和"其一"大意相同，只是多了一些佛道术语："假合尸""紫灵芝""龙华会""蓬莱"，等等。最后一句的"我趁蓬莱先礼师"，表明全真教既是救赎历史，也是感恩历史。"一侄二子一山侗，连余五个一心雄"的斗魁四星伦理结构，并非王重阳的个人心声，而是北七真历史形成的普遍共识。丘处机在《留客住·修道》中写道：

　　四元遇，过华山，共临秦地。咏歌谈笑，暗阐重阳嘉趣。无为自令人化，有幸天使，官磨相间阻。东连海上，奋三公高义，大开门户。

　　"四元遇"，即指丘处机、刘处玄、谭处端、马丹阳。他们四个人陪同师傅王重阳，从山东老家西归陕西关中，师傅于开封汴梁仙逝。王重阳死后，他们四大弟子继续西归使命，经过西岳华山，踏上关中大地，意气高昂，"咏歌谈笑，暗阐重阳嘉趣"。丘处机勉励三个师兄，战胜官方磨难，故乡情深，勇敢前行，"东连海上，奋三公高义，大开门户"。马丹阳在《四仙韵》中写道：

其一

　　丘刘谭马，幸遇风仙亲教化。清贫快乐，自在逍遥无做作。清净门庭，阐出家风合圣经。

其二

　　处端通正，道号长真真上认。自在逍遥，搣碎岩前汲水瓢。处玄通妙，道号长生真了了。慎勿先归，且伴长春丘处机。

　　王重阳仙逝之后，"丘刘谭马"先把师傅安葬于开封孟家花园。隔年又将师傅灵体迁葬于户县祖庵的重阳宫，"丘刘谭马"守灵三年。马丹阳的《四仙韵》就是在给师傅守灵三年期间写成的："丘刘谭马，幸遇风仙亲教化"，表明四子和王重阳的亲密道情。"一别山东，云水秦川兴不穷"，表明马丹阳心灵宁静、祖庭心死、专注修道。"谭仙通正，志在清贫修大定"，谭处端志在大定、状态上佳。问题在刘处玄这里出现了，他似乎急于离开陕西关中；"慎勿先归，且伴长春丘处机"，马丹阳提出诚挚劝告。丘处机修炼尚未完毕，他需要三位师兄陪伴！

　　为了将王重阳灵柩迁回祖庵重阳宫，马丹阳四子先入关中。在长安一带，他们同乞自然钱数十千，复东行取祖师灵骨负入终南埋葬。守墓居丧三年期间，马丹阳头梳三髻，默坐环堵。三髻者为三"吉"字，是重阳祖师名讳，尊而戴之之意。马丹阳常自称"三髻山侗"，志如铁石，行若冰霜，服不衣绢，手不拈钱。守墓期满，马丹阳与丘、刘、谭三人于金大定十四年（1174年）秋，在秦渡真武庙月夜各言其志。丹阳说："斗贫"。谭处端说："斗是"。刘处玄说："斗志"。丘处机说："斗闲"。（《户县秦渡镇重修志道观碑》，《道家金石略》478—479页）这有点

全真七子像

儿像孔子《论语》中的"四子侍座"。他们都来自山东外乡，在终南山下的秦渡真武庙，月夜相坐，是与其师王重阳的灵魂相伴！

"四子侍座"和四子守灵，深切地表现了"丘刘谭马"和王重阳，就像"斗魁"四星和北极星的星座关系。三年守灵之后，刘处玄和谭处端东行洛阳。马丹阳留守祖庵重阳宫。丘处机西行宝鸡磻溪。就像天枢和天璇二星，马丹阳和丘处机陪伴师傅亡灵多年，直接决定了王重阳在陕西老家的全真教事业。特别是马丹阳，既要给师傅王重阳守灵、料理身后事，还要带领三位师弟共同修炼。对于刘处玄、谭处端和丘处机，马丹阳既是师兄，也是师傅。王重阳生前讲"一弟一侄两个儿"，堪称先知之见。王重阳把马丹阳视为"一

弟",给马丹阳起名为"钰",讲授《金关玉锁诀》;自己是"重阳",弟子是"丹阳",完全一个辈分了。而同样是弟子,另外三人是:谭处端、刘处玄、丘处机,其号是长真、长生、长春。马丹阳在北七真,显然就是和北极星直接连通的魁星,和谭处端、刘处玄、丘处机共同构成了北七真的"斗魁"四星。当年郝大通欲给王重阳守灵,谭处端激之曰:"随人脚跟转,可乎?"虽不无激将之嫌,也敞明了"斗魁"四星和"斗柄"三星的不同功能,表明了北七真内部不同的伦理结构。当"斗魁"四星在陕西守灵于师傅祖庵的时候,孙不二、郝大通和王玉阳在其他地方进行修炼。秦志安的《金莲正宗记》赞曰:

祖师出世,四遇真仙。饮甘河之一味,授秘辞之五篇。十九叶相承于桂树,一万枝不绝于金莲。宝镜高提,照谭马壶中之景;神珠独耀,见丘刘劫外之缘。谁知太古家风,凭衲衣而暗度;却羡玉阳名字,仗伞竹以偷传。错上钓竿,大士出默然之海;晚归船舫,散人游清静之渊。逮功成而名遂,然后跨鸾鹤而飞上青天也。(《王重阳集》337页,齐鲁书社,2005年)

金源璹在《终南山祖碑》中写道:

全真道兴,四子传化。四子谓谁?邱刘谭马。德其亚者,王郝与孙,共成七贤,赞我真人。玉阳长春,大启其门。遭遇圣朝,为王之宾……瀛海渺然,仙迹宛存。此道大行,逍遥乎真。(《王重阳集》325页)

这些基本文献,清楚地讲述了全真七子不同的伦理结构。"全真道兴,四子传化,四子谓谁?邱刘谭马",清楚的概括;"德其亚者,王郝与孙,共成七贤",准确的区别。"玉阳长春,大启其门,遭遇圣朝,为王之宾。"全真七子中,王玉阳是马丹阳之外,唯一和王重阳分享同辈的尊名者。王玉阳和丘处机对全真教的巨大贡献,相提并论,交相辉映。区别是:王玉阳"遭遇圣朝,为王之宾",主要是在金朝；丘处机则影响金元两国。"十九叶相承于桂树，一万枝不绝于金莲"，其中的"十九叶"有两说：一指丘处机19岁昆嵛山拜师王重阳，一指丘处机19人万里雪山论道。丘处机龙门派成为全真教的代名词；磻溪磨性、龙门大定、雪山论道和一言止杀，把全真道的救世事业推到了脍炙人口、护佑华夏的历史高度。

第二节 从"马半街"到"托钵僧"

作为全真教祖王重阳的首座弟子，马丹阳和师傅的因缘最深。在某种程度上，可以说，王重阳踽踽独行3000里，从陕西关中抵达山东半岛，就是为了寻找马丹阳以成就全真教的历史功业。

其一，就家庭出身而言，王重阳和马丹阳都是富家子弟。相比之下，马丹阳家的资产更为雄厚，被称之为"马半街"：半边大街都是马丹阳家的财富。马克思的阶级分析理论在中国流行100年了。"门当户对"是中国传统的婚姻伦理观念。王重阳选择马丹阳为首座大徒弟，着力重点进行培养，不能排除阶级分析的出身基础和"门当户对"的传统心理。

其二，在中国封建传统社会，中产富家子弟的理想人生道路就是：读书—应试—中举—做官；出将入相、福禄四海；光宗耀祖、扬名天下。马丹阳兄弟五人，分别以"仁、义、礼、智、信"命名，马丹阳为老二，叫马从义；足见马家的儒风传统。马丹阳生于1123年，比王重阳小11岁。问题的关键在于：1127年，即北宋靖康年间，北宋衰败了，皇帝被俘虏了！在"读书—应试—中举—做官"的传统四部曲中，王重阳有可能参与"读书—应试"两步；马丹阳只可能完成"读书"一步，甚至于接受"读书无用论"也未可知。中国本来就有儒道互补的思想传统。王重阳和马丹阳由儒转道，非常自然；已经得道的王重阳给马丹阳传道，也非常自然。

马丹阳画像

其三，就华夏历史的文明研究看，历史学家傅斯年有"夷夏东西说"，考古学家苏炳奇有"三大区系说"，地理家唐晓峰有"东岳西岳说"，无不把华夏文明脊梁指向陕西和山东的中轴线。苏炳奇"三大区系说"就是：华山为标志的西部起源，泰山为标志的东部起源和燕山为标志的北部起源。宋金之际，北部燕山恰恰是金国天下中心；而南部文明起源，正是"直把杭州作汴州"的偏安朝廷和"隔江犹唱后庭花"的心理氛围，王重阳再离奇，也不会到那里寻找全真弟子吧。历史格局业已决定了王重阳的寻徒大局，只能是"夷夏东西说"。越过儒家本部的泰山而抵达濒临东海的昆嵛山，后来的北七真全部来自这一区域空间。和其他北七真相比，马丹阳的特殊性在于：陕西关中又是他的故里祖籍。"在遵照王重阳的叮嘱，背井离乡，闲云野鹤般云游到关中地区后，他从这种祖籍意识里获得了某种报本返始的归宿感。"（卢国龙《马丹阳学案》2页，齐鲁书社，2010年）马丹阳一身兼具"夷夏东西"，显然也是从西至东的王重阳所看重的。至于历史形象最为崇高的丘处机，在磻溪和龙门整整苦修了13年，既补足了修炼功课，也重演了一次姜太公传奇。依恃如此厚重而神奇的文明背景，王重阳无惧任重道远，显得特别自信从容。他不仅身处异乡，反客为主，并且出招神奇，活生生地将一个朱熹眼里理想的幸福家庭拆散：夫妇两人皆成了全真七子。王重阳知道自己依恃的文明背景力量，他需要做的仅仅是教育方法。

让"马半街"作"托钵僧",就是王重阳教育方法中的"狠招"。

托钵乞食是佛教比丘的正命活动,当比丘应尽可能过托钵生活。这个信念在佛教故乡印度,有相当的认同空间。乞食的行为,几乎有人类活动的地方就有可能发生,或短期或长期。佛陀乞食僧团,是他们时代众多修道者过乞食生活的代表。"比丘"的原义就是"乞士",基督教和回教也有"托钵僧"的团体传统。而在中国文明,我们对"托钵僧"最难理解、最难接受,也最难认同。"托钵僧"不仅承受"辛苦",还要忍受"羞辱"。先秦《列子》指出:"辱莫大者乞。"《丹阳真人语录》中写道:

师曰:我初到关中乞化,到一酒肆,有一醉者,毁骂之间,后被他赠一拳,便走,拽住又打一拳,只得忍受。汝曹曾遭此魔障否?弟子答曰:无。师父云:好好遇着,勿诤。师言:祖师尝使弟子去宁海,化些小钱米,我要使用。弟子道:别个弟兄去后如何,弟子有愿不还乡里。祖师怒打,到平旦而止,打之无数。吾有退心,谢他丘师兄劝住,迨今不敢相忘。

《丹阳真人语录》的编辑者是马丹阳的弟子王颐中,号灵隐子。至灵隐子,王重阳开辟的全真丐帮风范已是第三代。"师言:你每初入关时,乞得一顿饭,便吃一顿",就是马丹阳对灵隐子讲的话。马丹阳本来是山东宁海巨富;现在,师傅让他回家乡做乞丐。马丹阳出于面子和立愿,"不还乡里,祖师怒打"。王重阳把马丹阳怒打"到平旦而止,打之无数"。王重阳的严厉和苛酷,已经超越了马丹阳的忍受界限,以至于终生难忘:"吾有退心,谢他丘师兄劝住,迨今不敢相忘"。丘师兄即丘处机,鼓励马丹阳留了下来,继续"托钵僧"的全真修炼。师傅仙逝之后,马丹阳已是全真教掌门,继承衣钵,继续行乞:"我初到关中乞化,到一酒肆,有一醉者,毁骂之间,后被他赠一拳,便走,拽住又打一拳,只得忍受。"

从"马半街"到"托钵僧",马丹阳真正完成了脱胎换骨的变化与升华。仅就"托钵僧"道风而言,马丹阳乃是全真教承前启后的伟大领袖,是王重阳精神遗产最忠诚的继承者,是全真七子中的首席掌门人。王重阳和北七真的"托钵僧"形象,是全真教成果的重要遗产。先秦诸子中,列子曾是"托钵僧",而个人修炼的道行最高。全真教的"托钵僧"历史,使自己成为影响最大的道派。从"马半街"到"托钵僧",马丹阳成为全真道的伟大掌门。

第三节 百日锁庵全真心

离家修道一如人间的生活世界,不能排除机缘、策略、巧智诸般因素,但决定性的还是依靠个人主体间的实力说话。全真教史上著名的百日锁庵,就是马丹阳对王重阳修行实力的证试,就是王重阳向马丹阳显示修道实力的证验,就是两位师徒建立信仰的不朽经典。

金世宗大定七年(1167年)7月,马丹阳与乡人战师同、辽阳高巨才同游于范明叔的怡老亭,酒兴大发,赋诗一首:"抱元守一是功夫,懒汉如今一也无。终日衔杯畅神思,醉中却有哪人扶?"一个月之后,中秋节,他们几个人再次在怡老亭聚会。酒兴正酣之际,王重阳径直走到热闹的范园怡老亭。有人问道:"布袍竹笠,冒暑而来,何故如此勤快?"王重阳道:"终南不远三千里,特来扶醉人,以寻有仙缘的知己。"马丹阳内心一震。他递给王重阳一个甜瓜,让老道解解酷暑。王重阳坐下吃瓜,却从瓜蒂部分开始吃,这也和我们普通人的习惯相异。问其缘故,他说道:"甜从苦中来。"吃瓜也是哲理!马丹阳想:上次所作诗中,有醉中人扶之语,这老道如何知晓?遂问其姓名,王重阳答道:"五行不到处,父母未生时。"范明叔道:"此十字曲尽妙意,非神仙不能出此语!"

于是众人与其谈道论玄，很是投缘。马丹阳便将其请到家中，出示自作的《罗汉颂》16首，王重阳都随口和之；马员外心悦诚服，拜其为师，并为王重阳筑一茅庵以供修道之用。（王利用《马宗师道行碑》，卢国龙《马丹阳学案》370—376页，齐鲁书社，2010年）金大定七年九月底，王重阳对马丹阳夫妇说道："得道之人可不食人间烟火。"马丹阳夫妇将信将疑。王重阳便又对夫妇二人说道："我欲锁庵百日不食。"于是马丹阳夫妇与王重阳商定，将全真庵筑以环堵，把王重阳环锁在庵内百日；起初每日只送一餐，每旬送一梨。锁庵之日，王重阳赐马丹阳一枚梨令其食之，并画了一个骷髅。骷髅画上面的题诗为："堪笑人生忧里愁，我今须画一骷髅。生前只会贪冤业，不到如斯不肯休。"一个月后，每六日只给王重阳送芋栗各六个，每旬送梨递增一个，隔窗送进。到了冬天，风雪卷入庵内，庵内只有笔砚枕席、草垫铺盖而已，但王重阳却在庵内形神充畅，看似温暖如春。十月十一日，王重阳又将一梨分成两块，令夫妇各吃一块。寓意乃是：梨即离，分梨即分离。后来王重阳又每六日赐芋栗令夫妇二人吃，寓意乃是：芋栗即遇离，遇而分离之意。王重阳为他们所赐芋栗越来越少，六次以后便不再赐之，意在离其亲戚乡里，以至无所不离。马丹阳每次送梨，王重阳都以诗赠之，马丹阳也随韵和答。王重阳曾作《洞中仙》赠马丹阳夫妇：

你待坚心走，我待坚心守。栗子甘甜美芋头，翁母同张口。开取四时花，绽取三春柳。一性昭然全待他，玉液琼浆酒。

马丹阳夫妇深致谢意，由马丹阳代笔和道：

不敢心狂走，极谢师真守。芋栗今番六次餐，美味常开口。不作东牟叟，不恋东风柳。参从风仙物外游，共饮长生酒。

金大定八年（公元1168年）正月十一日，王重阳锁庵百日期到启锁。马丹阳也悟出了其中的道理，决定遵从师意，弃家随师修道，并给妻子孙氏写了一封离书。此时马丹阳还写了一首《辞家》诗："正做迷迷火院人,苦中受苦更兼辛。偶因得遇通玄妙,岂肯耽家恋富春。""富春"是孙不二的原名。马丹阳正式出家,投入全真教事业。就结局说,百日锁庵是全真教历史上的辉煌和经典事件;就细节看,却是至今仍然让人唏嘘不已、不堪回味的心灵故事。从王重阳方面看,吃用于马丹阳家庭,却活生生地将一对幸福的富贵夫妻拆散分离;如若不是天道使命,他做得到吗?从马丹阳方面看,如若不是天命促使,以其夫妇的善良贤淑,让一个离井背乡的道人经受饥寒,他们也不忍心吧。百日锁庵,对于王重阳、马丹阳和全真教都是一件富于历史意义的经典事件。王重阳诗集有许多记载。《感皇恩》写道:

王重阳度化孙不二

百日锁庵门,擒颠缚傻,闲闲澄中静养真假。个人叹问,直想如斯潇洒。我咱知得也,诚清雅。别有一般,分明好画,频频亲擎出暂悬挂。那满要看,万斛珍珠酬价。恁时传说下,些儿话。

《感皇恩》的前面,留有相关的写作背景文字:"丁亥年十月初一日,先生要化马钰,故锁门百日,欲令钰见家风而肯从。"《感皇恩》记载百日锁庵的具体时间是"丁亥年十月初一日",即金大定七年

(1167年)。李道纯的《七真年谱》也是"十月初一日"。1167年十月一日，无论对王重阳、马丹阳还是整个全真教，都是令人难忘的重要日子。对王重阳而言，面对自己心仪的弟子，谈玄论道之后，得拿出一点儿本事了。对马丹阳夫妇而言，谈玄论道的修行人不少，必须有真刀实枪的事实，才可能放弃自己的幸福家庭。对于整个全真教历史而言，这既是两位开山祖师的精彩演道，也是北七真形成的关键日子，更是全真教在华夏大地决定性崛起的日出彩霞。王重阳和马丹阳的两部诗集《重阳教化集》和《分梨十化》，专门记录了百日锁庵这一难忘岁月和全真经典。《重阳教化集》中的《诗与丹阳》写道：

百日扃门意已投，定须堪可作朋俦。马猿返性缘攀恋，桃杏为人也害羞。从此果能成决断，端然真个好因由。撑篙已在中流裹，难下逍遥得岸舟。

《分梨十化集》中的《水云游》写道：

且住，且住。十月小春，当宜锁户。一百日，炼就重阳，也并无作做。浑身要显唯真素，挂灵明纸布。信任他，走玉飞金，自恬然不。

《丹阳继韵》回应道：

不住，不住。火院当离，深宜别户。害风仙，化我扃门，这修行须做。腥膻戒尽常餐素，挂体唯麻布。待百朝，锁钥开时，效吾师内顾。

从《水云游》的记载看，百日锁庵的具体时间是"十月小春"；农历十月当然不是春天，而是秋季。"小春"云者，是王重阳的愉快和希望节令，道教有《春从天上来》。百日锁庵显示了王重阳的道功，目的却在激励马丹阳夫妇修行出家；"害风仙，化我扃门，这修行须做"，《丹阳继韵》写得很明白。百日锁庵的具体细节内容，刘祖谦的《终南山仙迹记》的记载是"数日不给食"。赵道一的《仙鉴》记载是"日馈一食"。李道纯的《七真年谱》是"五日一食"。

赵道一的《仙鉴》"日馈一食",是指"分梨"的水果;刘祖谦的《终南山仙迹记》"数日不给食"和李道纯的《七真年谱》"五日一食",是指日常饭食。百日锁庵不仅显示了很高的辟谷质量,不仅出现了许多神奇现象,并且还有"分梨十化"的经典教育;马丹阳夫妇彻底信服了,由此正式出家。全真教的重大一页翻开了!

第四节　祖庭心死重阳宫

丘处机在功成名就、誉满华夏的晚年时期,经常对门人后学谈全真七子的创教故事。其中把自己和师兄马丹阳的修道比较,更是挂在嘴边:"丹阳两年半得道,我用了十七年时间。丹阳是三世修行的福德,我福薄命浅。丹阳从死亡着眼,我观万物皆幻。"这诚然有一代龙门宗师的博大和谦逊,也有深刻的哲理和直观的事实。从死亡着眼,的确是马丹阳顿悟、得道迅速的基本原因。从死亡着眼,也是王重阳乱世顿悟、得道迅速的根本基础。全真教著名的活死人墓就是这一法门的生动注解。金大定十四年(1174年)秋,马丹阳和师弟们在秦渡真武庙各言其志。"翌日乃别。师复归刘蒋,构一广庭,为环居之所,手书'祖庭心死',以表其颜。"(《马宗师道行碑》)

这也是重阳宫历史上第一次被称之为"祖庭"。在重阳宫祖庭给师傅王重阳守墓期间,除了马丹阳,还有丘处机、谭处端和刘处玄等众多师兄弟们,为什么别人无法"心死"而只有马丹阳做到了呢?这特别复杂。丘处机就将之归于"师兄马丹阳的三世修行福德"。这是无以解释的解释,也是景仰的信仰言说。其真实性,我们无法判断。不过,马丹阳和死亡问题的缘分遭遇,还是比较清楚的。最早和死亡问题相遇,是在马丹阳婚后,也就三十多岁吧。王利用的《全真第二代丹阳马宗师道行碑》如此记载:

忠显孙君惜师才德,以其子妻之,凡三息:曰庭珍、庭瑞、庭珪。师尝补试郡庠,夜梦二衣褐者,一素补两肩,跪且泣曰:"我辈十万余命在公所主。"言讫而去。逐之,入屠者刘清圈中。壁有字云:"我辈己亥十万人,太半已经辛巳杀,此门若是不慈悲,世世轴头常厮抹。"既觉,闻屠猪声。往视之,则清之子阿泽屠二猪,其一肩白,欲止则弗及也。始悟己亥,猪也,辛巳清之岁属也。诣卫士孙子元占之,以决其惑,因稽寿几何。曰:"君寿不瑜四十九。"师叹曰:"死生固不在人,曷若亲有道为长生计。"已而与客弈棋,乃失声曰:"此一着下得是,不死矣。"(陈垣《道家金石略》639页,文物出版社,1988年)

马丹阳和孙不二结婚之后,生活幸福美满。可能是妻子孙不二的希望和鼓励,马丹阳重启功名奋斗之志,"师尝补试郡庠"。在准备科举应试期间,马丹阳作

重阳宫碑石

了一个奇怪可怕、和死亡相关的噩梦。梦中,马丹阳被带到一个屠宰场,屠夫杀猪之际,马丹阳被惊醒了。这是一个非常经典而真实的噩梦。屠夫杀猪和人的死亡映射,"褐者,一素补两肩"和"清之子阿泽,其一肩白"映射,"己亥十万人,太半已经辛巳"和马丹阳的历史意识映射。屠者刘清及其儿子的名字都仔细清晰,梦后马丹阳找人释梦特别合乎逻辑。"术士孙子元占之"的结论是:马丹阳的寿命不会超过49岁。知道死神的请帖之后,马丹阳一方面用

"死生固不在人"给自己宽心,同时希望"亲有道为长生计"。死亡的焦虑已经成为马丹阳的日常潜意识:"已而与客弈棋,乃失声曰:'此一着下得是,不死矣。'"

这就是遇见王重阳之前,马丹阳的基本精神情结:噩梦之前因即科举考试("师尝补试郡庠,夜梦二衣褐者"),噩梦之结果即49岁寿命。王重阳根本不用给已经46岁的马丹阳作普通的宗教教育。马丹阳需要王重阳做的仅仅是:证明你是真正的得道高人,是能够改变我命运的皈依师傅。这就是百日锁庵、分梨十化的故事主题。马丹阳最后是61岁仙逝,从死神手里争取到了12年的寿命。道给了马丹阳"多余"的12年寿命,马丹阳就将"多余"的12年寿命托付给道。这就是马丹阳能够做到"祖庭心死",而其他师兄弟无法做到的生命背景。除了这种基本的命运改变之外,至少还有两次,也是师傅王重阳把马丹阳从死神的边缘拉回到了生命世界。第一次是马丹阳出家修道不久,第二次是在王重阳死后不久。《马宗师道行碑》记载:

居昆嵛之烟霞洞,师忽患头痛,殆若无所遁者,祖师令医于家。一日,谓门弟子曰:"昨日马公饮酒,其破道乎?"使候之,师盖药用酒引,不觉过量,疾甚。人复曰:"马公将死矣!"祖师拊掌叹曰:"吾远寻知友,缘信道不笃,而至此耶。"乃以炼心语疗之,曰:"凡人入道,必戒酒色财气,攀缘爱念,忧愁思虑,此外更无良药矣。"疾遂愈。

百日锁庵、分梨十化之后,马丹阳正式出家修道。师傅王重阳将马丹阳、王玉阳、谭处端、丘处机等带到昆嵛山烟霞洞进行闭关修炼。这是金大定八年的农历二月份。春节新年刚刚过去不久,马丹阳也刚刚出家修道不久。师徒居昆嵛山烟霞洞闭关修炼的日子不长,马丹阳就生起病来,"师忽患头痛,殆若无所遁者,祖师令医于家"。回到家里,马丹阳酒瘾来了:借着治病的酒引,他满足了一

昆嵛山烟霞洞

次酒瘾！后果是严重的，马丹阳头痛得几乎死亡，"疾甚，人复曰：'马公将死矣'"。王重阳用自己的神奇功力配合药物，将马丹阳从犯戒致死的危险边缘救了回来。对此重大事件，王重阳和马丹阳有诗作记录。王重阳诗前，记载了事情背景："挈丹阳，居昆嵛山烟霞洞。因心未死，于是感疾患偏头痛。其痛不可忍，有若斧劈。令其下山在家调治，其痛愈甚。有人上山报云：某来时，马先生已痛死。闻之。因鼓掌大笑曰："我来欲化为神仙，肯教死了？为他不信，感此疾有诗云。"其诗写道："清净修行合上真，敢将此语昧天神。为公不信偏头痛，顾我无缘正法亲。苦口怎知良药味，甘心犹恋入迷津。如今转入尘劳梦，难做惺惺睡觉人。"《丹阳次韵》唱和道："专心专认本来真，修炼精光气与神，既悟云霞为伴侣，肯思儿女结冤亲。劈开世网凿开路，跃出樊笼跳出津。极谢本师深教诲，不磨不琢不成人。"

出家修道是生命的重大转向，和各种习惯爱好的决裂是必需的。这绝不是空洞的说教，而是感性直观的生理事实。出家初期，必须严格守戒，这既是自我尊重，也是对护法的敬重。而修道有成之后，灵活的自由空间也有。王重阳在《知丹阳吃酒赠颂》中写道：

道成尚吃酒，岂惜千年寿。访饮若依前，不过四十九。

《丹阳继韵》的回应是：

誓戒糟浆酒，玉液增灵寿。凡圣两俱忘，得得真九九。

王重阳的《知丹阳吃酒赠颂》中的"不过四十九"，指的就是马丹阳修道之前的死亡年龄。马丹阳刚出家修道不久，戒酒是必须的，"访饮若依前，不过四十九"。一旦得道稳固了，灵活性的自由空间也就随之出现，"道成尚吃酒，岂惜千年寿"。王重阳的意思是：只要道成，可以吃酒，寿命的长短不必十分在乎。事实上，王重阳58岁而亡，马丹阳61岁而亡；无法用人道的寿命长短，去衡量大道的奥秘真理。眼下《丹阳继韵》的回答充满了虔诚、纯真的修道决断："誓戒糟浆酒，玉液增灵寿。"得道情况稳固之后，饮酒不再是嗜好毛病，而是自由乐趣。王重阳仙逝之后，马丹阳"别大梁，经洛阳，入潼关，过华岳，访京兆"。在陕西京兆西安市，遇见史处厚。他是王重阳的关中弟子，"渠云醴泉史风子，亦是重阳真人门弟子"。熟悉之后，马丹阳显示出全真掌门的洒脱和情趣："余预知此公怕上街求乞，故相挠之，我欲拌贤一镶酒，主人不知可否。史公于怀中取钱，余言非用此钱，可上街求乞钱沽酒。史公熟视移时，遂上街乞化，下来沽酒。余独饮之，史公求诗，遂成十绝句以赠之。"

就像马丹阳自己当初不愿意行乞一样，史处厚虽然结识师傅王重阳在先，仍然需要马丹阳教育保持全真丐帮祖风。马丹阳自己饮酒，还作了十首诗以记此事。

其一

行尸走骨有何羞，勿为衣餐乱起愁。
学我上街长展臂，随缘乞化最风流。

其二

马风非爱杯中酒，引尔街前闲展手。
度日随缘助道长，不劳出药闲糊口。

其三

且把糟浆助我神，须凭玉液养天真。
谁知越醉越惺洒，异日功成三岛人。

得道稳固之后，王玉阳曾经化解过金世宗的剧毒鸩酒；那么，一杯水酒不仅不再会使马丹阳"头裂欲死"，倒成了他劝化史处厚行乞修道的方便法门和自由情趣。让史处厚乞钱买酒的时间，是马丹阳第一次来到陕西关中。第二年，马丹阳带领师兄弟们从汴梁开封取回师傅王重阳的灵棺，重新安葬于户县重阳宫的祖庭。在给师傅王重阳三年守墓期间，马丹阳在活死人墓的刘蒋庵题字："祖庭心死"。

就事实而言，祖庭守墓期间，马丹阳已经成功得道了。马丹阳书写"祖庭心死"，既是出于纪念王重阳之死——特别是其活死人墓的伟大气概，也是作为一个全真掌门的庄严承诺，更是为了激励全真信众：继承祖师宗风、光大全真事业。人们常说，化悲痛为力量。文献记载，王重阳仙逝之际，马丹阳特别悲痛。文献同样记载，马丹阳书写"祖庭心死"就是源于一种特别巨大的精神力量。在马丹阳"祖庭心死"精神力量的感召下，三年守墓的修炼时间，刘通微、史处厚来了，李灵阳、和玉蟾来了，玄门十解元来了；谭处端从"闻道"进展至"得道"，刘处玄和丘处机从求道进展到"闻道"。没有"祖庭心死"三年守墓的心灵修炼，刘处玄和丘处机就不可能"闻道"，也就不可能有分手之后的孤独证道。三年守墓的修炼时光，是马丹阳第一次作为全真掌门的群体闭关修炼；"祖庭心死"就是他为首次群体闭关修炼定下的全真铭言和思想真言。全真教创业期的骨干力量形成了，马丹阳全真掌门的权威面貌形成了。

多年之后，马丹阳已经仙逝，有人追问马丹阳的弟子曹真、柳开悟："师傅在陕西时，如何学道？"两弟子回答说："师傅从冬到夏，一袭粗布单衣，每天只食一钵稀粥，再无他求。隆冬季节，庵内无火，师傅就用冷水擦身，但见师傅神清气和，无一点儿寒意着身之感，达十年之久，不是有元神在身，恐难长久矣！"

悬于祖庵重阳宫的"祖庭心死"门额，是全真教的醒目标志。

"祖庭心死",马丹阳作为全真掌门内外皆是榜样,他首先完美地做到了。马丹阳身居重阳宫祖庵环堵,整整十年时光,以苦修苦行名播于外。他头扎三髻,终年赤脚,冬不向火,夏不向水,一钵食、一瓢饮,苦不改其志,乐不动其衷;上至达官显贵,下至底层百姓,非常景仰之。在战争与饥荒苦水里浸泡的社会民众,通过马丹阳的清修苦作,不啻看见了一盏亮于暗夜的明灯。马丹阳的清修苦作给金朝统治下前途漫漫、迷惘痛苦的北方民众以精神慰藉,感召着、激励着底层民众艰难地前行。苦修清贫的祖庵环堵生活,马丹阳自己内心充实,精神愉快。"祖庭心死"修炼期间,马丹阳的一首诗这样写道:

冬虽无火抱元阳,夏绝清泉饮玉浆。
蜡烛不烧明性烛,沉香无用点心香。
三年赤脚三年愿,一志青霄一志长。
守服山侗环堵内,无恩相报害风王。

祖庭心死重阳宫,在马丹阳自己看来,无非是对活死人墓修炼者、师傅王重阳的一种报恩而已;仅仅出于他无其他方式报恩师傅王重阳而已。这和丘处机功成名就、誉满华夏之后,许多进入全真教者的动机和思想迥然不同!丘处机之所以一再比较他自己和师兄马丹阳的修道历程,也与此有关吧。王重阳讲过:"人人都想活,害风只想死。"就此而言,"祖庭心死"重阳宫的马丹阳,乃是王重阳无与伦比之忠诚的首席大弟子。

第五节 清净散人 全真金花

鲁迅先生在《纪念刘和珍君》一文中通过刘和珍这一杰出女性,表达黑暗社会对妇女政治迫害的失败。全真七子中的孙不二,作为同样杰出的中国女性,向我们传达了古代金花的巨大魅力和精神希望。孙不二（1119—1182年），名富春，法名不二，号清静散人，或称孙仙姑；金代宁海（今山东牟平）人；马丹阳之妻，生三子。金大定七年（1167年），王重阳住其家，以"分梨"为喻点化孙不二与马丹阳。金大定九年（1169年），孙不二于金莲堂出家；王重阳授之以天符云篆秘诀。王重阳仙逝之后，孙不二只身一人前往陕西关中。祭奠完师傅，孙不二东行到了洛阳，后修道于洛阳凤仙姑洞，六七年之后丹成升天。

孙不二比马丹阳长三岁。民谚云："女大三，抱金砖。"孙不二和马丹阳结婚之后，幸福美满。夫妇有三子：曰庭珍、庭瑞、庭珪。金大定七年（1167年）闰七月，王重阳抵达宁海，筑全真庵于孙不二家南园。十月朔，王重阳于庵锁环，1168年正月十一日出环。孙不二夫妇悟分梨十化之教。1168年二月初八日，马丹阳弃家从道。

全真金花

金大定九年（1169年）孙不二诣金莲堂，师重阳出家，重阳乃赠以诗，为立今名号，遂授以道要。其冬，重阳携马、谭、刘、丘四师游汴梁。1170年春，闻重阳仙化，四师举仙蜕归终南之刘蒋，仙姑于金莲堂居环。师傅及马丹阳等人走后，孙不二仍留在宁海金莲堂传道修炼。她已修炼6年有余，虽年近57岁，但形貌体相无衰老迹象。孙不二为了乞行方便，少惹麻烦，便打乱头发，污垢满面，一时变成了一个蓬头散发、衣着褴褛的疯婆子。金大定十五年（1175

年）夏，孙不二从宁海金莲堂出发独行 3000 里，在长安与马丹阳相见。马丹阳赠《炼丹砂》一首：

> 奉报富春姑，休要随余，而今非妇亦非夫。
> 各自修完真面目，脱兔三途。
> 炼气莫教粗，上下宽舒，绵绵似有却如无。
> 个里灵童调行动，得赴仙都。

又赠《西江月》一首，以示勉励：

一则降心灭意，二当绝虑忘机，三须戒说是和非，四莫尘情暂起。
五便完全神气，六持无作无为，七教功行两无亏，八得超凡出世。

对马丹阳《炼丹砂》中的"奉报富春姑，休要随余，而今非妇亦非夫"，张广保认为是由于孙不二尚有夫妇"恩爱之情"，是"对马钰仍有留恋"（《金元全真道内丹心性学》28 页，三联书店，1995 年）。我们觉得，作为比马丹阳还要年长 3 岁的孙不二，其智慧、心志和境界不在"丈夫"之下。此时的孙不二已是 53 岁的年龄，已是儿孙满堂的母亲和祖母，已是支持师傅和丈夫出家修道的非凡女性，已是抛开家庭 6 年的全真女冠。普通妇女到了 53 岁的年龄，已没有多少男女之间的"恩爱之情"可谈，何况孙不二呢。孙不二对马丹阳如果说有什么"留恋"，也不是夫妇"感情"而是"男女"道情。

其一，师傅王重阳仙逝之后，马丹阳就成了孙不二最方便的问道对象。其二，女性修道，有其特殊困难，比如人身安全就是现实问题。孙不二装疯卖傻，毁容弃色就是源于女性修道的严酷境域。《金莲正宗记》记载："丘、刘、谭、马负其仙骨，归葬终南，仙姑闻之，迤逦西迈，穿云度月，卧雪眠霜，毁败容色而不以为苦"。在长安见马丹阳之前，孙不二已经"卧雪眠霜，毁败容色"，岂有夫妇"恩爱之情"的可能性？其三，从孙不二的一些诗作，可以推测，"孙不二可能有二人同修的想法"（丁原明等《早期全真教哲学思想论纲》301 页，齐鲁书社，2011 年）。这属于修炼的道法选择，而不是夫妇的"恩爱"伦理。其四，马丹阳"奉报富春姑，休要随余，而今非妇亦非夫"，重点可能也在对王重阳清修苦行的坚守，而非和孙不二的感情伦理羁绊。其五，道教阳神出壳的修炼时间，一般最少需要九年时间。孙不二和马丹阳见面是在1175年。此时孙不二如果尚有夫妇"恩爱之情"，那么，她无论如何无法在仙逝的1182年完成修炼使命。

金大定二十二年（1182年）壬寅12月29日，孙不二沐浴更衣冠，问弟子天气早晚。对曰："卓午矣。""卓午"即正午的无云蓝天，指琉璃水晶仙境，丘处机有《青天歌》。在无云蓝天的"卓午"时分，孙不二遂援笔书《卜算子》云：

握固披衣候，水火频交媾。

万道霞光海底生，一撞三关透。

仙乐频频奏，常饮醍醐酒。

妙药都来，顷刻间，九转丹砂就。

书毕，孙不二谓弟子云："吾今归矣，各善护持。"乃跌坐而化。当时马丹阳在山东文登的七宝庵，忽拂衣起舞，歌《醉仙令》，谓门人曰："今日有非常之喜。"众叩其故，丹阳曰："孙仙姑今日已仙去。"明年春，报者至，云仙姑于是日返真于洛阳矣。孙不二有诗词行于世。元世祖皇帝封号"清净渊贞顺德真人"，元武宗皇帝加封"清净渊贞玄虚顺化元君"。孙不二继承王重阳的内丹思想，并注意到坤丹与男丹的区别，分坤丹修习为14步：收心，养气，行功，斩龙，养丹，胎息，符火，接药，炼神，服食，辟谷，面壁，出神，冲举。著有《孙不二元君丹道秘书》《孙不二元君法语》。全真教史，即命名为《金莲正宗记》。孙不二女功内丹《七首》写道："荆棘须教划尽芽，性中自有妙莲花。一朝忽现光明象，识得渠时便是他"。在苦难历史的丛生荆棘中，孙不二以一个女性的惊人毅力和伟大精神，用自己的"红酥手"拔掉了邪恶和罪孽的种种萌芽，找到了性灵的妙有莲花，敞示出亘古不灭的"光明象"和"智慧身"。孙不二是名副其实的金花。内丹《七首》的"性中自有妙莲花，一朝忽现光明象"，以及《孙不二胎元内养真经》中的"上品之人，以麓易细，成光明身，居清静天，寿命无量"表明，她既是这个世界的"上品之人"，也是全真教哺育的美丽金花。"金花"一词，最早出现在汉末魏伯阳的《周易参同契》，其中有"黄帝美金花"。吕洞宾有《金花宗旨》。王重阳和全真七子的著作，也多有对金花的描述和礼赞。秦志安的《金莲正宗记》对孙不二的赞词写道："清静散人，大矣哉，懿矣哉，独分一朵之金莲，得预七真之仙列者也。"张神童诗云："洗尽胭脂两脸霞，十年辛苦种黄芽。功成稳跨青鸾背，开到金莲第七华。"事实上，的确没有谁比孙不二更适宜于歌吟全真教的金花仙源了。孙不二本人就是全真教的美丽金花，是历史荆棘中长出的全真金花。

第六节　云水无端　长真无为

关于全真七子中的谭处端，王子正《七真赞》有高度而准确的概括："长真谭真人，一见师真，症疾顿愈。央烈入道，水云为倡。归衬终南，聚徒洛土。教风既弘，蜕然高举。"

谭处端和王重阳见面的时候已46岁；患风痹，药石难愈。金大定七年（1167年），闻王重阳来到山东宁海，谭处端扶杖往求治疗之法。王重阳开始扃户不纳，谭处端坚守终夕，门忽然自己打开，王重阳以为"仙缘"得契；便招呼谭处端同衾而寝。过了一阵时间，谭处端可以丢掉手杖，自由下床，宿疾遂愈。谭处端遂乞侍左右，终身侍之。关中重阳宫祖庭安葬师傅王重阳之后，他与刘处玄离开陕西至洛阳，出入红街紫陌，花林酒阵之中，对境炼心。金大定二十五年（1185年），谭处端无疾留颂而逝，异香凝室者数日，世寿

63。这是《甘水仙源录》《金莲正宗记》等众多道教文献对谭处端的一般记述。有几个重要问题需要澄清辨析：(1) 谭处端的病情，这是和师傅王重阳结缘的关系背景；(2) 谭处端在洛阳修道，出入红街紫陌，花林酒阵之中，对境炼心，这涉及和刘处玄的师兄弟关系；(3) 谭处端出任全真掌门两年的历史和性质，这涉及对他的整体认识和评价。

谭处端的风痹，源于自己的酒醉卧雪而致。《长真子谭真人仙迹碑铭》记载："一朝因醉遇雪卧于途中，即感风痹之疾。"《金莲正宗记》写道："适大定丁亥冬，风眩瘫痪，缠绵不解，服药甚多，皆莫能效。"赵道一的《仙鉴》的记载和《仙迹碑铭》一致："尝因醉外途中，遇雪感风痹之疾。"谭处端得病的具体时间，赵道一《仙鉴》和《仙迹碑铭》没有明确记载，《金莲正宗记》所谓"适大定丁亥冬，风眩瘫痪，缠绵不解"又是错的："大定丁亥冬"即 1167 年冬天，这是王重阳给谭处端的治病时间，不是谭处端的得病时间。和师傅王重阳、师兄马丹阳一样，入道前的谭处端也曾嗜酒：苦闷和痛苦相同，爱好和行为也一样。区别在于：师傅和师兄没有留下顽疾，谭处端却因酒得了重病。由于重病，谭处端和王重阳结了缘，并且是非同一般的特殊因缘。由于重病，谭处端不仅成了王重阳的弟子，并且和师傅有了体肤的接触情谊。谭处端后来诗作中，多次以"父"相称师傅，与这一段治病的特殊经历有关。当时天气寒冷，夜晚寒冷更甚，谭处端无法忍受，王重阳就让谭处端抱着自己的双脚，结果弟子一下浑身温暖起来。《长真子谭真人仙迹碑铭》中记载：

真人付之以颂，便宿于庵中。时严冬飞雪，丹灶灰冷，借海藻而寐，寒可堕指。真人遂展足令抱之，少顷汗流被体，如置身炊甑中。拂晓，真人以盥洗余水使公涤面，从涤之月余，宿疾顿愈。（陈垣《道家金石略》454 页）

《金莲正宗记》中写道：

赵道一的《仙鉴》"长真子"写道：时严冬在候，借以海藻而不任其寒。祖师展足令抱之，少顷汗出，如置身甑中。黎明，以盥手余水涤其面，宿疾顿愈。（《谭处端学案》141页，齐鲁书社，2010年）

王重阳给谭处端治病，大概在百日锁庵时期。谭处端病得不轻，46岁的年龄，"扶杖往谒"。大致经过一个月的治疗，谭处端的病奇迹般地好了。谭处端之外，七真中的马丹阳也有一次病得要死，而被师傅成功救治。台湾学者林富士就以"宗教和医疗"为主题研究。道教从汉末诞生以来，治愈人间疾苦就是一项重要的社会功能。和太平道、孙思邈面对社会大众行医疗疾略有不同的是，王重阳更有自己的选择性和针对性，给马丹阳治病，是其入道之后；而给谭处端治病，是其入道之前。1170年的隆冬，在北宋汴梁，王重阳临终的遗言，《清和真人北游录》记载：

室甚小，令丹阳、长真立于内，而不任其热，令长生、长春立于外，而不任其寒，内不敢出，外不敢入。如此者久，长生师父不堪其苦，乃遁去。至正月四日，祖师临升，三师立林下。祖师曰：丹阳已得道，长真已知道，吾无虑矣，长生、长春则犹未也。长春所学，当一听丹阳命，长真当管领长生。

师傅王重阳离开之时，马丹阳已经"得道"，谭处端已经"知道"。恰恰正是马丹阳和谭处端两个人，师傅王重阳都给治疗过疾病。看来，王重阳的治病，不仅是救人，也

谭处端真人像

是传递信仰和传道。这和《福音书》中耶稣的治病理念，及鲁迅先生的弃医从文，似乎有着相似的精神理由：身体的治疗固然重要，心灵的健康更为根本！同样，《福音书》中，耶稣给门徒们洗脚，王重阳也让谭处端抱自己的双脚。王重阳的双脚被谭处端抱在怀里的时候，他的疯疾痊愈了；他的心灵融化了，谭处端完全改变了。其一，谭处端的风痹，源于自己的酒醉卧雪而致。这显示出谭处端乱世苦闷、奔放不羁的精神性格，也和师傅王重阳的嗜酒、师兄马丹阳的好酒堪称同调，师傅王重阳不必说了；师兄马丹阳也不需比了，在全真七子中，谭处端似乎要处于最末地位。可见谭处端的淡定谦卑，在全真七子中，他是最出色的，师傅王重阳的双脚，谭处端没有白抱。其二，谭处端和师傅王重阳朝夕相处的时候，妻子找他，谭处端"怒而黜之"；把妻子当面给休了，足见其性格的耿直暴烈。然而，他和刘处玄在洛阳相处八年，却行云流水，相濡以沫，非常平静。这既显示出谭处端得道以后的变化之大，也让我们推测：《金莲正宗记》所说的谭处端在洛阳修道，"托宿红街紫陌，花林酒阵之间"，对境炼心，要么是不符合实际情形，要么是谭处端对刘处玄修道中的行为迁就。

秦志安的《金莲正宗记》写道：

比及三年，祖师乘云而朝元矣。乃以仙骨西归刘蒋，葬之以礼。厥后遁迹于伊洛之间，调神炼气，虽托宿红街紫陌，花林酒阵之间，心如土木，未尝动念，虽万两黄金，未尝为之折腰。……曾过招提，就禅师处乞残食。禅师大怒，以拳殴之，击折两齿，先生和血咽入腹中，傍人欲为之争，先生笑而稽首，殊不动心，由是名满京洛。（《谭处端学案》141页，齐鲁书社，2010年）

赵道一的《仙鉴》记载：

十四年秋，师东出关，居洛阳朝元宫。后游河朔获嘉县，居府君庙之新庵。……十五年，师游磁州二祖镇，遇一醉徒，问师：

"尔从何来？"未及应，遽以拳击师口，齿折血流，而容色愈和，吐齿握手中，歌舞而去。市人见者皆怒，使讼于官，师但云："彼醉耳。"（《谭处端学案》140页）

金源璹撰《长真子谭真人仙迹碑铭》：

后寓迹于河朔获嘉县府君庙之新庵。……至夕，庙官温生者见庵中光辉照映，即窗隙而窥之，见先生逼火而坐，温惊疑潜退。未晓，默遣人趋州，托乞药于师。其人至卫，见先生于卧内尚未起，授药而还。复视庵中，燃火犹未毕烬，与蓟子训历诸家之说，异世而同科尔。先生行业颇多，不能遍举。（陈垣《道家金石略》454页）

上述引文中，《长真子谭真人仙迹碑铭》写于金代，最早。秦志安的《金莲正宗记》和赵道一的《仙鉴》均写于元代，公认后者更为严谨。那么，关于谭处端"托宿红街紫陌，花林酒阵"云云，仅见于秦志安的《金莲正宗记》，明显根据不足。前面已述，《金莲正宗记》把谭处端的患病时间也混同为治愈时间（1167年冬）。而关于刘处玄的"花林酒阵之中，对境炼心"，不仅秦志安的《金莲正宗记》、赵道一的《仙鉴》和《七真传》皆有直接或含蓄记述，尹志平《北游录》和刘处玄自己的《仙乐集》都有大量记载。《北游录》："长生师父尝走笔作《瑞鹧鸪》一百二十首，内有云：内心未验色心魔，牢捉牢擒越念多。"谭处端和师傅王重阳、师兄马丹阳，在修行的理念风格和年龄气质属于同类，"花林酒阵之中，对境炼心"云云，的确没有实际的可能性和根据。秦志安的《金莲正宗记》的记载，可能是刘处玄掌教十多年影响下的郢书燕说和后设叙事。它的客观背景就是：谭处端是刘处玄的师兄和"师傅"，两人一起在洛阳修行近乎十年时间。事实上，谭处端和马丹阳同龄，属于同一种修行模式，却更加淡定谦卑：谭处端和刘处玄相处十年，没有任何冲突记载；马丹阳和刘处玄回到山东几个月，就出现了公开的意见分歧。

1183年12月，马丹阳仙逝之后，谭处端出任全真教掌门。1185年4月，谭处端仙逝于洛阳朝元宫，由刘处玄接任全真教掌门。去世前，谭处端既前往华山纯阳洞修炼，又和玉峰老人胡光谦有过联系（《磻溪集》"胡光谦序"）。胡光谦研究伏羲先天易理四十多年，谭处端借以印证自己和全真教的因缘天命。谭处端处于全真教两种修行模式和两个时代之间，是承前启后的成功过渡者。如果处理不好，全真教就会出现可能的分歧乃至分裂。谭处端淡定谦卑的精神气息，使得全真教的两种修行模式和两个时代之间，得到顺利融合与交接。这就是谭处端怀抱师傅王重阳双脚的历史隐喻，也就是谭处端在全真七子中的特殊角色和意义。

第七节　高古大通　华山仙风

郝大通在全真七子研究中，疑案最多，大者有三：(1) 郝大通并未修炼于华山，缘何将他视之为全真华山派的开山祖师？这是郝大通和华山派的关系问题。(2) 郝大通的著作《太古集》，以易经之理见长。他的易理是从师父王重阳学到的吗？这是郝大通和王重阳的关系问题。(3) 既然郝大通并未在华山久留，为什么《七真传》把西岳朝阳洞的开凿归之于他呢？这是郝大通和全真教史的关系问题。我们先看郝大通和王重阳的关系问题。

郝大通和王重阳的首次见面是金大定七年 (1167年)，在山东宁海街市。郝大通卜卦于宁海街市，王重阳前往遇之。《金莲正宗记卷之五》记载：

大定丁亥秋，货卜于市。士大夫环列而坐，重阳最后至，背面而坐。先生曰：何不回头？重阳曰：只恐先生不肯回头。先生颇惊，遽起作礼，邀赴他所闲话，往来问答，如石投水。先生献诗云：同席诸君乐太古，未明黑白希夷路。今朝得遇达人吟，伏望先生垂玉句。重阳答曰：口爱郝公通上古，口谈心甲神仙路。足间翠雾接来时，日要先生清静句。先生览之，得意而归。(《郝大通学案》275页，齐鲁书社，2010年)

《郝宗师道行碑》中记载：

读书喜《易》，研精尤甚，因洞晓阴阳、律历之术。不乐仕进，慕司马季主、严君平之为人，以卜筮自晦。大定七年，重阳真君王祖师自关西宁海游行于市，见师言动不凡、仙质可度，思所以感发之者，遂背肆而坐。师曰：请先生回头。真君应声曰：君何为不回头耶？师悚然异之。真君出，师闭肆从之，及于馆所而请教焉。真君授以二词，师大悟，不觉下拜，自是日往亲炙。(《郝大通学案》271页)

郝大通和王重阳的首次见面，《金莲正宗记》和《郝宗师道行碑》记载基本一样。比较而言，《金莲正宗记》的记载更偏于"道"，其云"深穷卜筮之数，黄老庄列未尝释手"；黄老庄列皆先秦道家大师。《郝宗师道行碑》的记载更突出"易"，其云"读书喜易，研精尤甚，因洞晓阴阳律历之术，不乐仕进，慕司马季主、严君平之为人，以卜筮自晦"；很显然，此时郝大通的人生楷模不是先秦的"黄老庄列"，而是西汉的司马季主和严君平。西汉易学特别发达，司马季主和严君平就是两个突出人物。司马季主为西汉楚国人，曾在汉代京城长安东市占卜。严君平即严遵，也是西汉人，著有《老子旨归》一书。严君平好老庄思想，隐居不仕，曾在成都以卜筮为生。与此相应，《金莲正宗记》认为，郝大通的名号是在山东昆嵛山见面时，王重阳给的，"至来年戊子岁三月中，专往昆嵛山烟霞洞焚香敬谒，甘洒扫之役，重阳乃赐之法名曰大通，号曰广宁子"。

《郝宗师道行碑》的记载：

明年母捐馆，师乃弃家入昆嵛山，礼真君于烟霞洞，求为弟子。真君纳之，赐名璘，号恬然子。仍解衲衣，去其袖而与之曰：勿患无袖，汝当自成。

郝大通拜王重阳为师，王重阳也接受他为弟子，并给郝大通起了名号；但所起的名号不是秦志安的《金莲正宗记》所言的"法名曰大通，号曰广宁子"，而是"赐名璘，号恬然子"。赵道一的《仙鉴》和李道纯的《七真年谱》的记载和《郝宗师道行碑》相同："三月，师乃弃家入昆嵛山烟霞洞受业为弟子，重阳纳之，训名璘，号恬然子。"郝大通的名号，是王重阳仙逝之后，他游历陕西岐山所得。"明日即东还，至岐山遇神人，为改今名及今号"（《金莲正宗仙源像传》），"九月，广宁真人西游岐山，偶得名大通，字太古，号广宁子"（李道纯的《七真年谱》）。岐山位于户县祖庭之西一百多里，《金莲正宗仙源像传》中"明日即东还，至岐山遇神人"有误，《七真年谱》"九月，广宁真人西游岐山"是正确的；《七真年谱》的作者李道谦长期生活于户县祖庭，熟悉当地情况。章伟文不熟悉陕西关中地理，在《郝大通学案》也沿袭了"东归途中，路过陕西岐山"（《郝大通学案》13页，齐鲁书社，2010年）的错误。郝大通的现行名号，各种文献皆记载是源于"岐山神人"；独秦志安的《金莲正宗记》认为是王重阳所赐。那么，秦志安的《金莲正宗记》所言的"重阳乃赐之法名曰大通，号曰广宁子"，就是错的吗？非也。"重阳乃赐之法名曰大通，号曰广宁子"是对的，但不是在山东昆嵛山，而是在陕西

郝大通画像

的岐山；不是生前之亲授，而是仙逝之灵化。有证据表明，郝大通"至岐山遇神人"，就是师傅王重阳，是王重阳的灵化赐教。

其一，在山东宁海街市，郝大通和王重阳的第一次见面，"真君授以二词，师大悟，不觉下拜，自是日往亲炙"。在昆嵛山，王重阳又给郝大通言："我有布衲剪去两袖，我要替背，与汝过冬，自缀袖去。先生拜而受之。盖像古人传衣之法也。"其二，郝大通嗜易，然修道之心不安定；先是在山东昆嵛山遭到王玉阳的批评，接着是在陕西终南山被谭处端讥刺。郝大通的心情非常窘迫，到了绝境！于是，1172年郝大通来到岐山。其三，岐山是周文王兴起的故乡，也是《周易》的天国。在岐山，郝大通遇见师傅显灵，彻悟了王重阳的苦修教导。他于是才有了在河北赵州桥下的苦炼。其四，赵州和尚，其名为"从谂"，意指接纳他人的规谏劝告，进入人之所不能言的苦修境界。经过王玉阳、谭处端和师傅接二连三的规谏劝告，郝大通终于在赵州桥下完成最后的升华得道。其五，《七真年谱》记载："大定十六年六月，广宁真人夜梦神人复授易之大义。"岐山相遇"神人"没有明确告诉具体方式，和师傅王重阳灵通梦遇的可能性极大。其六，岐山周文王和孔子代表的是后天易理。道境寻求的乃是伏羲心地上的先天易理。不必说伏羲先天易理的道境，就是周文王的《易经》哲理，也是"拘羑里"的产物。欲真正懂"易"，非苦修大行不可！这就是郝大通在岐山所获得的易理觉悟，就是王重阳显灵的感化结果。正是在岐山遇见"神人"之后，郝大通开始了河北赵州桥的苦修。

《金莲正宗记》中写道：

乙未岁，乞食于沃州，方悟重阳密语。涣然开发，遂往桥上默然静坐。饥渴不求，寒暑不变。人馈则食，不馈则否，虽有人侮狎戏笑者，不怒也，志在忘形。

《甘水仙源录》中写道：

十二年葬真君于祖庭，师欲与四子同庐墓侧，长真激之曰：随人脚跟转可乎？师明日遂行，至岐山，遇神人授今名字及道号。十二年，度大庆关而东，翱翔赵魏间。二十二年，师过滦城，又与神人遇，受大易秘义，自尔为人言未来事不差毫发。

《七真年谱》中写道：

大定十二年壬辰，九月，广宁真人西游岐山，偶得名大通，字太古，号广宁子。大定十六年丙申，六月中，广宁真人夜梦神人复授《易》之大义，既寤，明朝挥三十三图，事见《太古集》。

刘志玄的《金莲正宗仙源像传》中写道：

二十二年，师至真定，升堂演道，听者常数百人。复过滦城，又与神人遇，受以《大易》秘义。明昌元年庚戌秋，还宁海，一日遽索纸笔，挥染疾若风雨，成《易图》三十三，皆天人之蕴，昔贤所未发者。

"乙未岁"，即大定十五年（1175年），郝大通开始了河北赵州桥的六年苦修。关于郝大通两次遇见"神人"的时间，第一次为1172年，地点为陕西岐山。第二次的时间，《甘水仙源录》和《金莲正宗仙源像传》记载是大定二十二年（1182年），《七真年谱》记载为"大定十六年丙申"（1176年），地点是河北滦城。比较之下，以大定二十二年（1182年）更为可取：其一，郝大通在金大定十五年（1175年）刚开始六年时间的苦修，于大定二十二年（1182年）修炼完毕，才能够总结"《易图》三十三，皆天人之蕴，昔贤所未发者"。其二，"大定十六年"（1176年），郝大通刚开始苦修一年，不可能投入《太古集》写作；此时，郝大通在河北赵州桥，也不在滦城。1172年，郝大通第一次和神人在陕西岐山的相遇，各种文献的记载完全一致。大多数研究者，不理解"师明日遂行，至岐山，遇神人授今名字及道号"；以为师傅王重阳之外，另有一个"神人"是郝大通的开悟师傅。殊不知，早在山东昆嵛山，王重阳就已经暗示了他指导郝大通的特殊方式。郝大通在一首《悟南柯》，如此高昂动情地吐露了自己的心声：

地肺重阳子，昆嵛太古仙，二人结约未生前。托居凡世，飞下大罗天。共阐玄元教，行藏度有缘，奈何不悟似流泉。别后相逢，再约一千年。

《悟南柯》是郝大通赵州桥得道彻悟之后的诗作。他不仅清楚地反映了自己和王重阳的师徒关系，并且将这种授道因缘强调到了前世的先天程度。"托居凡世，飞下大罗天"，不就是暗示师傅王重阳的灵化奇遇吗？"别后相逢，再约一千年"，不就是这种灵化奇遇的感恩言说吗？"行藏度有缘，奈何不悟似流泉"，既是郝大通的证悟，也是证悟后的自省。"方悟重阳密语"，才有了郝大通的苦修，才有了易理的突破和升华。

"二十二年，师过滦城，又与神人遇，受大易秘义。"郝大通两次遇见神人，就像王重阳两次遇见神人一样。王重阳遇见的神人即师傅吕洞宾，郝大通遇见的神人即师傅王重阳。郝大通所"受大易秘义"即先天易理。先天易理乃是吕洞宾的证道硕果，是王重阳的修道境界，是全真教的易理精华。王重阳与胡光谦曾在华山一带探讨伏羲易理（《磻溪集》序言）。它萌芽于《周易参同契》，高扬于陈抟心易，在郝大通《太古集》获得系统总结。这也是郝大通被视为全真华山派的根本原由。郝大通的《太古集》，共四卷，写于金大定二十二年，即赵州桥苦修（金大定十五年）六年之后。《太古集》卷一为"周易参同契简要释义"，"觉花才放，法海渊深，直入玄都，永超陆地。所谓毛吞大海，芥纳须弥，木马嘶鸣，石人唱和。此皆开悟后觉，不得已而为言"。卷二和卷三为"周易参同契图像解"，"天道虽广，若不以人法之，而天道不能显着。地道虽大，若不以人则之，而地道不能成就"。卷四为《金丹诗》30首。

郝大通的《金丹诗》的内容，王重阳和全真七子皆有大量著述。

郝大通的《太古集》的突出之处，就是用了 3/4 的篇幅表达了自己对《周易参同契》的研究成果。其重要意义有三点：（1）弥补了全真教早期没有《周易参同契》探讨的空白，使"三教合一"在"易理"落到实处，也直接影响到清代刘一明的《周易阐真》。（2）郝大通的《太古集》对《周易参同契》的研究，让人在习惯全真教特有的直指心性风格之后，也见识了他们易道学述的造诣。（3）郝大通的《太古集》的命名，源于师傅王重阳的指点和自己的修炼道境，直通陈抟的先天易理。

正是由于郝大通的《太古集》和陈抟先天易理的深契相通，后世全真教才将郝大通视为华山派宗师，而把陈抟誉为华山派老祖（参章伟文《郝大通学案》96—97 页，齐鲁书社，2010 年）。郝大通作为全真华山派宗师，主要来自于《太古集》的文本内容特征，而非其修行的人文地理踪迹。今日华山郝祖洞，也是类似背景。华山郝祖洞，属于全真教第四代贺志真师徒奋力开凿的。在《七真传》第 19 回"论玄机四言契妙道 开石洞一人独勤劳"（黄永亮《七真传 156—166 页，团结出版社，1999 年），华山石洞的开凿已经嫁接到了郝大通身上。

其一，郝大通是全真华山派宗师。其二，开凿石洞的叙事，紧密围绕着绝世炼性和打尘劳这一全真证道主题。其三，郝大通是七真名师，华山是西岳名山，二者结合，会收到相得益彰的马太效应。这是宗教圣化叙事的普遍模式。贺志真师徒奋力开凿的华山石洞，嫁接到郝大通身上，借以完成全真华山派宗师的圣化叙事，也太自然了！这是神学文本的普遍模式和信仰选择。

第三章　全真白云跃龙门

第一节　金诏五番　玉阳一处

老子的《道德经》已有"天门开合"的深沉道境描述。"天门开合"的深沉道境，道教进一步描述成"功行圆满，等待天诏"的元神出壳。无论是《道德经》中的"天门开合"还是道教经典中的"等待天诏"，道门外之人，有信者也有不相信者。不过，"功行圆满，等待天诏"的修炼影响，往往声闻朝野，乃至于国家皇帝下诏赴阙，却是一种政治社稷层面上的历史事件，是传统儒、道、佛各派认同且羡慕的荣耀时刻。全真教中，首位赢得这种荣耀历史时刻者，正是玉阳子王处一！金世宗曾经两次召见王玉阳，金章宗则三次召见王玉阳。金诏五番，玉阳一处，这既是王玉阳修炼历程中的荣耀时刻，也是全真教历史的重大事件，还是华夏道风吹拂金廷的历史标志。

金大定二十七年（1187年），王玉阳在登州铁槎山云光洞修炼，金世宗诏其赴阙。这是全真教历史上的标志事件：此前，全真教完全是下层的民间团契；此后，全真教是震动朝廷的合法信仰。1187年的第一次会面是成功的；1188年，金世宗授权王玉阳住持黄箓大醮，超度亡灵。1197年，王玉阳第三次被金朝宣诏。利用这次机会，王玉阳协助重阳宫祖庵买到观额，朝廷命名为灵虚观。此前，1181年，马丹阳由于没有度牒，被迫离开祖庭重阳宫；此后，祖庭重阳宫成为官方登记在册的全真圣地。1197年之后，王玉阳又被金朝宣诏两次，主持亳州太清宫的普天大醮。这已是国师权威和宗教领袖的象征事件。《金莲正宗仙源像传》中记载：

师姓王名处一，字玉阳，号玉阳子，宁海东牟人也，生于金熙宗皇统二年壬戌三月十八日。……后居云光洞九年，志行确苦，尝俯大壑，以一足歧立，人称为铁脚仙。遂游齐鲁，大著神异，度人逐鬼，踣盗碎石，出神入梦，召雨摇峰，烹鸡降鹤，起死嘘枯，一方千里，耸动向化。

金世宗闻其名，二十七年丁未召赴阙，问以卫生为治。师对曰："含精以养神，端拱以无为。"凡所应对，大副宸衷，馆于天长观。久之，有嫉恶师者，召师饮而鸩之。师预戒其徒，凿池灌水以俟。师至彼，持杯尽饮曰："吾贫人也，尝从人丐食，今幸见招，愿罄余酒，以尽若欢。"酌之又尽饮。归，浴池中水皆沸涌，惟须发尽脱，不能受冠。（《七真传》285—286页，团结出版社，1999年）

王玉阳第一次受宣，就遭遇了被人施毒的鸩酒考验。谁导演了这一残酷的道场局面呢？赵道一的《仙鉴》的记载也是"有嫉恶师者，召师饮而鸩之"。秦志安的《金莲正宗记》记载"僧徒怀嫉妒心，多输金于中使，以为先生非真仙也，鸩酒可以验之。上以为然，乃赐之三杯"。现代学者多倾向于"上以为然，乃赐之三杯"，即金世宗认同的鸩酒考验（牟钟鉴等《全真七子与齐鲁文化》197页，齐鲁书社，2005年）。这是正确的。王玉阳以深厚的功力转危为安，和禅宗达摩的服毒类似。王玉阳成功地经受了严酷的挑战，便有了后面接二连三的召请，也才有了刘处玄和丘处机的被请。王玉阳战胜鸩酒的意义巨大：(1) 修行没有高超的神通，就像科学没有技术，是可怕的瘸子修道。元代全真教的失败，与此有关。(2) 王重阳赐给王玉阳道号的时候，用的就是神通方式。王重阳对金朝是抵触的。在金朝时期，王重阳和马丹阳只能是民间宗教权威。全真七子中，只有王玉阳没有公开到重阳宫上坟祭祖，偏偏是王玉阳为祖庭购得国家观额。王重阳和王玉阳看重道心事业，不纠缠于表面仪礼；或许，师徒之间有政治分工。(3) 金世宗之于王玉阳如此，成吉思汗之于丘处机也会类似：必须经过实打实、硬碰硬的真功亮剑，才可能获得帝王的认可和尊重。一是丘处机的智慧稳健，二是丘处机和成吉思汗的过招属于机密，才引起后世的诸多臆测，以至于出现了释祥迈《至元辨伪录》所谓"丘处机没有道术"的荒唐妄论。

全真教和金朝的历史关系，从王重阳、马丹阳的内心抵抗，经过王玉阳、刘处玄的高端合作，最后再到丘处机的拒绝金诏，华夏民族的靖康耻辱慢慢淡去，全真道境的魅力日益彰显；紧接着的，就是面对更加剽悍、更为强大的蒙元国家。王玉阳的历史使命，非常圆满地完成了。在全真七子中，王玉阳是从小就遭遇了灵异事件的"神童"。王玉阳7岁之时，神遇东华教主；14岁，又遇到传奇老翁。《金莲正宗记》中记载：

七岁遇东华教主，授以长生久视之诀。年一十有四岁也，偶步山间，见一老翁坐于盘石之上，呼之使来，摩其顶而谓之曰：汝他日必扬名于帝阙，当与玄门作大宗师。

《王宗师道行碑铭》中记载：

七岁，无疾死而复生，由是若知死生说。后遇异人坐大石来前，抚首与言，又闻空中神自名玄庭宫主，归乃敝服赤脚，狂歌市中。

民国时期，陈垣撰《南宋初河北新道教考》，一方面，声称不采集"奇幻事件"；另一方面，赞叹"全真之言远远高于仕者之说"，并指出诸如宋金危难时刻，"儒家收拾不住，让道教扳去"。殊不知，"奇幻事件"乃是普世宗教的常识性现象，也是道教和儒家的基本分野之一；既是宗教的发生因缘，也是信仰的追求结果。例如，王玉阳就是起于"奇幻事件"又终于"奇幻事件"的全真大师。14岁的"奇幻事件"发生之后，王玉阳"归乃敝服赤脚，狂歌市中。人谓或病失心，或识为无疾，将收敛冠巾妻之，不可，遂与母皆为老氏法"。对于王玉阳本人，"奇幻事件"乃是生命亲历的直观现象，可谓存在无需论证。对于他者，可以有三种选择立场和态度：(1) 相信者，如虔诚的道众。 (2) 否认者，如褊狭的儒士和学者。王玉阳孩提时的"奇幻事件",一些学者认为完全出自"杜撰"(丁原明等《早期全真道教哲学思想论纲》244—245页,齐鲁书社,2011年。牟钟鉴等《齐鲁文化和全真七子》167页,齐鲁书社,2005年)。(3)悬搁不论者,如"子不语怪、力、乱、神",如陈垣先生。不过,"奇幻事件"发生之后,王玉阳的"归乃敝服赤脚,狂歌市中",乃是所有亲历目睹者的直观事实。

谭处端悟道图

问题只在于解释:《王宗师道行碑铭》记载的"人谓或病失心,或识为无疾",就是两种解释学眼光和立场。王玉阳和他母亲的反映是:"将收敛冠巾妻之,不可,遂与母皆为老氏法"。作为"奇幻事件"的当事人,王玉阳一开始也曾做过"收敛"的努力:把衣帽穿戴得和常人一样("冠巾"),自己结婚"冲邪"("妻之");结果这一切努力没有任何效果("不可"),无奈之下,"遂与母皆为老氏法"。"奇幻事件"发生之后,《金莲正宗记》记载:"自兹之后,语言放旷,不与世合,行止癫狂"。这不就是另一个王重阳吗?不就是一个少年王重阳吗?王重阳和王玉阳的"不与世合,行止癫狂",有其共同的神学现象学逻辑。王玉阳拜师王重阳,只是一个历史事件。对王玉阳而言,这是一种幸运和恩典;对王重阳而言,这是一

种欣悦和责任。请注意,全真七子中,只有马丹阳和王玉阳两个人有资格分享着师傅王重阳的名号。《金莲正宗仙源像传》写道:

> 明年春,师辞居槎山,重阳与马、谭、邱、郝四师自文登归宁海。道经龙泉,去槎山二百余里。时炎暑,重阳持伞,忽伞自手中飞去,未哺坠槎山。师于伞柄中得诗一首,并俞阳子三字,因以为号。后居云光洞九年,志行确苦,尝俯大壑,以一足歧立,人称为铁脚仙。遨游齐鲁,大显神异。

由于受孔子儒家"君子不器"的严重影响,包括金源璹的《仙集》在内的诸多文献都明显表现出对王玉阳历史功德的偏低评价。其实,王重阳给王玉阳赠送道号,采取的正是神通方式。那个俞字是什么意思呢?只有师傅王重阳确知。不过,论年龄,王玉阳和丘处机、刘处玄是一辈,他却获得了和师傅王重阳、师兄马丹阳同样的"阳"字道号。论经历,他没有陪师入关,和马丹阳、丘处机、谭处端及刘处玄相离较远。马丹阳回山东,并没有和刘处玄,而是和王玉阳同居金莲堂,商量全真教的发展大略。师傅王重阳赠给他的道号俞字,我们当然不必说,其意思是王玉阳是全真七子中的第一人,却可以说,王玉阳在全真七子中显然是神通第一者。事实表明,在丘处机成长起来之前,马丹阳和王玉阳一个支撑着陕西的全真教事业,一个支撑着山东的全真教事业。特别是王玉阳,一个人单独支撑山东的全真教事业长达十年之久,并以神奇的功行和效果,震动朝野,成为全真教赢取金诏的第一人,也是次数最多的一个全真大师。

第二节 长生之门 处玄之境

"四念处"是佛教的四项基本原则。初期,小乘佛教的"四念处"是:"苦、集、灭、道",其中"苦"是优先强调着的。晚期,大乘佛教的"四念处"是："常、乐、我、净"。从小乘佛教到大乘佛教的"四念处"，最突出的差别就是从"苦"到"乐"的变化。这种变化，在佛教大致经历了200年左右的时间；而在全真教，这种从"苦"到"乐"的变化，仅仅用了二十多年的时间。王重阳和全真七子，总体的形象是乞食清贫、苦心励志，被视为新道教：属于头陀行与苦行僧。全真七子中，长生子刘处玄是唯一的例外，是全真教从"苦"到"乐"变化的最早先声。刘处玄的著作，名字即《仙乐集》。释迦牟尼佛涅槃的时候，许多弟子或痛苦或失望而离开了。王重阳在汴梁仙逝的时候，长生子刘处玄也离开了。赵道一的《仙鉴》记载：

以钰等所乞钱物多，市薪炭大然于所寝之室。其室褊小，令马钰、谭处端入于内，刘处玄、邱处机立于外。内则不任其热，外则不任其寒。处玄不堪而遁去，师将设三子立于床下，师曰：丹阳已得道，长真已知道，吾无虑矣。处机所学，一听丹阳；处玄，长真当管领之。

李道谦的《七真年谱》也记载：

大定十年庚寅，重阳祖师于正月初四日召丹阳、长真、长春立于榻下，时长生遁去。曰：丹阳已得道，长真已知道，吾无虑矣。处机所学，一听丹阳。处玄，长真当管领之。吾今赴师真之约耳。

1170年，王重阳仙逝的时候，正是河南中原农历新年的隆冬季节，寒冷至极。全真教后世的阔绰和体面，仅仅看一眼宏伟宽敞的北京白云观就够了。而宋金时期，一代宗师王重阳仙逝的时候，"其室褊小"，连丘处机和刘处玄两位年轻弟子也容纳不下。"处玄不堪而遁去"，仅仅是"不任其寒"吗？刘处玄和丘处机同龄；师傅王重阳仙逝的时候，也就20岁出头。同样年龄，丘处机可以忍受，刘处玄却无法忍受。"长生师傅不堪其苦"，为什么呢？总观刘处玄的著作《仙乐集》，我们觉得："长生师傅不堪其苦"并非仅仅由于天冷和悲伤,还与怀疑思想有关。刘处玄的《仙乐集》谈到的历史人物不少,其中出现最多的是庞居士,有20次之多;而歌吟王重阳的作品却罕见。关于庞居士,《仙乐集》中写道:

> 如庞许,全家拔宅,永永住瀛洲。许真君全家拔宅升天,庞居士全家坐脱立亡去。遇七修斋,庚申餐素,礼参旦望行香。时时念道,世梦顿然忘。三教经书为伴,真闲处、胜似贪忙。迷云散,一轮皓月,无缺照无方。从长。明大道,暗中积行,上达穹苍。效许庞归去,万古名扬。

显而易见,《仙乐集》憧憬的修道境界,是"全家拔宅"的庞许和全家升天的许真君。而师傅王重阳呢,却是死在刘处玄眼前的啊!正是这一关键性的信仰不同,才使得当年的刘处玄"不任其寒"和"不堪其苦"。多少年后,《仙乐集》将当年的怀疑心情作了如下的公开:

> 处玄稽首,月皎张唐二公,别后思量。倏忽年余迤闻,却住天长。常记讲师静位,说关西、作醮歧阳。香花引,那郝公见道,大哂重阳。便继处玄乱道,酹江月一句,寸念难忘。踏尽铁鞋难觅,恍惚灵光。(《神光灿》)

刘处玄借着师兄郝大通(郝公),"大哂重阳"。前面的铺垫是,马丹阳师兄参与传统道教的斋醮法事,"说关西、作醮歧阳"。传统道教的斋醮法事,作为世俗化和官方仪礼,师傅王重阳是没有兴趣的。"便继处玄乱道",刘处玄直接要表达自己对全真

长生子作法图

道修炼的不同意见。强昱《刘处玄学案》把《神光灿》中"那郝公见道，大哂重阳。便继处玄乱道"，看作是"丘刘谭马的门弟子同郝大通的弟子们产生了摩擦"（《刘处玄学案》346—347页），而没有触及刘处玄《仙乐集》整体上和王重阳的歧义姿态。就现存文献看，《七真年谱》记载，在王重阳去世之时，刘处玄"不堪其苦，遁去"。《历代仙鉴》记载，马丹阳批评刘处玄的奢侈。《清和北游录》"长生与俺尚多疑心，中道几乎变易"，明确记载着丘处机和刘处玄对王重阳的怀疑思想。那么，刘处玄什么时候，有了与师傅王重阳不同意见的呢？应该就是在汴梁师傅王重阳仙逝的刹那。对此的最早记载是马丹阳的一首《四仙韵》。马丹阳的《四仙韵》中写道：

处端通正，道号长真真上认。自在逍遥，撼碎岩前汲水瓢。

处玄通妙，道号长生真了了。慎勿先归，且伴长春丘处机。

在陕西关中修道，应该是王重阳的安排和遗言。刘处玄知道这一点。他却要离开关中，打算回到山东。马丹阳于是说："处玄通妙，道号长生真了了。慎勿先归，且伴长春丘处机。"怀疑归怀疑，刘处玄毕竟在关中、洛阳修炼了十多年时间。这也是问题的基本方面。其中，马丹阳是支撑刘处玄继续全真道修炼的崇高榜样。《仙乐集》中写道：

大翁出去，随家店住。且只似昔年，混俗庞许。食肉爱生灵，饮酒休乱做。肯忘贪，闲论今古。仙家乐处，逍遥云路。隐世外修性，金乌随兔。行就访蓬山，功了离尘所。蜕凡形，礼丹阳父。

青杏儿

九月季秋凉。谢尊官、重献霞浆。难当厚礼重重爱，世中名利，贪争俗虑，身坐心忙。道化怕无常。三十年，总敬丹阳。

上一篇，刘处玄把马丹阳视之为父亲，"蜕凡形，礼丹阳父"。《青杏儿》："道化怕无常。三十年、总敬丹阳。"从"三十年"看，《青杏儿》写于刘处玄的晚年。刘处玄20岁入道，57岁仙逝。这两首作品反映了三重矛盾：一重是全真教清修和庞居士混俗修炼的矛盾，一重是命功修炼和世间尘念的矛盾，一重是努力出尘和名利诱惑的矛盾。从《青杏儿》"难当厚礼重重爱，世中名利，贪争俗虑，身坐心忙"看，刘处玄到了晚年，仍然炼心没有达到全真的"心死"要求。刘处玄的诗作，也有着自省和表白："三载施为，十全八九，有些未及功圆。不曾行疏，所惠自然钱。六铢挂，大罗归去，重受玉皇宣。"从"十全八九，有些未及功圆"和"重受玉皇宣"看得出，刘处玄明白自己修行上的缺陷，也期待一种重新开始；他需要一种重新开始的内心力量。问题在于，刘处玄似乎一直没有找到这种重新开始、再造河山的精神力量；或者是，他寻找的方向完全错了。《仙乐集》中写道：

万恶心除，千思意泯，自然罪病消亡。寸灵念道，动静两俱忘。清志如庞似许，任云水、到处为乡。仙家好，茅斋幽阒，胜似住高堂。无忙。看古教，顿明至理，上运三光。也不须昼夜，数墨寻行。养就真铅真汞，蜕形去、天地难量。碧霄外，大罗归去，重礼马丹阳。

许旌阳有著名的外丹修炼法，实现了全家的拔宅飞升。同样也是外丹修炼法，淮南王刘安却导致了万人死亡的历史悲剧。庞居士是入家修行，实现了全家的坐脱立亡。同样也是居家修炼，恩爱尘网中的沦丧者更是比比皆是！金大定二十一年（1181年），刘处玄回到山东故乡，建筑灵虚观。金明昌二年（1191年），他惹起官司并被收监。《金莲正宗仙源像传》中写道：

二十一年秋，东归莱州。明年就武官故居建庵。明昌二年，驸马都尉仆散出镇莱州。惑于谗毁，命尉司栾武节追捕下狱。俄市人见师于城南，与道友接谈如常日。郑押衙、王受事亦见之，意师逃出。往视狱中，师方熟睡。二人惊骇，以所见白都尉。都尉方悟师为有道者，亟令出之。（强昱《刘处玄学案》588页，齐鲁书社，

2012年）

　　《金莲正宗记》等全真文献，把刘处玄入监记载为冤案。不过，冤案的起因也和刘处玄的招摇奢华不无关系。马丹阳就批评过刘处玄的奢华（赵道一《仙鉴续编》卷二，参见强昱《刘处玄学案》590页）。作为一个出家人，刘处玄的心似乎未能彻底"观空"。由于汴梁师傅死亡的悲凉记忆，刘处玄对王重阳出家的全真清修，似乎怀疑有加，"清志如庞似许，任云水、到处为乡"。许旌阳的外丹修炼、庞居士的入家修行和王重阳的全真清修；他们各自的优劣长短暂且不去讨论。就一个修炼者的"清志"而言，还有谁能和全真祖师王重阳相比呢！就修炼者的"清志"看，王重阳真正是金庸《射雕英雄传》中的"天下第一人"，是独步天下的第一英雄！刘处玄寻找修炼者的"清志"，却抛开自己的伟大恩师，这不是严重的迷失和荒唐事件吗？多亏了身旁还有师兄马丹阳，刘处玄才不至于滑行得过远，"碧霄外，大罗归去，重礼马丹阳"。正是对马丹阳的尊敬和信任，使得刘处玄度过了种种危机和矛盾。《望蓬莱》（望江南）中写道：

　　近中寿，意望百年期。万事转头都一梦，两般罪福紧相随。念道圣贤知。性命达，今古世间稀。了了不生真不灭，自然结就坎和离。休觅上天梯。

　　"上天梯"是王重阳全真教的升仙特征，刘处玄明确讲"休觅上天梯"。刘处玄的修炼目标是"如庞许，全家拔宅"，和"许真君全家拔宅升天，庞居士全家坐脱立亡去"。许真君即许旌阳，是修炼外丹派。庞居士是在家修炼者。这显然和全真教的修炼精神和方式相对峙，也完全远离了王重阳的全真家风。王重阳的全真家风，不一定是修炼的圆满真理，更不是唯一的修持方略，但却是宋金严峻时刻的真理呼唤，是苦难历史的忠诚应答。王重阳的全真教之外，尚有张伯端的道教南宗。王重阳的师傅是吕洞宾，师徒的修炼也并不完全相同。就性命修炼的原理而言，刘处玄的"背离"无可厚非，倒有其合理因素。就全真修炼的语境来看，刘处玄的"异端"乃是虚妄荒唐的，也是悲剧性的。在《望蓬莱》中，刘处玄"近中寿，意望百年期"，就表明了其修炼理论和结果的悲剧性。写《望蓬莱》，他大概50岁左右了（"近中寿"），刘处玄希望自己修行圆满，寿命能够达到百岁，"近中寿，意望百年期"。事实上，刘处玄57岁就仙逝了，这是一个深刻的悲剧；这是一个合理的希望没有实现机制的悲剧；这是一个有价值的思想没有机会实践的悲剧；这是一个美好的愿景没有机缘实施的悲剧。胡孚琛认为，"实际上北宗马钰、刘处玄皆习过同类阴阳丹法"。（《道学通论》377页，社会科学文献出版社，2011年）"同类阴阳丹法"即男女双修术（《道学通论》第十一章）。马丹阳习练"同类阴阳丹法"，疑问较大。刘处玄实践男女双修术，可能性较大。不消说，刘处玄并没有成功。事实上，在刘处玄的前面，吕洞宾就完成了他的修炼目标；在刘处玄的后面，张三丰同样实现了他的修道愿景。然而，不要说和吕洞宾、张三丰没法相比，刘处玄和师傅王重阳的修炼境界也没法相比。同样是不到六秩仙逝：师傅王重阳显示的是洒脱、圆满和先知性，刘处玄显示的却是遗憾、缺陷和悲剧性。如果就个人而言，刘处玄则完全可以释然和欣然：宋金苦难时刻，皇帝北掳，生灵涂炭，他毕竟成为了英雄神仙王重阳的弟子，毕竟成就了一番位尊七真的仙道事业！

第三节　一言止杀：救赎历史的话语权

国破家亡之际，失败的国君可以做什么？汴梁北掳的宋徽宗可以告诉人们。国破家亡之际，失败的国君最想说什么？汴梁南掳的李后主可以告诉人们。国破家亡之际，失败国家老百姓的惨景是什么？侵华日军731部队的正直士兵可以告诉我们。或者，人们可以读一下莫言的《檀香刑》。国破家亡之际，失败国家老百姓的希望是什么？宋元道教皈依全真的贫苦修士们可以告诉我们。或者，人们可以读一下李志常的《西游记》。20世纪80年代，笔者游览西安八仙庵丘祖殿，门联内容曰："一言止杀始知济世有奇功"。30年过去，弹指一挥间！最近听讲"一言止杀"是2012年的春天，听石兴邦的田野讲授。石兴邦已是90岁的老人，我们和他游览西安东岳庙，他向我们解读历史，其中包括了丘处机的"一言止杀"。作为考古界的权威，他高度评价了全真教的历史功德。考古学的大地是丰沛的，考古学家的心灵是澄明的。他言：成吉思汗的马队如风般过来时，你能说什么呢？蒙古骑兵，其速度之快，如疾风暴雨；其气势之大，如海啸山崩。你一个词尚未嘣出口，蒙古骑兵能干的事情已经干完，风驰电掣地"嘚嘚"马蹄声走远了。从贫乏文献纠缠"一言止杀"的历史细节，乃是一种心灵的迟钝和笨拙。至于少数学者怀疑丘处机的"一言止杀"，真正称得上"数典忘祖"了（参阅赵卫东《金元全真道教史论》第六章"丘处机'一言止杀'辩正"，齐鲁书社，2010年）。丘处机"一言止杀"的切实意义，首先是救赎历史的话语权问题，是华夏民族的精神救恩。

宋金元华夷大动乱，是华夏汉族节节败退、灾难日重的危机时刻，不要说什么话语权，连说话的力气和机会都没有了。宋金元华夷大战乱，华夏汉族先败于金人，留下儿皇帝南宋的半壁江山；复败于蒙元，历史上首次被少数民族全部

丘处机修道图

征服，话语权只剩下屈辱和痛苦的呻吟。国家昌盛时代，皇帝的女儿公主们，掌上明珠，贵比千金；靖康之难，宋徽宗的二十多个公主，或杀或娼或奴，成了朝存夕亡的羔羊。民族强大岁月，秦始皇30万人修墓、地下军团守陵；蒙元铁洗，宋理宗其墓被掘、其尸体被西域番僧倒挂于南方挺拔的树上。这就是王重阳创立全真教的历史背景，他的佯狂承担了民族惨败之际的心灵重负。金元时代，汉人已是劣质的四等民族，儒士是位于娼之后的臭老九；儒士之后，最低贱的就是垫底的丐帮。王重阳不仅自己行乞，乞食也是全真教的戒律。仅就丐帮这一点看，足见王重阳全真教的历史救赎：绝望是毁灭性的，绝望又是难以回避的。王重阳全真教的丐帮实践，表达自信的同时，也为民族保留着残存的信心。丘处机作为王重阳最小的弟子，仅仅是将全真教历史救赎的实践推到了高潮而已。代价是难于衡量的：丘处机的成长，首先是师傅王重阳、师兄马丹阳两代人的心血结晶，其次是王玉阳、刘处玄和皇室合作的经验铺垫，最后是他磻溪六年苦行、龙门七年清修的巨大付出。据葛剑雄的《中国人口地理》的研究结果，金代一朝，中原汉人户数的减少率是80%。下面我们汲取姚从吾的《金元全真教的民族思想与救世思想》的研究成果，简要叙述。《黑鞑事略》中记载：

其官称或僭国王，或权皇帝，或郡王，或宣差。诸国亡俘，或曰中书丞相，或将军，或侍郎，或宣抚，运使。随所自欲，而盗其名，初无宣麻制诰之事。……外有亡金之大夫，混于杂役，堕于屠沽，去为黄冠，皆尚称旧官。王宣抚家，（王檝）有推车人，呼运使，呼侍郎，长春宫多有亡金朝士；既免跋焦，（剃发）免赋役，又得衣食，最令人惨伤也！

元商挺的《大都清逸观碑记》中说：

长春邱公应聘南还至盖里泊，夜宣教语，谓众人曰：今大兵之后，人民涂炭，居无室，行无食者皆是也。立观度人，时不可失。

此修行之先务，人人当铭诸心。既居燕，士庶之托迹，道侣之来归依者，不啻千万，宫中为之嘤咽。冲和潘公曰："吾师之言，不可忘也。"乃择胜地，以为长春别馆。

王国维的《西游记笺证序》：

此录（《辩伪录》）本为僧徒攻全真教而作，于长春师徒，颇极丑诋。所记全真家占居僧寺一节，诚为事实。然金贞佑以来，河朔为墟，巨刹精蓝，鞠为茂草。缁衣杖锡，百不一存。乱定之后，革律为禅者不可胜数。全真之徒，亦遂因而葺之以居其人。坐以寇攘，未免过当……

王国维治学的深刻独创是学术界公认的。在《西游记笺证序》中，王国维的研究是"缁衣杖锡，百不一存"，和葛剑雄"中原汉人户数的减少率是80%"的结论相当。王国维并对《至元辩伪录》的写作背景和性质，一语道破，无需赘言。《黑鞑事略》是南宋彭大雅撰著、同代人徐霆作疏的一部关于蒙古的见闻录。宋人称蒙古为黑鞑鞯。彭、徐两人分别在1232年和1235—1236年随奉使到蒙古。《黑鞑事略》所记的"长春宫多有亡金朝士；既免跋焦，（剃发）免赋役，又得衣食，最令人惨伤也"，还是上层人物的遭遇，贫苦百姓更不必说了。商挺是元朝高官重臣，其言"既居燕，士庶之托迹，道侣之来归依者，不啻千万。今大兵之后，人民涂炭"。丘处机大半生流落于社会的最底层。葛剑雄"金代一朝，中原汉人户数的减少率是80%"，丘处机会提供比任何人多得多的悲惨情节，他可以讲"一千零一夜"吧。如果没有太多的悲惨场景和苦难记忆，73岁高龄的丘处机、一个孤独一生的出家人，根本不需要远行万里，三年跋涉，为了历史灾难下的话语机会，去冒那么大的生命危险！围绕丘处机，《元史本传》要点如下：

丘处机登州栖霞人，自号长春子，年十九（金皇统七年，1165年）为全真教学于宁海之昆嵛山，与马钰、谭处端、刘处玄、王处

一、郝大通、孙不二（全真教称为七真），同师重阳王真人。重阳一见处机大奇之。金宋之季，俱遣使来召，不赴。岁己卯（1219年）太祖（成吉思汗）自乃蛮命近臣札八儿（？）、刘仲禄持诏求之。……处机乃与弟子十有八人同往见焉。又明年（1221年）趣使再至，乃发抚州，经万余里，始达雪山（今阿富汗北境）。

既见，太祖大悦，赐食，设庐帐，甚饬。太祖时方西征，日事攻战。处机每言欲一天下者，必在乎不嗜杀人。及问为治之方，则对以敬天爱民为本；问长生久视之道，则告以清心寡欲为要。太祖深契其言。曰："天赐仙翁，以悟朕志。"命左右书之，且以训诸子焉。于是赐之虎符，副以玺书，不斥其名，唯称神仙。岁癸未（1223年）太祖大猎于东山，马踣。处机请曰："天道好生，陛下春秋高，数畋猎非宜。"太祖为罢猎者久之。时国兵践蹂中原，河南北尤甚，民罹俘戮无所逃命。处机还燕，使其徒持牒招求于战伐之馀；由是为人奴者得复为良，与滨死而得更生者，毋虑二三（疑有百字）万人，中州人至今称道之。

丁亥（1237年）有旨改赐宫名曰长春，且遣使劳问。制若曰："朕常念神仙，神仙毋忘朕也。"六月卒，年八十。

1219年冬，远在漠北的成吉思汗听说丘处机法术超人，特命近臣刘仲禄持诏邀请。当时，丘处机已经72岁，隐居家乡栖霞观传道授徒。接到邀请后，丘处机决定应诏前往。1220年正月十八，丘处机带着18名弟子踏上了艰难而漫长的西行之路。随行弟子李志常在《长春真人西游记》中，对此行作了详细记录。他们一路上越高山、跨戈壁、渡荒漠，备尝艰辛，经蒙古和中亚，一直走到阿富汗，才追上西征的蒙古大军，于1222年春抵达了成吉思汗的大雪山（阿富汗）行宫。成吉思汗见到丘处机十分高兴。当时，人们盛传丘处机已有300多岁，成吉思汗见其鹤发童颜，一派仙风道骨，赞叹不已。他询问丘处机是否有长生之药，丘处机告诉他，"有卫生之道，而无长生之药"。成吉思汗前后3次向丘处机请教养生之道。成吉思汗要求谈话内容保密，李志常在《长春真人西游记》中记下了4个字："颇惬圣怀"。

一年后，丘处机率弟子东归。1224年春，丘处机应邀主持燕京天长观。1227年，成吉思汗下诏将天长观改名为"长春宫"，并派使者问候丘处机说："朕常念神仙，神仙毋忘朕也。"1227年6月，丘处机病逝，享年80岁。4天后，成吉思汗也在军中病逝。去世前一个月，成吉思汗下达了"不杀掠"诏书，并要求布告天下，"令彼行人亦知朕意"。此举不能不说是受到了丘处机的影响。清朝乾隆皇帝写过一副对联："万古长生，不用餐霞求秘诀；一言止杀，始知济世有奇功。"丘处机"一言止杀"的历史评价，经过姚从吾的《金元全真教的民族思想与救世思想》、陈垣的《南宋初河北新道教考》等工作，已经基本圆满。"一言止杀"充分体现了丘处机对自己民族的历史救赎，也是他个人出家修道的价值拯救。

第四节　雪山论道：救恩历史的西游记

吴承恩的《西游记》是中国四大古典名著之一，妇孺喜爱，流播世界。它是唐玄奘到印度取经的艺术表达。李志常的《长春真人西游记》，是记录丘处机西行觐见、雪山论道的全真史录。就历史事件而言，唐玄奘到印度取经的"西游记"在前，丘处机西行觐见成吉思汗的"西游记"在后。就文本出现的时间看，元代李志常的《西游记》在先，明代吴承恩的《西游记》在后。就吴承恩《西游记》的实际内容而言，它取材唐玄奘到印度取经的"西游记"是形式性的，而李志常的《西游记》取意乃是实质性的。从清代刘一明的《西游原旨》到今天李安纲的《苦海与极乐——"西游记"奥义》，已有大量呈现。李安纲的《苦海与极乐——"西游记"奥义》详细比

丘祖殿

较了吴承恩《西游记》和丘处机的《大丹直指》、石泰的《还原篇》的丰富关联，以及个体性命修炼的具体蕴含。不过，吴承恩《西游记》的精神氛围和形式美学，也充满着明代的世俗享受和魔幻色调。丘处机的"西游记"则表达着金元时期的民族哀伤和全真教的历史救恩。

《长春真人西游记》的作者是李志常。李志常，字浩然，号真常子，生于金章宗明昌四年(1193年)，卒于元宪宗六年(1256年)，享年64岁。他是全真道早期发展史上的重要人物，曾随丘处机赴西域面见蒙古成吉思汗，继尹志平之后执掌全真道。李志常撰写的《长春真人西游记》共两卷，记载了丘处机及其弟子远行万里面见成吉思汗的详细过程。李志常根据亲身经历，详细记述了此行途中之道路里程、山川形势、风土民俗、气候语言、珍禽异木，以及师徒间之相互问答、吟咏等事，生动地展现出了一幅西域图景。此书对研究元史、全真教史、中西交通史及西域地理、民俗皆有着重要价值。丘处机"西游记"史称"雪山论道"。从地域看，《长春真人西游记》中的雪山覆盖了我国内蒙古、新疆、西藏三大自治区，终点到达印度和阿富汗山区。从地貌看，有平原、高山、沙漠、高原、丘陵、湖泊、谷地。从地望看，有万里无云的蓝天，连绵起伏的群山，千里无人的沙漠，白骨粼粼的死地，神秘恐怖的夜火。我们仅看《长春真人西游记》中的雪山描写：

方圆几二百里，雪峰环之，倒影池中，师名之曰天池。明日遇大雪,至回纥小城。雪盈尺,日出即消。河之西南,绝无水草者二百余里,即夜行,复南望大雪山,而西山形与邪米干之南山相首尾。复有诗云:造物峥嵘不可名,东西罗列自天成。南横玉峤连峰峻,北压金沙带野平。下枕泉源无极润,上通霄汉有余清。我行万里慵开口,到此狂吟不胜情。(参见郭武《丘处机学案》260—263页,齐鲁书社,2011年)

雪山上还能"狂吟不胜情"、诗兴大发者,也只有丘处机吧。几千年来,中原汉人对塞外认识的界限就是"阴山下"(天山)。《长春真人西游记》也是一样:"初从西北登高领,即野狐岭,渐转东南指上京。陆局河东畔,东南望上京也。迤逦直西南下去,西南四千里到兀里朵,又西南二千里到阴山,阴山之外不知名。""上京"就是金国的首都(哈尔滨附近),宋徽宗父子死在那里。丘处机一行出发的时间是1220年,金国的首都已经迁徙到了已亡北宋的开封汴梁。1153年金国海陵王迁都燕京(今北京)是为金朝第二个都城,称金中都,金朝第八位皇帝宣宗于1214年迁都汴梁。路程太遥远了,人的疲惫和忍耐都到了临界状态。18位弟子基本缄默,首席弟子赵道坚死在旅途,丘处机也是"我行万里慵开口,到此狂吟不胜情"。他是王害风的弟子,"狂"为门风。丘处机的"狂吟不胜情"是"到此"的天籁吟唱,他被一种特别巨大的东西笼罩了。"阴山之外不知名"啊!丘处机"西游记"的"雪山论道",大部分就留在《长春真人西游记》一书之外了,留在了每一个当事者的内心。800年之后,我们的考察局限既是根本的,也是原初的。路过蒙古大草原的时候,有我们从小学习的榜样——汉代牧羊的苏武(今天小学六年级的《语文》课本,仍有《苏武牧羊》)。丘处机有诗云:

北陆祁寒自古称,沙陆三月尚凝冰。更寻若士为黄鹄,要识修馄化大鹏。苏武北迁愁欲死,李陵南望去无凭。我今返学卢敖志,六合穷观最上乘。

苏武北迁的愁死感和李陵南望的无凭感，漫漫西行道上的丘处机也有。不过，丘处机毕竟是73岁的全真掌门，他现在的征途榜样是秦始皇时期的卢敖先生。卢敖即卢生，秦代博士，本齐国方士。秦始皇赏赐甚厚，进卢敖为博士，卢敖后来隐遁于故山（今山东诸城市）。山东诸城也是丘处机的故乡。修道就是还乡，精神故乡就是六合世界，"我今返学卢敖志，六合穷观最上乘"。高原雪域的无云蓝

雪山论道

天就是自然界的六合世界。丘处机著名的《青天歌》恐怕就是来自于高原雪域的无云蓝天。丘处机的历史影响远远超过了卢敖，弟子们把丘处机比拟成西域化胡的老子，至少就漫漫西行的历史艰难性

看，并不为过。丘处机性格浑厚谦和，并不影响志向的高远："六合穷观最上乘"。那么，他和成吉思汗的雪山论道，肯定不会是雕虫小技，而只能是"六合穷观最上乘"的大道。据《长春真人西游记》记载，丘处机和成吉思汗的雪山论道共有三次。《长春真人西游记》所述如下：

第一次讲道："二十二日田镇海来迎。及行官，上复遣镇海问曰：'便欲见邪？且少憩邪？'师曰：'入见是望，且道人见帝，从来无跪拜礼，入帐折身叉手而已。'既见，赐湩酪竟，乃辞。上因问：'所居城内支供足乎？'翌日又遣近侍官合住传旨曰：'真人每日来就食可乎？'师曰：'山野修道之人，唯好静处。'上令从便。""九月朔渡航桥而北。师奏：话期将至，可召太师阿海。（时充任翻译）其月望，上设幄……灯烛炜煌，唯阇利必（秘书）镇海、宣差仲禄侍于外。师与太师阿海，阿里鲜，入帐坐。奏曰：'仲禄万里周旋，镇海数千里远送，亦可入帐与闻道话。'于是召二人入。师有所说，即令太师阿海以蒙古语译奏，颇惬圣怀。"

第二次讲道："十月九日清夜，再召师论道，上大悦。"

第三次讲道："二十有三日又宣师入幄，礼如初。上温颜以听，令左右录之；仍敕志以汉字，意示不忘。谓左右曰：'神仙三说养生之道，我甚入心；使勿泄于外。'"（参见《丘处机学案》270—273页）

丘处机和成吉思汗的雪山论道，结果是成功和圆满的。就丘处机而言，能和眼前这位征服世界的大英雄"雪山论道"，本身就是一种历史荣耀，就是华夏文明的大道恩典。宋金元华夷乱世，华夏汉族是历史上的失败民族，是金元眼里的劣等民族，是孱弱无力的低贱民族。丘处机和成吉思汗的雪山论道，对改变华夏汉族的失败不堪形象之巨大深远意义，乃是不言而喻的历史事实。"我之帝所临河上，欲罢干戈致太平"；和成吉思汗雪山论道的丘处机，并不是狭隘的教派掌门形象，而是华夏民族乃至一切正义人类的和平使者和英雄人物。后世佛道在内地平原或首都皇室的教派争论，乃是世俗化的利益冲突，和丘处机、成吉思汗的雪山论道无关。由于耶律楚材的《西游录》和释祥迈的《至元辨伪录》对"雪山论道"有过许多言论，不妨略作考察。释祥迈的《至元辨伪录》写道：

壬午（1222年）八月后旬，邱公复至行宫，凡有所对，皆平平之语，无可采听。问其年甲多少，伪云不知。考问神仙之要，唯论固精养气，出神入梦，以为道之极致。

释祥迈的《至元辨伪录》卷三说：

道士邱处机字通密，登州栖霞人，号长春子。师事王害风，继唱全真，本无道术。

丘处机和成吉思汗的雪山论道是高度的保密事件，不要说释祥迈，连耶律楚材也没有临场参加。相关的文献记载，耶律楚材没有临场参与丘处机和成吉思汗的雪山论道。释祥迈写《至元辨伪录》距离雪山论道已经50年过去了。《至元辨伪录》所谓"邱公复至行宫，凡有所对，皆平平之语，无可采听"，"师事王害风，继唱全真，本无道术"，不仅是对丘处机的彻底否定，不单是对成吉思汗的否定，而且是对历史的极大蔑视和肆意嘲弄。

其一，史料记载，成吉思汗对雪山论道是非常满意的。《至元辨伪录》对丘处机的否定，也就是对成吉思汗的否定。其二，《长春真人西游记》中"使勿泄于外"和《元史》都表明，丘处机和成吉思汗的雪山论道属于历史机密和保密事件。《至元辨伪录》仅仅依据自己的所见，是无权评价雪山论道的，更无权评论人家"凡有所对，皆平平之语，无可采听"，"师事王害风，继唱全真，本无道术"。历史事实可能恰恰相反，作为一代天骄和历史大英雄的成吉思汗是不会满意于一个"平平之语""本无道术"的人的。成吉思汗对丘处机的称呼是："神仙"和"天人"。雪山论道中，丘处机究竟是靠什么打动了成吉思汗的心呢？《长春真人西游记》记载：

又仲禄欲以选处女偕行，师难之曰：齐人献女乐，孔子去鲁。余虽山野，岂与处子同行哉。

八日上猎东山下，射大豕，马蹶失驭，豕傍立不敢前。左右进马，遂罢猎，还行宫。师闻之入谏曰：天道好生。今圣寿已高，宜少出猎。坠马，天戒也。

丘处机和弟子出发之前，刘仲禄给成吉思汗挑选处女。表面上，丘处机是从"孔子去鲁"的伦理礼仪上拒绝"与处子同行"，实际上是表明全真教对男女双修和房中术的拒斥立场。"行程万里，费时三年"的雪山论道，丘处机不拿出一些看家本事，是无法让成吉思汗满意的。丘处机肯定拿出了"真本事"，这是秘密；成吉思汗也明确指出"勿泄于外"。丘处机和弟子回来之前，成吉思汗打猎坠马，就把雪山论道的秘密泄露于外了。"挑选处女"和"打猎坠马"这些直观朴素的事实表明，全真教对男女双修和房中术的拒斥是正确的修行立场和明智选择。《清和真人北游录》记载，金世宗让丘处机给他传道，丘处机说："斋戒7天"；金世宗嫌"7天"太长，丘处机说："斋戒5天"；金世宗嫌"5天"也太长，丘处机说："斋戒3天"。当金世宗嫌"斋戒3天"也太长的时候，丘处机以沉默表示了"道"的必然拒绝。（参阅郭武《丘处机学案》378页，齐鲁书社，2011年）丘处机和成吉思汗的雪山论道，核心内容仍然是：至少"斋戒3天"，才有可能"勿泄于外"。成吉思汗的打猎坠马，如同金世宗的搀扶上朝，分明都把自己的"斋戒"情况，事实上泄露于外了。丘处机的"斋戒"原则，被坠马事实证明是正确的，全真教的清修证道被坠马英雄确证了。至于"六合穷观最上乘"的大道，丘处机是否有机会讲、如何讲？这属于高度保密，也永远无法彻底解密了。

第五节　宋金朝元：道演华夏的三国志

《三国演义》开篇，就是作者罗贯中的历史哲学："话说天下大势，分久必合，合久必分。"这是多么简明扼要的高度概括啊！罗贯中的三个短语，十数个普通汉字对历史的概括程度，超过了今日动辄百万字的学者著述。中国历史的天下大势，不仅上演着"分久必合，合久必分"的循环剧，并且在魏、蜀、吴《三国志》之后，又克隆了一个宋、辽、金的"三国志"。正是在宋、辽、金的三国演义中，全真道教从无到有，从王重阳的活死人墓中诞生，终于天诏频降、坐镇皇都，成为朝野震动的第一教派。另一方面，自从汉武帝"罢黜百家，独尊儒术"，中国历朝历代基本上都是儒家占据统治性的精神天空。即便是李唐王朝，尽管有皇室"道教第一"的优惠政策，唐代道教和儒、佛两家比较，仍然要显得逊色。可是在宋、辽、金的三国演义，一来没有来自汉人王朝的优惠政策，甚至在汉人王朝风雨飘摇的艰难时世，全真教却在异族崛起的天下大势面前，上演了一出独领风骚的传奇剧，以至于陈垣写出《南宋初河北新道教考》、王国维作《长春真人西游记注》，以至于金庸的《射雕英雄传》将王重阳列为当年天下第一英雄；以至于我们可以说：宋金元朝的三国演义，在某种程度上，乃是一册道演华夏的三国志。

宋靖康元年、金天会四年（1127年）11月25日，北宋都城汴京被金军攻破，共俘虏后妃三千余人，民间美女三千余人，以及大臣、宗室家属数千人。当时，金国左副元帅粘罕率军驻扎在汴京城西南五里的北宋皇帝郊祭的斋宫青城，右副元帅斡离不衰君驻扎在汴梁城东北5里的刘家寺，6000女俘大多集中在这两处。据《开封府状》记载，在这些女俘中，就有"帝姬，即公主二十一人"。按徽宗共生女儿26人计算，除去早夭4人，最小的年仅一岁的福帝姬北行时下落不明外，其余的帝姬则一网打尽了。由城破之日，到天会五年4月1日徽、钦二帝北行，其间女俘死亡很多，如《南征录汇》载："二十日，信王妃自尽于青城寨，各寨妇女死亡相继。""二十四日，仪福帝姬病，令归寿圣院。"随后死亡。"二十五日，仁福帝姬薨于刘家寺。""二十八日，贤福帝姬薨于刘家寺。"可见，这些无辜的女俘受到的蹂躏是何等的惨烈。

靖康之耻

"靖康之耻"的1127年，全真道祖王重阳刚刚15岁。王重阳的家乡咸阳距离北宋都城汴京（今开封）不远。15岁的年龄是初涉世事，充满理想的青春年华。靖康之耻对15岁的王重阳不啻是盛放的春苗遭遇了一场雪灾。北宋帝王的耻辱行为更增加了少年王重阳的悲愤和绝望！事实上，不仅王重阳，包括全真七子在内，他们可以生活于金人沦陷区，可以和金朝接触、可以和元朝合作，却没有一个人踏上南宋管理的领土。在宋、金、元的三国演义中，王重阳和全真七子首先放弃了自己的民族国家——南宋王朝。这是因为：赵宋王朝在宋、金、元的三国演义中，首先就放弃了自己民族的伟大与尊严。徽钦二帝的投降嘴脸可以做注，宋高宗残杀岳飞可以做注。自己的妻子邢妃在北方被金朝野蛮蹂躏之时，丈夫宋高宗却在杭州主持杀害和金国战斗的岳飞，可见其灵魂已经堕落到了何种地步！具有民族气节者的痛苦空前深重，具有英雄情结的王重阳"疯"

了。在绝望的疯癫状态，王重阳给自己挖掘了活死人墓，置死修炼；他得道了，教祖出现了，全真教诞生了！寻找弟子，王重阳没有去南宋王朝的区域空间，而是远行山东半岛，培养了全真七子。

培养高徒骨干力量的同时，王重阳也很重视基层群众的全真教土壤；1168年的时候，王重阳就在山东宁海一带建立"三州五会"，写作《重阳立教15论》。"三州五会"中的三州，是宁海州、登州和莱州，属于全真教的"老区"；"五会"是全真教的基层群众组织。《重阳立教15论》等则是全真教最早的教会教义学。刘处玄写有《满路花赠三州五会善众》。到了北七真时代，陕西关中、河南洛阳和山东半岛为全真教的三大中心；会众、道观和著述都初具规模，可谓全面开花。除了谭处端和孙不二升霞于河南洛阳，丘处机、马丹阳和刘处玄皆先后返回山东故乡，郝大通则选择了河北赵州一带，这里更接近金国和元朝的政治中心。全真七子的影响开始震动朝野。刘处玄家乡灵虚观之豪华，既引来师兄马丹阳的疑惑与批评，也给文豪元好问留下深切印象。1181年前后，《重阳全真集》再版，《马丹阳渐悟集》印行。1187年，王玉阳受到诏请，前往金国首都燕京（北京）会见金世宗，全真教开始登上国家的最高宗教舞台。1188年，丘处机到燕京"奉诏至阙下"。1204年，王玉阳受诏在亳州太清宫举行普天大醮，度道士一千多人。李道谦的《七真年谱》中记载：

承安二年丁巳，六月，玉阳真人被召。七月初三日，见于便殿赐坐。帝问以养生之道，抵暮方归。翌日，赐"体玄大师"号及紫衣，敕赐燕都修真、崇福二观，俾真人任便居之，月给斋钱二百钱。……承安三年戊午……春，终南吕庵主至都，师为请祖庵为'灵虚观'，以敕牒付吕，俾知观事，仍以诗送行。

……泰和三年癸亥，玉阳真人奉诏诣亳州太清宫作普天醮，临坛度道士千余人。

……丙子，长春真人年六十九。时居登州，金主命东平监军王庭玉,赍诏召师归汴京,师曰:"我循天理而行,天使行处无敢违也。"乃不起。己卯,长春真人年七十二;居莱州昊天观。是时,齐鲁陷宋。八月,宋主遣使召师,不起。州牧谢曰:"师居此,我辈诚有所依。"师曰:"吾之出处,非若辈可知也,他日恐不能留居此耳。"是年五月,太祖圣武皇帝自奈蛮国遣近侍刘仲禄持诏召师,十二月仲禄至莱州。(参《七真传》302—304页,团结出版社,1999年)

1187年,王玉阳受到诏请,前往金国首都燕京(北京)会见金世宗为标志,"七真年谱"就成了宋、金、元割据时代,丘处机师兄弟们道演华夏的"三国志"。1216年,69岁的丘处机拒绝了"金主命东平监军王庭玉赍诏召";1219年,72岁的丘处机又拒绝了"宋主遣使召师"。同年五月,他接受了"太祖圣武皇帝召请"。从1220年开始,全真教给历史留下了"西行万里,废时三年"的雪山论道;雪山论道的另一个主角,就是叱咤风云、征服欧亚的成吉思汗。1236年,宋、元消灭了金国;1280年,元朝消灭了南宋,中国成为元人一统天下。60年前,1219年成吉思汗邀请丘处机的诏书中,就有"三顾茅庐"的隆中对话语。事实上,成吉思汗邀请丘处机的雪山论道,远远超过了刘备和诸葛亮的隆中对。不说"论道"内容,就历史层面看,诸葛亮投身的刘备蜀汉毕竟没有统一天下。丘处机选择雪山论道的蒙元,先灭金后亡宋,建立了称霸世界的天下事业。直到20世纪,金庸先生的《射雕英雄传》《雪山飞狐》仍然需要从丘处机全真教获得历史的创造智慧和灵感。

第六节 龙门洞:峭壁上的窗户

全真教最著名的洞穴有三个:昆嵛山烟霞洞,景福山龙门洞和华山洞窟群。华山洞窟群,最具美学价值者是莲花洞;最险要者是朝阳洞;最具神奇传说者是郝祖洞。不过,华山洞窟群更多

峭壁上的窗户

的是全真教获取国家皇权支持后的形象工程，与艰苦卓绝的真实修炼关系不大。昆嵛山烟霞洞，是王重阳带领弟子真实修炼过的山洞，时间约为半年。景福山龙门洞，是丘处机当年修炼的地方，时间为七年。就外观形象而言，景福山龙门洞和昆嵛山烟霞洞、华山洞窟群完全没法相比；如果就丘处机的巨大影响和修炼时间之长看，景福山龙门洞乃是全真教的第一洞穴，是丘处机在悬岩峭壁眺望世界的窗户。

1180—1186年龙门七载是丘处机最后的孤绝清修岁月。来龙门之前，他已经在磻溪度过了六年的磨性生涯。相比而言，磻溪磨性山是最艰难的，是丘处机一个人清修岁月的开端。磻溪那座陪伴丘处机磨性修炼的小山，今日就叫作磨性山。闻名天下之后，丘处机将自己的作品集就叫作《磻溪集》。丘处机从磨性山来龙门洞，有几个理由：

一是经过磻溪的六年磨性岁月，丘处机可以适应更孤闭的修炼环境，也需要更安静的修炼环境。经过和师兄马丹阳商议，他选择龙门洞作为最后的修炼地点。二是经过六年时间，丘处机和磻溪周围人群已经很熟悉了，这不利于得道。按照丘处机自己"十六年成道"的说法，显然，在磻溪尽管磨性有很大进展，却尚未"得道"。三是磻溪磨性山仅是小丘陵，而龙门洞却是高山，非常适合丘处机的最终冲刺需要。另外，从磻溪的隐居到龙门的跳跃，再由修行的龙门向皇室的龙门过渡，从风水和声名皆更加顺理成章，水到渠成。《自亭川回路次望龙门山》中写道：

南望龙门一豁开，东迁鹤驭再头回。

深知此域因缘重，未许他方道德该。

天时、地利、人和的多种因缘，使得丘处机觉得他和龙门洞有着非常深的因缘，非此地莫属了。"深知此域因缘重，未许他方道德该"，这是总体的判断和结论。在地方的选择上，丘处机也曾犹豫过："因事别陇山，过亭川届石灰寺，盘桓数日，越起未决。公书忽至，欣然乃还。俄闻宠命发汧涯，便欲安闲卧陇西。黄鹄不思千里举，白云犹恋故山栖"（《答陇州萧防判书召》）。这就是人们所说的"人和"吧。丘处机到今天甘肃华亭县办事，看到"亭川届石灰寺"，起了爱心，盘桓数日，不能决定。由于陇州龙门山行政长官的迎劝，丘处机终于放弃了换地方的打算。"俄闻宠命发汧涯"，"汧涯"即陇县的千河。由于陇州萧防判的"书召"，丘处机在龙门洞继续修炼的心终于定了下来。"便欲安闲卧陇西。黄鹄不思千里举，白云犹恋故山栖"，都是继续安心在龙门洞修炼的意思。丘处机修炼环境的龙门洞，《磻溪集》中写道：

台边水谷尤清旷，野外山家至寂寥。

绝塞云收天耿耿，空林夜静月萧萧。

扬眉瞬目开怀抱，散发披襟远市朝。

自解偷生岩嶂窟，谁能阐化法轮桥。

答宰公子许秀才

森森绿桧锁天涯，峭壁中藏野客家。

碧洞经年无火烛，青山终日有烟霞。

虚心实腹唯求饭，待客迎宾不点茶。

自乐安闲微得趣,门风何足向人夸。

景福山居二首
其一
虎啸烈风港兽愕,魔交长夜睡魂惊。
何时朴直道心显,慧日开张天眼明。
其二
景福淹沉人事少,龙门闲淡虎溪清。
时闻结果加咤语,似听钩辀格磔声。

就修炼的日常内容看,丘处机在龙门洞和磻溪时期也差不多。龙门洞和磻溪的修炼环境却差别很大:这里是真正的"野外""峭壁"和"绝塞",这里更加"远市朝",这里更有修行所必需的天然岩洞("自解偷生岩嶂窟")。在龙门洞,丘处机除了修炼,他也有和信友的日常接触:在《陇州杨氏携月桂栽见访四首》中,陇州杨氏给他修炼的地点栽种了月桂;在《放鹰》中,他也有心情放松的"动物世界";在《答宰公子许秀才》中,他也和朋友互通音信。当然,龙门洞也有虎溪、有老虎,也非常恐怖。"虎啸烈风港兽愕,魔交长夜睡魂惊",虎啸烈风,惊心动魄。不过,在龙门洞,最重要的是丘处机"克全至道",修炼成功,完成了修炼的最终目标。"峭壁中藏野客家,碧洞经年无火烛";龙门洞成了丘处机走向世界的坚实宝地,是他在悬崖峭壁眺望世界的希望之窗。1996年,笔者游览龙门洞,感慨系之,写下《龙门洞:峭壁上的窗户》一文。其中写道:"正是在龙门洞——这峭壁上的窗户,邱祖才窥视到了那另外世界的阳光和无限风景,并将那伟意呈现于中国的现实人间。这小小的石洞,是孤勇追寻的生命见证;通过这人性精神峭壁上的窗户,邱祖临眺了人生超越的无限风光,通达了生死解脱、自在永恒的本真世界。"(《各界导报》,1997年6月13日第3版)

第七节　西西弗斯的神话

师傅王重阳仙逝之后，丘处机和马丹阳等守墓三年。1174 年，三年期满，马丹阳留在户县祖庵，谭处端和刘处玄东行河南洛阳，丘处机则西行到了宝鸡磻溪，开始了一个人的修炼生活。西行磻溪体现了丘处机的决心和抱负：(1) 全真七子中，刘处玄和丘处机同龄。在给师傅王重阳守墓期间，刘处玄就要离开陕西东归。守墓期满，谭处端和刘处玄在河南洛阳一起修炼了近十年。丘处机则一个人来到宝鸡磻溪坚持了六年。和同龄的刘处玄比较，可见丘处机的决心和抱负之大。(2) 宝鸡磻溪是周初姜子牙隐居垂钓和周文王相遇之处。姜子牙既是周朝八百年天下的开国元勋，又是山东齐国王侯的祖宗。周朝分封天下，姜子牙的封地就是丘处机的山东故乡。

磻溪修炼的丘处机，已是 25 岁猛志久存的热血青年，已是修炼了六年的全真道士，已经获得师傅和师兄几乎两代人的培养。先是像师傅和师兄那样苦身励志，修炼得道；然后像姜子牙一样期待相

磻溪磨性山

遇明主，道行天下，留下永世的名山事业。历史表明，天遂人愿，大道酬勤，丘处机获得了个人事业的圆满成功！晚年，作为功盖天下、道演华夏的全真宗师，丘处机将自己的作品集，没有命名为《白云集》，尽管他驻锡的白云观已是全国的道教中心；也没有以《龙门集》命名，尽管他的弟子们将之奉为龙门派开山宗师，而是命名为《磻溪集》。可见，磻溪渡过的六年苦修生涯，在丘处机内心的特殊分量和深远影响。除了师父王重阳，在某种程度上，姜子牙是丘处机的又一位精神导师。磻溪六年，丘处机写下了许多与姜子牙的对话诗篇。丘处机在《磻溪集》中写道：

寄题磻溪太公庙
一景通高下，三峰镇古今。路穿云洞滑，祠隐钓溪深。
出窦飞泉迸，参天古栢阴。快哉清绝地，堪畅野人心。

磻溪庙觅驰马
闻说磻溪隐太公，岩高树密壮祠雄。
花朝石窟龙吟雾，月夜山门虎啸风。
万载态熊名不朽，三春驰马献无穷。
将诗为觅千余匹，染翰聊为度日功。

道友邀游磻溪太公庙以诗辞之
自无狂兴不追游，识破诸余万事休。
谁向磻溪消郁闷，闲居岩壑且淹留。
昔违海上三千里，鲁涉途中二十州。
看尽名山无限景，大都身外没堪酬。

先看《磻溪庙觅驰马》。诗中的"马"指"心"，"觅驰马"即"炼心"，所谓心猿意马。同样，"龙吟雾""虎啸风"也是性命阴阳之喻。真正的现实老虎，那是丘处机到了龙门洞的修炼环境，才可能有的动物世界。"万载态熊名不朽，三春驰马献无穷"是姜子牙和丘处机之间的对话：姜子牙出身遥远的有熊氏，已经"万载名不朽"；在磻溪姜子牙庙，春游至此，丘处机浮想联翩，意兴无限，辅以翰墨，日常澄明。《寄题磻溪太公庙》要明白一些，是描写磻溪太公庙的环境景象。"祠隐钓溪深"即姜子牙垂钓典故；"快哉清绝地，堪畅野人心。"在磻溪这块"清绝地"，丘处机这个"野人心"，总体上非常"堪畅"。丘处机在磻溪的生活毕竟是苦心修道，而不是赏景吊古，更不是今日消费的旅游时尚。《道友邀游磻溪太公庙以诗辞之》就是明确声明。"看尽名山无限景，大都身外没堪酬。"不建功立业，仅仅赏景吊古有什么意思呢？"自无狂兴不追游，识破诸余万事休。"反映了丘处机的转变。"谁向磻溪消郁闷，闲居岩壑且淹留。"有了"识破诸事"的转变，丘处机宁可守住寂寞修炼，也不想在磻溪消闷。"昔违海上三千里，鲁涉途中二十州。"从山东故乡来关中磻溪，如果修炼得不到成功，他会非常遗憾和后悔。丘处机"闲居岩壑且淹留"的是一座土质小窑洞。这座用于修炼的窑洞，是丘处机自己亲手挖掘的。《磻溪凿长春洞》写道：

  峨峨峻岭接云衢，古柏参差一万株。
  瑞草不容凡客见，灵禽唯只道人呼。
  凿开洞府群仙降，炼就丹砂百怪诛。
  福地名山何处有，长春即是小蓬壶。

  这座小窑洞，今天就叫作长春洞。笔者1991年曾经拜访。长春洞在磨性山的半腰，洞门向东，因之叫长春洞或朝阳洞。全真教后来多朝阳洞，即纪念之意。"长春即是小蓬壶"一语双关："长春"既是师傅王重阳赐给丘处机的"道号"，也是丘处机修炼的道境。"凿开洞府群仙降"表明，长春洞是丘处机自己亲手挖掘的。宝鸡磻溪的修炼生活，丘处机留下了两个最著名的故事："蓑衣先生"和磨性山传说。

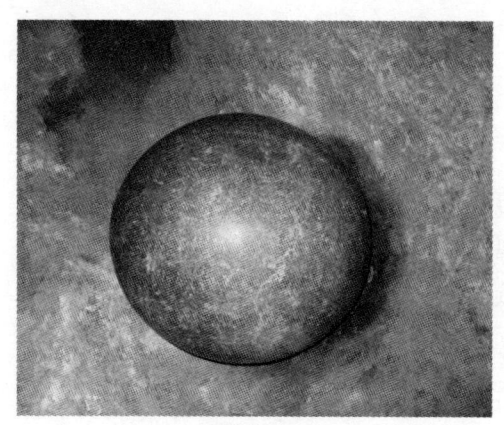
磻溪磨性石

蓑 衣

深溪古岸，到秋来、莎密苴苴无极。拣择修纤归洞府，虚落晴天吹炙。两束丝干，千条绳就，不假良工识。闲轩亲自，结成渔父装饰。时伴樵牧嬉游，青山绿水，带雨和烟适。妙绝堪珍幽径晚，披雪冲开芦荻。我本忘名，人皆易号，唤作蓑衣客。磻溪皆呼蓑衣先生。他年功满，化云天上无迹。

自 咏

自游云水独峥嵘，不恋红尘大火坑。万顷江湖为旧业，一蓑烟雨任平生。醉来石上披襟卧，觉后林间掉臂行。每到夜深云霁处，蟾光影裹学吹笙。

寄道友觅败布故履

余在西号六年，未尝一新衣履，每至中秋，唯完补褐衲耳。

秋风忽起雨天凉，木叶萧疏草渐黄。褐衲悬鹑唯关补，芒鞋伏兔不能狂。有身易着饥寒苦，无福难逃日月长。但愿诸公怀恻隐，扶持同步入仙乡。

磻溪六年，丘处机是真正的"蓑衣先生"。"一蓑烟雨任平生"经常进入明清诗画意境，却是丘处机的磻溪实况。《金莲正宗记》："大葬礼毕，西游凤翔，乞食于磻溪太公垂钓之所，战睡魔，除杂念，前后七载脸不沾席，一蓑一笠，虽寒暑不变也，人呼为蓑衣先生。"《长春真人道行碑》："子居磻溪，一蓑六年，箪瓢无有，人皆曰贤。"他经常乞食，甚至于不食。"饥餐渴饮，逐时村巷求觅"，是丘处机的乞食描写；"烟火俱无，箪瓢不置"是丘处机的不食描写。"色身轻健，法身容易将息。"这就是他乞食，甚至于不食的缘故啊！在《岁寒守志》中，有"终日无人谈说"的漫长寂寞；在《虢县银张五秀才处借书》中，有"续借闲书混杳冥"的阅读时光；在《岁寒守志》中，有"须凭一志，撞开千古心月"的悲壮举意。当然了，其中也有诸多的磨难与反复。《退道》中记载：

    剑树刀山雪刃横，千磨百拷死还生。

    哀声流血苦难登，针刺著身犹害痛。

    钢铓刨性莫非疼，如何淫放不修行。

  《退道》的文字让人悲伤，当然也令人钦敬，尽管我们理智上知道：此种身心俱痛的苦行僧形象并不是丘处机一个人，也不是中国道教所独有。祸福相依，苦乐互存，这是《老子》已经谆谆教导过的生存辩证法。身死神活，心死性明的修道辩证法，也是师傅王重阳的活死人墓早就示范过的。尽管如此，《退道》的文字仍然不减它的刀剑力量，仍然让人感觉一种身心的剑伤，仍然提醒人们记住丘处机在磻溪的卓绝岁月。这种巨大的意志磨炼和性命探险，创造了让人遐想的千古传奇。为了进入"道"的不退转境界，全真修炼的丘处机演绎了一出中国版的西西弗斯神话。

  版本之一：在龙门丘祖洞内，有一锅底状大坑，内置一直径约40厘米，重约百斤的滚圆形青石。它是丘处机遗物——磨性石。相传丘处机在此洞修炼时，除静坐修道外，为磨炼意志心性，将一顽石每日从山头掀下，再抱进洞里，年深日久，就将不规则石块磨成滚圆形。道内人讲，此石具有灵气，举抱能沾福气，获得神灵保佑。石圆如球，在灰白色洞壁映衬下，加上洞口斜射光线的掩映，磨性石闪闪发亮，更显神奇。

  版本之二：磨性山，据旧志记载，"山背依周原，前临渭水。山下有左右二泉，下流汇为莲池，夏日莲叶田田，荷花朵朵。"原有丘长春丹房，丹房后有混元洞。洞有二石大如斗，光滑圆润；传说当年丘长春每日晨起，滚此石于山下，再肩之山上，每日往复数次，从不间断，故称此石为磨性石，山亦名磨性山。

两个版本，大同小异。这是一出中国人的西西弗斯神话，西西弗斯是希腊神话主角的名字，神话内容和丘处机磨性基本相同。丘处机的磨性山和西西弗斯神话，具备文化人类学的普世意义。就中国道家的思想渊源看，先秦《列子》中的"愚公移山"可能是丘处机磨性山神话的原型。无独有偶：列子乞食，丘处机也乞食；《列子》有"愚公移山"，丘处机有磨性山；"愚公移山"而得道，丘处机磨完性而成道。法国卡缪的《西西弗斯的神话》，获得了1957年的诺贝尔文学奖。作为"愚公移山"精神的代表，列子和丘处机创造了华夏文明中的西西弗斯神话。

道本篇

第一章　全真道之证量

第一节　道本：全真之"道"

历史有时会上演泾渭分明的对幕剧。朱熹（1130—1200年）是南宋时期理学的大师和代表人物。朱熹生前，其理学就被政敌污蔑为"伪学"，这当然是错误的。朱熹理学以"天理"为核心，重新建起了一套儒学本体论。《周易本义》《易学启蒙》和《周易参同契考异》表明，朱熹既把《易经》的"道"全面收入视域，也走到了道教之"道"的存在腹地。他能全身而退吗？当《宋史》将理学家朱熹列入道学家，不曾想到：历史必将理学家朱熹判成"伪道学"（李泽厚《宋明理学片论》，载《新版中国古代思想史论》175—203页，天津社会科学出版社，2008年。胡孚琛《道学通论》4—5页，社会科学出版社，2011年）。这次是公正的：(1)朱熹借用"道"的超越力量，把相对的社稷伦常提到绝对性幅度，这是思想的不幸虚妄。(2)《易经》的"道"是"天、地、人"的"三才之道"；对其进行"理性"的思想推测，要么失望要么无望要么绝望。历史表明：孔子是"五十而学易，可以无过乎"，五代宋初的陈抟被逼到了"伏羲先天"。朱熹的《周易本义》和《周易参同契考异》里找不到"易道"，并不偶然。(3)北宋张伯端将自己的著作命名为《悟真篇》。王重阳比朱熹大十几岁，非常明白偏狭之"道"的危害性，提倡"全真道"。张伯端的《悟真篇》和王重阳的"全真道"表明，他们已经非常警惕"道"的虚假危险性了。南宋朝野，一派"隔江犹唱后庭花"，朱熹怎么能听不见王重阳"全真道"的狮子吼？

因之，首先，王重阳的全真之"道"不是南宋理学家朱熹的"伪道"，而是"真道"；不是"理性"和"学问"中的"道"，而是

"灵性"和"天问"中的"道";不是为社稷合理性论证的"道",而是对社稷合理性绝望的"道"。其次,尽管都是"性命双修",王重阳的全真之"道",和张伯端道教南宗的"先命后性"的"证道"不同,它是"先性后命"的"证道"。王重阳之后,丘处机把全真道的"性命双修"形象地说成"性功3成,命功7成"。就王重阳而言,"性命双修"的比例大概是"性功10成,命功为0"。否则,他会采取"活死人墓"的修法吗?"活死人墓"的修法就是一种"不要命"的修法。王重阳的"不要命",源于对"道"的渴望,源于"道"的全真之境;或者说,源于全真之"道"。最后,王重阳的全真之"道"之所以采取"活死人墓"的修法,原因在于"道"的先天性和永恒性。

"道"的先天性显示了"道"的永恒性,"道"的永恒性又通向了"道"的先天性。无论先天性还是永恒性,都显示了"道"对有限事物和有形对象的无限超越。身体作为一种有限和有形的存在对象,无论多么美好和美妙,终究是要消逝的,终究是要毁坏的性命假托;根本无理由过分执著!况且,宋金战争,生灵涂炭,过分执著身体和生命,反倒会造成更为深重难堪的痛苦和悲哀。这就是王重阳"活死人墓"证道的精神情绪和社会背景。王重阳的授道师傅是吕洞宾,吕洞宾正是先天道的修炼宗师。"先天性"既是"道典"的神髓,也是"易经"的灵魂,还是社会批判的利器。唯有先天性,才能够保证"道"的"全"和"真",也才是全真之"道"。

十几年来,道教研究成为显学,全真教更是显学中的热门。众多的教史研究之外,学者们也开始探索全真教的哲学思想。张广保的《金元全真道内丹心性学》主要探讨全真道的"心性论",丁原明等的《早期全真道教哲学思想论纲》主要阐述北七真的"全真观"。他们提出了"哲学"的理解,也显示着"理性"的误解。《早期全真道教哲学思想论纲》探讨"全真哲学",却出现了好多"不真"之言。例一,把丘处机所肯定的"打尘劳"修炼方式,误解为"批评那些身在道门却劳作于尘世而不专心修行的人"（《早期全真道教哲学思想论纲》160页，齐鲁书社，2011年）。例二，把王玉阳的"神遇东华教主"，一概视为出于抬高教派名声的人为"杜撰"（244页）。例三，把孙不二实践中主张的"阴阳双修"，混同于全真教戒律上所排斥的"男女双修"（301页）。胡孚琛认为，马钰和刘处玄皆习练过"同类阴阳丹法"——男女双修术（《道学通论》377页和

全真祖师像（局部）

425—427页，社会科学文献出版社，2011年）。马钰和刘处玄是否习练过男女双修，可以继续讨论。他们习练阴阳双修，那是必须的。男女双修不等于阴阳双修；孙不二未必接受男女双修，却同样必须进行阴阳双修——此即全真道之"全"的本义。《早期全真道教哲学思想论纲》中把孙不二对男女双修的拒斥，混同于对阴阳双修的拒绝。探讨全真，遗憾失真。再以熊铁基的《试论王重阳的"全真"思想》为例，该文认为：全真之义，至少包括"全三教之真""全老庄之真"和"全心性之真"。借用宋代叶适之言："此语初看极好，细看全疏阔。"这是典型的学者概括，即"全"而"不真"的概括。王重阳是有"三教一祖风"的章句，仅是"章句"而已！事实上呢？漫说"全三教之真"，王重阳给马丹阳传道时，连丘处机也不让"听"。王重阳全真教是出家清修，道教正一派却是在家混俗。全真教和佛教的历史"对话"是十足的惨剧，向儒的转化是彻底的悲

剧。有鉴于此，道教巨子陈撄宁明确拒绝"全三教之真"的流俗观念。至于说王重阳主张"全老庄之真"和"全心性之真"，问题会更多。对王重阳"全真"概念进行哲学性的逻辑思辨，乃是现代学术的本能冲动和误区，被认为"是一种不合时宜的奢侈品"。（卢国龙《道教哲学》457页，华夏出版社，2007）

王重阳并非指望提出"全真"的思想命题，而是强调"全真"的实践行动。借用康德哲学术语，王重阳的"全真"概念，属于实践理性而非纯粹理性。探讨实践理性中的概念，不仅不能脱离原初的存在境域，并且要求人文生命当下性的体验支撑。相反，如果把王重阳的"全真"当作纯粹理性命题，它本身就会沦为一个"虚假"概念。现代哲学的哥德尔定理，早以数理逻辑的严格性证明："全"的不会"真"，"真"的不会"全"。那么，王重阳的"全真"思想，讲的是什么呢？很简单，它指向"道"的先天性。

在王重阳的全真道修炼世界，道的"先天性"落实在人的"真性"；道的"后天性"落实在人的"真命"。"性命双修"乃"道"之全；"先性后命"乃"道"之真。"性命双修"和"先性后命"就是全真之道。全真之道就是"先性后命"和"性命双修"的修炼体系，就是王重阳"活死人墓"证道所敞明了的修炼流派。既然是"先性后命"，王重阳的"活死人墓"就是某种自然的修炼姿态；既然是"性命双修"，王重阳之"嚞"就不单是一个名号，也是他的修炼方法。就马丹阳看，如果说，"祖庭心死"体现了全真教的"先性后命"，那么，头顶三髻无疑就是全真教的"性命双修"。王重阳是全真教的创立者，马丹阳是全真七子的领导者。王重阳和马丹阳乃是全真之道的人格化象征。

第二节　道本：全真之"证"

老子既是道家祖师，也是道教宗师。老子的《道德经》的命名敞示了"道"的求证事务和主体条件"德"。老子之"德"，不是儒家伦理范畴之"仁德"，也不是共产主义之"品德"。为了表示必要的区别，老子指出："孔德之容，惟道是从。"除了"孔德"，老子又把这种"惟道是从"的"德"称之为"上德""玄德"，作为求证"道"的主体境域，在把"德之容"描述成"孔德""上德"，和"玄德"之后，老子仍然不放心我们的智力水平，又从证道过程作了具体指画。《老子》对这一过程的描述是：首先"寂欲"，其次"虚心"，再次"实腹"，第四是"玄览"，第五是"证道"，第六是"齐家"，第七是"济人"，第八是"安邦"，第九是"平天下"。每一步，都是"德"的考验和提升，都是"孔德之容"的展露。《老子》的原则概括，到《庄子》就有了较为详尽的描述。《庄子·大宗师》中写道：

> 吾犹守而告之，参日而后能外天下；已外天下矣，吾又守之，七日而后能外物；已外物矣，吾又守之，九日，而后能外生；已外生矣，而后能朝彻；朝彻，而后能见独；见独，而后能无古今；无古今，而后能入于不死不生。

> 古之真人，其寝不梦，其觉无忧，其食不甘，其息深深。真人之息以踵，众人之息以喉。屈服者，其嗌言若哇；其嗜欲深者，其天机浅。

老庄道家之"道"，之所以不同于儒家之"道"和魏晋玄学之"道"，其中一个重要因素，就是个人的系统实证。王重阳全真之"道"，之所以不同于宋明理学之"道"和传统道教之"道"，首先就是特别强调对"道"的系统实证（宋明理学）和优先求证（传统道教）。如果说，对"道"的系统实证是道教和道教普遍性的思想特征,那么,对"道"的优先求证则是王重阳全真道的独家门风。王重阳全真道对"道"的优先求证门风,除了老庄道家外,还有两个思想资源:慧能的《坛经》直露心性和吕洞宾的金丹道派。吕洞宾金丹派的修炼旗帜就是"性命双修"和"内外双修"。"内外双修"会引出"内外丹双修"和"男女双修"。不消说,对"男女双修",王重阳全真教没有留下一纳米空隙;对"外丹修炼",全真教也没有表示出任何兴趣。既没有"男女双修",也没有"外丹修炼",这就是王重阳全真道的清修特征。或者说,王重阳全真道将钟吕金丹道派的"内外双修"已经归结于"性命双修"之中了。在"性命双修"这一大的原理前提下,逻辑地可以引出"先性后命"的全真修炼方法和道教南宗的"先命后性"的治身修炼方法。支持王重阳"先性后命"全真选择的有:(1)吕洞宾的金丹先天性思想;(2)《老子》的"无身观";(3)慧能的《坛经》的明心见性观。宋金战乱和靖康耻辱,使得王重阳的解脱心情达到了最高点。慧能的《坛经》的明心见性观,以顿悟著称,对王重阳有巨大的吸引力。吕洞宾是王重阳的授道师傅。吕洞宾的金丹先天性,简直就是王重阳解脱的精神鸦片。《老子》的"无身观",王重阳更多以"假身"代替。王重阳在著名的《金丹诗》中写道:

    本来真性唤金丹,四假为炉炼作团。
    不染不思除妄想,自然衰出入仙坛。

这首《金丹诗》,王重阳直接把吕洞宾的金丹先天思想、《老子》的"无身观"和慧能的《坛经》"明心见性观"结合了起来。"金丹"一词,慧能的《坛经》不会有,老子道家也没有,只能是钟吕金丹道派的馈赠。"真性""四假"则是慧能的《坛经》对王重阳的影响痕迹,并折射着《老子》的"无身观"和"大患意识"。钟吕金丹道派的"金丹"已经基本上是内丹范畴,王重阳则完全等同于内丹的"真性"概念。由于"金丹"这一概念是从外丹黄白术转用而来的，王重阳的著作基本上用"金莲"取而代之。王重阳的全真团契叫"金莲会"，秦志安的教史著作是《金莲正宗记》。在王重阳和全真道著作里，"金莲"有四种用法：(1) 修炼的最高和最后境界，和"金仙""金丹"是同等概念；(2) 修炼中的顿悟现象，和"明心""白莲"是同等概念；(3) 修炼中的大悟现象，和"见性""红莲"是同等概念；(4) 指全真团契的"金莲会"，王重阳也叫"物外结亲"和"仙乐会"；又有形上和形下两个层面的使用。那么，王重阳全真教对"道"的实证，最简明地看，就是从"白莲"（"明心"）到"红莲"（"见性"）再到"金莲"（"真性"）的修炼过程，一种全真教的"妙法莲华经"。王重阳全真教显然属于道教中的顿悟修炼代表。王重阳和北七真都体现出顿悟修炼的特征风格，只有丘处机呈现渐悟色彩。王重阳既是全真教的祖师，也是全真道顿悟的最高典范。《重阳全真集》诗云：

　　四十八上始遭逢，口诀传来便有功。

　　一粒金丹色愈好，玉京山上显殿红。

这不仅是全真教顿悟证道的典范，也恐怕是整个道教和道家修道顿悟的示范。王重阳48岁开始正式修道，"口诀传来便有功"。他刹

重阳宫碑林

那间就见到了"红莲",就证入了"玉京山上显殷红"的仙界。作为道教南宗祖师,张伯端的《悟真篇》里有"赫赫金丹一日成"。作为全真道祖师,王重阳获得"述怀金丹"只是刹那间的事情。有诗为证:

　　金丹顷刻刹那成,不在三年九转行。

　　同辈若能先悟此,碧霞深处是前程。

　　张伯端的《悟真篇》里有"赫赫金丹一日成",够快了;王重阳"金丹顷刻刹那成",显然更快。那么,两位祖师获得"金丹"之后的实际效果可以比较吗?这很复杂。作为道教南祖,张伯端获得"金丹"的时候,是60岁之后的事情。王重阳仙逝之时,是58岁。有人认为,王重阳58岁的"短寿",是全真道修法的局限。对此似是而非的观念,胡孚琛已经做过剖析和批评(《道学通论》232页,社会科学文献出版社,2011年)。对证道者而言,并不能以地球的今世来衡量,而必须置于宇宙的"三世"乃至永世来考察。即使以地球的今世来衡量,张伯端获得"金丹"之后,曾三次传道失误,因此受到"天谴"。而王重阳呢,短短两年时间,就圆满了七朵金莲,几乎个个杰出,人人卓越。所谓慧眼者,何也?即此!长寿并不是得道的终极尺度,自由才是修道的最高价值。王重阳前去山东寻徒弟的时候,已经授记了他在北宋汴梁的仙逝结局。58岁是"短寿",更是神通、救赎和先知事件。佛云:"饶君八万劫,总是落空亡。"就道教而言,寿命"八万劫"者为"地仙","坐脱立亡"者为神仙。神仙之上,是"天仙"或者叫作"大罗金仙"。王重阳在《述怀》中写道:

　　水云游历到西方,拾得真金坚又刚。放在绛宫封闭了,满宫明耀现霞光。金莲一朵自生来,只许高人道眼猜,吸取清香频服饵,合和二气结成胎。万神精锐没魔军,战胜千邪不用宾。一生清净养三田,今则方能论寂然。光莹明珠归岳顶,云霞捧入大罗天。

　　德国思想家拉纳强调:"神学乃是自我的生平描述。"王重阳的

《述怀》无疑就是其自我修炼的道境自况。的确,"金莲一朵自生来,只许高人道眼猜";我们当然不是"高人",而是"信仰"王重阳这个高人。"水云游历到西方,拾得真金坚又刚",很有佛教"西方世界"的金刚气象。"万神精锐没魔军,战胜千邪不用宾",这是内院出神的定境。耶稣洗礼之后和释迦觉悟之后,都有和魔王的战斗过程。"一生清净养三田",我们总算面对王重阳不必绝望了:他的成道,也搭进去了一生啊!"云霞捧入大罗天","大罗天"恐怕只有"大罗金仙"才能进入吧。"金莲一朵自生来",这里的"金莲"应该指修炼中的大悟,即"见性"的"红莲";它在"合和二气结成胎"之前嘛。关于"见性"的"红莲",王重阳写道:

人要悟黄芽,忽恋荣华。俗家出了做仙家。物物拈来都打破,借甚婴娃。蓬岛现光华,翠雾红霞。长春园裏看灵葩。覆焘清光仍自许,得得休夸(王重阳《虚飘飘》)。

关于金莲,王重阳写道:

金莲一朵自生来,只许高人道眼猜。
吸取清香频服饵,合和二气结成胎。

关于白莲,王重阳写道:

莫希夺舍学投胎,便向瑶池下手栽。
生出白莲花一朵,清香直许透天台。

藏传佛教的活佛转世制度,就修行的神学信理而言,来自于"夺舍学投胎"的证境发现;藏密白教祖师玛尔巴是最早的探索者。白教祖师玛尔巴,比王重阳略早。那么,王重阳的《述怀》中的"莫希夺舍学投胎",可能是吕洞宾金丹派的秘传,更出于王重阳的证道境界。王重阳明确不满足"夺舍学投胎"的修证,而要"生出白莲花一朵,清香直许透天台";继续往前就到了金莲,那么"水云游历到西方,拾得真金坚又刚",就可能是王重阳的证道实境,而不是单纯的术语援用。《重阳全真集》中写道:

> 唯余会养紫金丹，锻炼成珠故不难。
> 放出光明尤灿灿，万般霞彩一时攒。
> 玉液流时无个识，琼浆涌处有谁知。
> 今朝独灌金花树，放尽馨香满四维。

这就更清楚了，"唯余会养紫金丹"啊！"玉液流时无个识"，独步一时啊！"今朝独灌金花树，放尽馨香满四维"，"金花树"和"紫金丹"是金莲的另一种说法。秦志安将全真教史命名为《金莲正宗记》，甚为相宜。王重阳将全真教的团契命名为"金莲会"，也不仅仅只是一种情怀和胸襟，而是来自于他的证道实境。

第三节 证道：王重阳之"死"

《楞伽经》偈颂："无有涅槃佛，无有佛涅槃。"从这个角度说，谈论神仙之"死"，首先是错误的。如果套用"无有涅槃佛，无有佛涅槃"，也可以这么说："无有神仙死，无有死神仙。"王重阳仙逝之后，或者说王重阳"死"后，据记载出现了许多"活"的现象。他仙逝于北宋首都汴梁之际，"看"到弟子们过度悲伤，王重阳"忽开目起坐"。升霞之后，王重阳显化身于故地刘蒋村和长安昆明池。迁葬之时，马丹阳四子从开封前往陕西关中的路上，王重阳给弟子们安排旅馆。王重阳逝后，影响最大的是文登显化。

秦志安在《金莲正宗记》中记载：

> 继有文登县作醮于五色云中，见白龟甚大，背有莲花，祖师端坐于莲药之上，须臾侧外而归。县宰尼庞窟亲见其事，拈香恭礼，命画师对写真容，三州之人皆仰观焉。丹阳闻之，作《满庭芳》以赞之曰："古郡登州，望仙门外，画桥车马难通。重阳圣迹，对众显家风。预说逢何必坏，经一纪、太守何公嫌蠘岭，令人拆毁，命匠别兴工。文登重出现，白龟莲上，端坐空中。宰公缘底事，得遇

真容。忽睹回身侧卧，祥云动，复返仙宫。分明见，丹青邈出，何处不钦崇？"可谓死而不亡者矣，宜乎其为七真之祖也（《王重阳集》336页，齐鲁书社，2005年）。

李道谦在《七真年谱》中记载：

大定二十三年癸卯，丹阳真人年六十一。四月行化芝阳，下元日文登作醮，祖师现于空际白龟之上。丹阳于十二月二十二日升仙于莱阳县游仙宫，长生、玉阳二真人同主葬事，守坟百日，各归其隐所。

大定二十四年甲辰，长真真人年六十二。是年正月十八日，长生真人于昌阳县姜守争家作醮，巳、午间重阳祖师云冠绛服，丹阳真人三髻，现于空际彩云之上。五月早，登郡太守请长生真人祈雨，海市现于竹岛。明日，丹阳真人现于应仙桥之西北，是日雨足（《七真传》300页，团结出版社，1999年）。

活死人墓

在全真教史的行世著作中，王重阳的显化灵迹，以秦志安的《金莲正宗记》记载最为丰富，赵道一的《仙鉴》和李道谦的《甘水仙缘录》《七真年谱》次之，出自士大夫金源璹等的《祖碑》较少。一般而言，关于王重阳的显化灵迹，金源璹等的《祖碑》未记载的，未必没有；秦志安的《金莲正宗记》记载的，未必就有。士大夫金源璹撰写《祖碑》，有儒士的思想立场；秦志安写作《金莲正宗记》，也有道人的信仰背景。秦志安的《金莲正宗记》记载王重阳显化灵迹的丰富，构成一种风格；赵道一的《仙鉴》和李道谦的《甘水仙缘录》《七真年谱》记载简要，构成另一种风格。关于王重阳的显化灵迹，如果仅仅只有秦志安的《金莲正宗记》记载，那么就需要考察探讨；如果赵道一的《仙鉴》和李道谦的《甘水仙缘录》《七真年谱》也记录了，就只需认同诠释了。赵道一撰写《仙鉴》，选材严谨，有良史之誉。比如，上述王重阳的文登显化，秦志安的《金莲正宗记》和李道谦的《甘水仙缘录》《七真年谱》都有记载，而赵道一的《仙鉴》"王重阳传"并没有记载。在《仙鉴》"马丹阳传"中，赵道一又记载了王重阳的文登显化史事。这有两种可能：(1) 既然《仙鉴》"马丹阳传"已经记载了王重阳的文登显化，赵道一在《仙鉴》"王重阳传"中不愿重复；(2) 王重阳的文登显化，在写作《仙鉴》"马丹阳传"的时候，赵道一又获得了新的材料或者有了新的认知。比较而言，以后一种的可能性较大。我们现在分析王重阳的文登显化。

据秦志安的《金莲正宗记》和李道谦的《七真年谱》记载，王重阳文登显化的时间是"大定二十三年四月"，即公元1184年四月。大的机缘有两个：其一，文登作醮；其二，马丹阳年底仙逝。作醮是道教最隆重和神圣的法事活动，其实质是：与天对话和沟通，信众聚集。王重阳两次显化的时间都是作醮期间：第一次是文登显化给马丹阳和信众，第二次是显化给刘处玄和信众。与公元纪年耶稣基督死后显化的场合类似；与1988年法门寺佛指舍利显化的场合也类似。文登显化等表明：王重阳的显道敞示了他的圆满证道；只有圆满证道，"死"后仙升的王重阳才可能显道；从而也阐释了生前活死人墓的修炼，王重阳的目的只有一个：证道！金世宗大定元年（1161年），50岁的王重阳自掘活死人墓修炼。此前，金海陵王正隆四年，48岁的王重阳获得"神人口诀"。从"口诀传来便有功"看，王重阳在和师傅见面之后，就开悟"明心"，刹那间就见到了心中的"白莲"。开悟"明心"是正式修炼的标志，王重阳选择了活死人墓的修炼方式。活死人墓位于今天陕西户县正西的重阳宫附近，如今的成道宫还有墓堆，前面碑石上刻着"活死人墓"几个大字。王重阳写了一首《活死人墓赠宁伯功》的长诗，描绘过这种特殊的修炼方法。

那么，在活死人墓的两年修炼时间，王重阳的重要收获究竟是什么呢？从《重阳全真集》中"墓中日服真丹药""金丹顷刻刹那成"等看，在活死人墓，王重阳不仅修出了明心的"红莲"，还修成了见性的"金莲"。1165年，王重阳在终南山上清太平宫墙壁上题诗云："害风害风旧病发，寿命不过五十八；两个先生决定来，一灵真性成搜刷。"活死人墓之后，王重阳成了活神仙与道教先知。58岁的寿命，他提前5年就明确预言过了；不确定的也许仅仅是地点和方式等细节问题。最后他选择汴梁作为自己的仙逝地点：其一，这里是北宋的首都和灭亡的地方；死亡的瞬间，王重阳淳儒的情怀呈现。其二，这里是行路的中途；人生就是一场逆旅，最后的时刻，王重阳忘不了仙的哲理。在活死人墓的岁月，王重阳悟到"活中得死是良因"，是活中体验着死亡。在汴梁临终的时刻，王重阳享受着"死中得活是仙果"，是死亡中体验着永生。

"一失人身难再得。"普通人只有一次死亡机会，死了就回不来了。王重阳却创造了两次死亡机会：在陕西终南的活死人墓，他第一次死亡，证实了道，又回到人间。在北宋汴梁的逆旅客馆，他第二次死亡，回归了道，又显化于人间。从王重阳的两次死亡，人们可以深切地体会什么是证道，什么是王重阳的证道。

第四节 证道：王重阳之"矗"

在两千年的中国道教历史上，王重阳和其师吕洞宾的名号最多。吕洞宾出家前，叫作吕煜；出家后的名号有："吕岩""吕嵓""回道人""吕纯阳""回心回心"，《吕祖全集》给出了13个名号。王重阳出家前，叫作"中孚"，字"允卿"；武举时，名"世雄"，字"德威"，"48岁出家后的名号"（张广保《金元全真道内丹心性学》72页），还有"智明""王凤""王凤仙""王害凤"，共计也至少有十多个名号吧。其中，"吕纯阳"和"王重阳""吕岩"和"王嚞""吕嵓"和"王矗"是完全的克隆深契对应。"纯阳"和"重阳"中的"阳"出于道教的仙境形而上学。"吕岩"和"王嚞"中的"吕"和"嚞"，指称道教修炼中的"性"和"命"，"阳"和"阴"，即"化阴归阳""性命双修"的仙家世界。"吕嵓"和"王矗"指"精、气、神"的全真构成和仙家的三元丹法，还有"天、地、人"的"三才之道"。从吕洞宾出家前的"吕煜"到出家后的"吕岩"，王重阳出家前的"中孚""允卿"到出家后的"王矗""害风"，分明是他们由一个儒士向一位道士的转折跳跃标志。历史的具体细节无法追究，如果就王重阳和吕纯阳之名号最多及酷似"克隆"看，吕洞宾肯定是王重阳的授道师傅。修道之后，王重阳有两个十分近似而不为人们注意的名号："知明"和"智明"。"知明"，有学者解释是王重阳喜欢陶渊明。其实，王重阳的"知明"到"智明"，是佛教唯识宗"转识成智"的意蕴。王重阳的诸多名号，既是他儒身国学的功底体现，也是其修道境界的一种表征。我们现在重点来看"王嚞"和"王矗"命名中，原初地所体现着的仙风道境。

"王嚞"和"王重阳"的"重阳"，皆指身心修炼和性命双修。"身心"和"性命"关系密切，但并不等同。"身心"主要是普通人层面上所使用的生命概念，"性命"却更多是进入修炼状态所使用的慧命概念。简明说，经过初步的修炼，"修身"体会到了"真命"，而"炼心"体悟到了"真性"。这就是王重阳全真教之"真"的本质和本义。因之，《重阳全真集》屡屡声称"假身""四假身"，却不会说"假命""四假命"。和"假身"相比，"真命"的基础便是具体修炼中"精"和"气"的直觉发现。这就是从二元"身心"到三元"精、气、神"的过渡进境,就是从"王喆"到"王嚞"的命名根由。"精、气、神"的"三吉",构成王重阳之"嚞":既是全真教之"全"的本质,也是全真教之"真"的本义;基督教也有类似的三元本体观(参见朋霍费尔《第一亚当与第二亚当》93页和注解②中文版,华夏出版社,2007年)。在"精、气、神"的"三吉"基础上,才有"真命"和"真性"的感知发现,才可能有切实的性命双修,也才体会到"假身"和"身"的假象。为什么呢?从根源看,在于"精、气、神"中"气"之凸显;"气"是"精"与"神"的作用生成现象,是二者的互动境像,并且显示着"神"的主导支配性。不过,这里的"神"不是"识心""思神",而叫"元神""真性";全真教一般使用"真性"这一概念。同样,"精、气、神"系统中的"精"也不是"精液""浊精",而是指"元精""阳精"。"元精"或者"阳精"构成修炼者的"真命";"真性"和"真命"的结合形成仙家的"真体"和"真身"。同时,也凸显了生命的前修炼状态乃是"粗假"之体:全真谓之"假身",藏密叫作"粗身"。藏密叫作"粗身"源于不离身体的报身修炼,和道教南宗近似。全真谓之"假身",源于超越身体的"真性"修炼,和佛教禅宗接近。我们看到,《重阳全真集》中的"假身""四假身""真性""明心"构成王重阳著述的关键词和主旋律。著名的《活死人墓赠宁伯功》中写道:

  活死人兮活死人,自埋四假便为因。墓中睡足偏涅洒,擘碎虚空踏碎尘。活死人兮活死人,火风地水要知因。墓中日服真丹药,换了凡躯一点尘。

  "假身",无论酒色财气还是荣华富贵,最终结局就一个字:"尘"!王重阳连用了30个"尘"字为诗的结尾,预示了"假身"的最终结局。30个"尘"字,沉重、沉痛、沉甸甸啊!活死人墓的修炼就是为了"日服真丹药,换了凡躯尘",就是出于"自埋四假""擘碎虚尘"。

《述怀》中写道:

王重阳画像

午前子后正交锋,夺得金精显战功。一颗人头当下落,提来欢喜献丁公。静中勘破五行因,由此能捐四假身。返见本初真面目,白云稳驾一仙神。于身四假乃为宾,裹面灵真是旧亲。独住三峰谁做伴,清风明月共三人。修行先要识偏傍,南北东西接四方。水火木金俱不用,明珠一颗出中央。

《活死人墓赠宁伯功》中的"自埋四假",在《述怀》中变成"一颗人头当下落"的更加严峻的冷酷表述。"于身四假乃为宾",既是佛教用语,也有《道德经》的主宾哲学。正是由于"能捐四假身"和"四假乃为宾",王重阳全真教的修炼就是一场和"假身"的战斗,才是"水火木金俱不用"的直赴"中央"。这种直赴"中央"的全真姿态,让人既想起禅宗"瞬间顿入如来界"的顿悟洒脱,也想起海德格尔"一星,唯此一星"的强烈呼唤。当然了,海德格尔是哲学家,根本就没有进入性命修炼;全真教除了直赴"中央"的禅宗门风,更有正宗道家"精、气、神"的三元修炼体系,这也是"王嚞"命名的根本由来。王重阳"三教合一"的实质,即"精、气、神"三元归一的修炼体系。《述怀》中写道：

    于身四假乃为宾，裹面灵真是旧亲。
    独住三峰谁做伴，清风明月共三人。

  不用说，"三峰作伴"，"明月三人"就是"精、气、神"的三元归一，就是所谓的"三花聚顶"。王重阳之"**嚞**"，即"三花聚顶""三田一气"（"一生清净养三田"）和三元归一的命名。《醉江月·念奴娇》中写道：

  正阳的祖，又纯阳师父，修持深奥。更有真尊唯是叔，海蟾同居三岛。弟子重阳，侍尊玄妙，手内擎芝草。本初面目，禀三光精秀，分来团聚。得得成形唯自在，应占逍遥门户。

  王重阳之"**嚞**"，对应着"同居三岛禀三光"，甚至于他的三位师傅。《川拨棹》中写道：

  蓬莱路。显自在，逍遥所。现长生景，琼花玉叶，金枝宝树。作善人得观觑。作善人得观觑。童子青衣掌仙簿。行功成，上升去。结就一粒金丹，探谢婴儿姹女。永不遭三界苦。永不遭三界苦。

  王重阳之"**嚞**"，对应着"永不遭三界苦。永不遭三界苦"。《违终南山》中写道：

  前生约，今生在。遇明了，便明对。相爱，熙然景致，颐然聚会。这个密妙堪赛，内外须常常顶戴。凭三曜，通三昧。论交友，交泰无碍。灵明一点，逍遥自在。

  王重阳之"**嚞**"，对应着"凭三曜，通三昧"。《望蓬莱》中写道：

  恬淡好，甘露味投真。滴滴润开三教理，涓涓传透四时春。流转一清新。能下手，便晓这元元。为甚得通三一法，都缘悟彻五千言。立起本根源。

  王重阳之"**嚞**"，对应着"润开三教理，得通三一法"。王重阳将道教"三一法"归于老子的《道德经》，"为甚得通三一法，都缘悟彻五千言"。道教"三一法"，最早出现在魏伯阳的《周易参同契》

中。但老子不仅仅是道祖，而且是"先天"概念的奠基者。"三一法"得到了"三花聚顶"，下一步便是"性命双修"。这时，"性"和"命"能否合一，关键在于"空"和"先天性"。"性"和"命"此时不仅化成了气、光、音，还要化成"空"和"无"。正是鉴于《道德经》中对"无"和"先天性"的强调，王重阳由衷地赞美着道祖老子。只有到了"无"和"先天性"的地步，"性"和"命"才真正是"纯阳"和"重阳"，也就是修炼的全真世界。王重阳之"矗"至为深奥，既和《老子》"三生万物"密切有关，也和基督教的三位一体颇为深契。

第五节　道本之心　师徒皆疯

如果说，王重阳是全真教清晨冉冉升起、普照大地的太阳，那么，马丹阳就是全真教夜晚无比晶莹、最为皎洁的月亮。月亮用来自太阳的光芒照耀漫长孤独的黑夜。中国文字，日月相加为"明"。王重阳的"字"就是"知明"，当然最清楚马丹阳作为全真教月亮的关键地位和重要分量。作为全真道的创教太阳，王重阳的光芒太强烈、太耀眼，并不适合给广大普通的信众传道，并不擅长和世俗的芸芸众生交往。王重阳和妻子儿女的糟糕关系就是例证，他在终南故乡传道不大成功也是例子；其"王害风"的绰号也是一个注解。古云："将是将才，帅是帅才。"王重阳的确是全真教无与伦比、光芒四射的三军元帅和金莲太阳。得道之后，王重阳的迫切任务就是寻找到一个既有帅才又能带兵的高徒。《丹阳真人语录》中记载：

祖师尝到登州时，顶笠悬鹑，执一节，携一铁罐，状貌奇古，乞于市肆，登州人皆不识。夜归观，书一绝于壁：一别终南水竹村，家无兄女亦无孙。数千里外寻知友，引入长生不死门。明旦拂衣东迈。

王重阳在登州"人皆不识"，高古寂寥，千里寻徒，未有收获，只好东行来到宁海州。王重阳和马丹阳第一次见面的地点是范明叔家之南园。一见契合，相遇恨晚；马丹阳很快就将王重阳接到自己家中，并筑全真庵，这是"全真道"一词的历史最早露面。为将马丹阳诱导出家修行，王重阳付出的生命成本为历史上所仅见！

其一，他花费了八个月的漫长时间。在山东半岛，王重阳传道的时间只有三年。其二，为了使马丹阳出家修道，王重阳使用了百日锁庵，分梨十化，乃至于"阳神出壳"等神通。即使马丹阳出家修道之后，王重阳仍然十分焦虑，以至于腰间"生起疥疮"。在昆嵛山闭关修炼，不仅王重阳"病"了，马丹阳也病了。从昆嵛山回家治病，马丹阳借药引满足自己的酒瘾，出现了性命危险；王重阳又用绝招治愈之。《甘水仙源录》中记载：

一日真人言曰：马公破道。曰：师何以知之。曰：昨宵梦饮酒，使人询之。先生曰：得药用酒，因而饮多，真人先期而知之矣。先生忽患头痛，急如擘裂，人言曰：马公将不保朝夕矣。真人曰：吾三千里外特化其人，令死可乎。遂咒水与之，饮讫而愈。

王重阳明确表露出对马丹阳的特别器重，"三千里外特化其人"。《道德经》指出："知人者强，自知者明。"王重阳对马丹阳的苦心敞露道眼；王重阳对马丹阳的耐心堪称道风；王重阳对马丹阳的用心源自道本。马丹阳对全真教的关键地位和特殊分量，在王重阳逝世之际，充分显露了出来：

谓众人曰：吾归之后，慎勿举哀。言讫而委蜕焉。丹阳不觉泣下，甚恸，众皆劝之曰：不可违仙师之语。丹阳曰：入道区区尚无所得，吾师弃我，遑遑何归。诉之未终，忽开目曰：汝辈憾恨奚为若此，昔日甘河所得秘语五篇，今付于汝。丹阳再拜，跪而授之。复谓谭公曰：汝等性命皆在丹阳手中矣。

师傅王重阳仙逝之时，马丹阳48岁。作为宁海巨富，生活优裕，子孙满堂，马丹阳是非常幸福的豪绅。跟随王重阳之后，休妻别子,离井背乡,马丹阳成了乞食苦修的贫道。应该说,该放下的他皆放下,舍弃的恩爱皆已舍弃,作为已经得道的马丹阳,何以"不觉泣下,甚恸"呢?为什么丘处机和谭处端倒比马丹阳坚强冷静,能够"众皆劝之曰:不可违仙师之语"呢?"仙师之语"不是授给马丹阳了吗?师傅王重阳留给人间的最后一句话是:"复谓谭公曰:汝等性命皆在丹阳手中矣。"不仅谭处端、丘处机师弟们的性命"皆在丹阳手中",全真教的命运、华夏大道之复兴已经系之于马丹阳矣。华夏几千年的文明历史,以宋金最为艰难最为危险,马丹阳俨然是走出黑暗之夜那清澈的月亮。"丹阳不觉泣下",是为自己而哭,是为师傅而哭,是为民族而哭,是因无限的道情和无极的道境而"甚恸"啊!

据载,王重阳前往山东寻徒之前,就预言了自己的寿命。"抵汴,寓王氏逆旅,无几何,呼丹阳付密语,无疾而逝,春秋五十有八。四子归其柩,葬于刘蒋故庵之侧。丹阳因庐于墓次,今之祖庭是也。"全真教史的记载内容,实质乃救恩历史和先知事件,是"因道载史"和"以史载道";有虚构想象,有事实记载。其中就以王重阳仙逝最为感人、最为经典、最为真挚。全真教史的诸多关键,从王重阳仙逝,暗夜漫漫,庶几无人问津。比如王重阳之死:他为什么死于

重阳度丹阳

汴梁？为什么死在路上？为什么一向冷静持重的马丹阳，面对王重阳之死，偏偏"不觉泣下，甚恸"呢？

如果说，这等问题构成了全真教史的精神空间和想象蕴含，那么，全真教史研究的质量高低，也就取决于对这些精神空间和想象蕴含的开掘和敞示。全真教史作为救恩历史和先知事件，也同样取决于对这些精神空间和想象蕴含的神圣逻辑的精神解释学（海德格尔、巴尔塔萨）。文献记载："师先自六年前于长安乐村庵壁留题云：害风害风旧病发，寿命不过五十八。"事实是：谁都无法否认马丹阳遇见王重阳前后的巨大变化，无法否认马丹阳的休妻出家，无法否认马丹阳的乞食苦行。对马丹阳而言，王重阳出现在自己面前，就是救恩先知形象；所谓"神仙""命运""前世缘"，等等，就是传统的释义术语。那么，在王重阳仙逝之际，全真教史记载"害风害风旧病发，寿命不过五十八"，除了表达教祖的神奇和先知性，还有什么意义呢？

朴素不过的历史意义，就蕴含在"害风害风旧病发"这一句。我们知道，"害风"是王重阳的自我命名和精神自况。《重阳全真集》中的大量诗篇，王重阳都使用了"害风""王风""王害风"这组自称。因之，"害风害风旧病发"的理解重点，自然落在"旧病发"这三个字上。王重阳的"旧病"是什么呢？"害风害风旧病发"本身就给出了答案："害风"！"害风"就是王重阳的旧病。作为"王重阳的旧病"，"害风"的结果就是：和妻子儿女关系糟糕，家庭经营不成功；和故地乡人关系紧张，终南传道不理想。唐诗云"近乡情更怯"；重阳是"近乡旧病发"。与王重阳相比，马丹阳和妻子儿女的关系出奇理想：不仅自己出家，妻子孙不二也离家了。和故地乡人的关系，无论是山东宁海还是陕西终南，马丹阳也非常圆满。这正是王重阳特别器重马丹阳的地方，是师傅祝福并寄希望于弟子的地方；"返关中，化我乡人"，王重阳明确交代。"害风害风旧病发",于是王重阳决定告别,决定马丹阳正式出场;"寿命不过五十八",就是这种决定和心情下的结果。不难想象,当王重阳携四子踏上西归故乡的路途,他就琢磨"害风害风旧病发"诸往事了。死于路途是道家的逆旅哲学,死于汴梁是真人的靖康记忆。这就是王重阳决定告别的精神背景,也是马丹阳痛哭不已的内心境况。汴梁仙逝,全真教祖的太阳悲壮西落,全真七子的明月清澈东升;对民族和北宋灭亡的最后祭奠结束,和异族金元社会的接触合作正式开始。王重阳太阳西落之后,对本民族的忠心和全真道的忠诚,都让马丹阳成为照耀艰难黑夜的皎月。

马丹阳的典型形象是"头梳三髻"(山僮),源于王重阳的名号"嚞","头梳三髻,心丧六年,默坐环堵。夫三髻者,有三吉字,乃真人之讳也,故尊而戴之。"活死人墓是王重阳的品牌事件和门风标志,马丹阳在活死人墓写下了"祖庭心死"。由于和妻子儿女关系糟糕,王重阳被称之为"王风";和妻子儿女关系理想的马丹阳也以"马风"自称。由于和故地乡人关系紧张,王重阳被称之为"王害风";和故地乡人关系融洽的马丹阳也以"扶风马"自称。"扶风马"是马丹阳的一语双关:他是从关中扶风走出的骏马,他要扶持"王风"的全真事业,他自己也是一位"马风"了。王风和马风之命名自况,最突出地反映了王重阳和马丹阳之"疯癫"。王风和马风之"疯",乃是以道为本的人格特征,是道本之心的敞露状态。

第六节 道本之情 母子出家

王玉阳是全真七子中的神童和大侠。当马丹阳等师兄弟们远走陕西(马丹阳、丘处机)、河南(谭处端、刘处玄和孙不二)和河北(郝大通)之际,王玉阳以横刀立马的大侠形象独立支撑着山东故乡的全真道事业。全真七子研究中,王玉阳被莫名其妙地严重低估了。

低估王玉阳的历史却很早：大概从元代金源璹的《祖碑》"余鄙解散，四子传化，四子为谁？邱刘谭马，德其亚者，王郝与孙"就开始了。金源璹的《祖碑》认为和"邱刘谭马"四子相比，王玉阳是"德其亚者"，和"郝与孙"同列。金源璹的《祖碑》这一错误观点却成了至今仍有影响的流行观念。金源璹毕竟是官宦士大夫，是王玉阳"德其亚者"的始作俑者。刚刚写毕"德其亚者"之后，金源璹的《祖碑》记载："玉阳长春，大启其门，遭遇圣朝，为王之宾。"

官宦士大夫思想文化的非逻辑性，有如此之甚哉！前半句还是"德其亚者"，后半句就是"玉阳长春，大启其门，遭遇圣朝，为王之宾。""玉阳长春，大启其门"把王玉阳和丘处机相提并论。而"遭遇圣朝，为王之宾"，说王玉阳更是捷足先登，得风气之先。这样一种辉煌巨大的历史成就，王玉阳怎么可能是"德其亚者"呢？官宦士大夫类似金源璹的《祖碑》这种自打嘴巴，多矣。其实，和金源璹的《祖碑》同时期，秦志安的《金莲正宗记》就指出：

宝镜高提，照谭马壶中之景，神珠独耀，见丘刘劫外之缘。谁知太古家风，凭袖衣而暗度，却羡玉阳名字，仗伞竹以偷传。

知王玉阳之神奇和重要者，师傅王重阳也。全真七子中，马丹阳之外，只有王玉阳和师傅王重阳"同名"分享"阳"字辈分。这意味着：(1) 马丹阳和王玉阳已经得道，高于其他五人。(2) 这明白不过地反映了王重阳对王玉阳的信任和器重。要知道，马丹阳和谭处端拜师时是46岁，王玉阳是26岁，丘处机和

昆嵛山

刘处玄是20岁。王玉阳比马丹阳和谭处端小了20岁，比丘处机和刘处玄仅大6岁。谭处端字长真，丘处机字长春，刘处玄字长生，显然是王重阳对弟子辈分的名号。王重阳作为全真祖师，命名会参考年龄，根本的尺度还是"以道为本"。马丹阳、王玉阳和师傅王重阳"同名"表明：尽管是入室弟子，却已经有了"道友"名实。尤其是王玉阳和王重阳这两个名字，多么像亲兄弟啊。儒士出身的师傅，对王玉阳和王重阳的命名色彩和伦理没有起码的敏感吗？事实又是什么呢？"却羡玉阳名字，仗伞竹以偷传"，这样的礼遇，全真七子中，王玉阳可谓独一无二，其时的丘处机也仅有羡慕和窥视的眼福而已。王重阳仙逝之后，事实是：马丹阳支撑着陕西关中的全真教，王玉阳支撑着山东故乡的全真道。

全真七子中，以自然年龄排序是：孙不二（1120—1182年），世寿63岁；谭处端（1123—1185年），世寿63岁；马丹阳（1123—1183年），世寿61岁；郝大通（1140—1212年），世寿73岁；王玉阳（1142—1217年），世寿76岁；刘处玄（1147—1203年），世寿57岁；丘处机（1148—1227年），世寿80岁。世寿最长者是丘处机，80岁；王玉阳为第二，世寿76岁。得道最早者是王玉阳，从小已"知道"，拜师即得道；得道第二早者是马丹阳，拜师三年得道；得道最晚者是丘处机，拜师十六年得道。以性命双修看，马丹阳炼性最高；丘处机修命最久；王玉阳性命双修的程度最高，至少是全真七子中的神通第一。以功行双修看，丘处机"世行"堪称圆满，无人匹敌，独步天下；马丹阳"心行"最为深湛，领袖师弟，堪为老大；王玉阳既先动帝心，五次谒见，又神通广大，似乎功行双修也为第一。此番议论，既为道本证量提供基础参考，抛砖引玉，也是王玉阳"全真四子，德其亚者"的荒唐议论逼出。不过，全真七子宏观的历史格局就是：早年，马丹阳于陕西关中传播全真教，王玉阳独立支撑山东全真教事业，和师兄遥相呼应；晚期，丘处机大器晚成、独步天下，王玉阳先动帝心、为师弟铺垫道路。全真七子中，马丹阳、丘处机和王玉阳应该是第一阵营，其他四子为第二梯队，尤其是全真道后来成为官方国家宗教代表之后，几次面对佛教的神通挑战，铩羽而归，元气大伤，可谓全败。当初，王玉阳受诏，饮金世宗鸩酒全身而退、护命而归，方给全真教赢得历史性突破与国诏契机。两相对比，能不忆王玉阳乎？全真教四代而式微，原因之一，就是再也没有出现像王玉阳这样的神童和大侠。王玉阳小时候，就显示出是一个灵异神童了。《金莲正宗记》中记载：

先生讳处一，号曰玉阳子，王其姓也，家居宁海之东牟。幼丧其父，事母至孝。体貌魁梧，为儿童时不杂嬉戏，好诵云霞方外之语。七岁遇东华教主，授以长生久视之诀。年一十有四岁也，偶步山间，见一老翁坐于盘石之上，呼之使来，摩其顶而谓之曰：汝他日必扬名于帝阙，当与玄门作大宗师。

王玉阳小时候的灵通叫作"心死神活，仙人指路"。这种小时候的奇遇故事，一般而言，母亲最为熟悉。全真七子中，郝大通、刘处玄和王玉阳皆"事母至孝"，母亲对他们出家修道的态度却不太一样：郝大通必须等待母亲去世之后，自己才能出家；刘处玄出家之后，几次思量照看母亲；王玉阳出家，母亲也跟着拜王重阳为师，堪称全真佳话。王玉阳受到金世宗召见之后，有一首诗寄给母亲，即《寄呈老母洎圣水道众》：

修真观下信逼通，往复祥光透碧空。

昔遇明师开正教，今蒙圣帝助玄风。

玉阳自此权行化，法众从兹好用功。

稽首慈亲毋少虑，皇恩未许返乡中。

从这首《寄呈老母洎圣水道众》可知，当时王玉阳母亲在圣水观修行，王玉阳在修真观。从"稽首慈亲毋少虑，皇恩未许返乡中"，王玉阳母亲修行的圣水观距离他的故乡应该不远，或者圣水观就在他的故乡。此诗作于金承安二年（1197年）6月，王玉阳45岁左右了；母亲60多岁了，王玉阳称"老母"。《云光集卷之一》还有一首《寄呈母亲》：

> 子母修真同出家，体天法道作生涯。
> 化缘处处神明助，劝善重重福寿加。
> 俗眷恩情都不论，玄门道德永无差。
> 内灵升化投真剑，异日功成蓬岛夸。

这首《寄呈母亲》应该是王玉阳母子出家不久，王玉阳以道为本，充满了对母亲的道情、希望和祝福。王玉阳的道情当然不止于母子之间，对师兄马丹阳即充满思念，仅举其中二首：

> 寄呈丹阳公
> 山东东路有真修，木德为邻自免愁。
> 一二二三连一二，九阳光满向东流。

> 了道后经半月空中忽现真异
> 仙语灵灵报下方，想知央是马丹阳。
> 飞神救拔诸州难，满国欣荣坐道场。

《寄呈丹阳公》的诗前，有一段背景文字："大定十五年，有门人初志，常欲往关西参丹阳公。师曰：何必远去，他日此处相见。然不可慢汝之志，作是一绝，寄呈丹阳公。到彼展视，言泄天机，后果东还。"这充分体现了王玉阳的门风观点：到处远行参访，费时耗财，王玉阳并不提倡。既然这位弟子"常欲往关西参丹阳公"，王玉阳就尊重他，"然不可慢汝之志"。最后是王玉阳的先知性，《寄呈丹阳公》由弟子带往陕西关中，而马丹阳"后果东还"。王玉阳很少离开他的山东全真教事业，其中充满道情的缘由，就是这里有一个和儿子一起出家的全真母亲。

第七节　道本之缘　夫妻皆仙

　　1169年，在丈夫马丹阳出家一年后，孙不二也正式成了一位全真女冠。此种夫妻双修，恰是全真教的个体出家清修，是全真道的历史佳话。历史上，全真教后来被称之为道教北派。道教南宗是由北宋张伯端开山，以个人清修为主，还有双修一支。南宗双修思想被道教明清东西派发扬光大，堂皇议论，始蔚然成风；有男女神交体不交、气交身不交等修炼方法，此种意义上的男女双修方法，以藏传佛教为历史之最和最高象征：在道教各派男女神交体不交、气交身不交之上，藏密就有了大量、几乎是连篇累牍的男女之真实体交表述了。和全真教有关的是这样两件事：(1) 众所周知，元代全真教被佛教数次击败，很大程度上，全真教其实就是被藏传佛教的双修神通击败。其代表人物就是藏密花教大师八思巴。(2) 藏传佛教的男女双修法，既和华夏历史上的房中术密切相关，也与黄老金丹道相关。其中马王堆帛书、孙思邈的《枕中书》都有大量记载；吕洞宾的《敲爻歌》、张三丰的《金丹诀》也有精深实验。元代作过全真教掌门人的苗道一，清代著名的全真龙门道长刘一明，面对吕洞宾的《敲爻歌》、张三丰的《金丹诀》却不知所云了。而王重阳和全真七子的大量著述表明，吕洞宾乃是全真教的老祖宗师！这是全真七子之后的史话，却不是全真教题外之话。王重阳创立全真教源于历史的痛苦，全真教的后裔却谱写了痛苦的历史。全真后裔面对藏密的男女双修神通，惨败而归；马丹阳和孙不二当年的夫妻双修，却是全真教的清修佳话，美扬世界。

　　出家前，孙不二和马丹阳有一个富裕、幸福和圆满的大家庭。"降自富春之族，生从忠翊之家，配丹阳超世之才，殖宁海半州之产"，不无溢美之词，却也不离基本之事实。全真教历史上著名的百

道风习习　夫妻别家

日锁庵,有的记载说,是王重阳主动向马丹阳表态,一说是孙不二的主意。"适大定丁亥冬,重阳先生来自终南,马宜甫待之甚厚,仙姑未之纯信,乃锁先生于庵中百有余日,不与饮食,开关视之,颜采胜常,方始信奉。"就在百日锁庵的过程中,王重阳施展其著名的神仙教育法,分梨十化了马丹阳和孙不二出家事件。《金莲正宗记》中记载:

适大定丁亥冬,重阳先生来自终南,马宜甫待之甚厚,仙姑未之纯信,乃锁先生于庵中百有余日,不与饮食,开关视之,颜采胜常,方始信奉。仍出神入梦,种种变现,惧之以地狱,诱之以天堂,十度分梨,六番赐芋,宜甫遂从师入道,仙姑尚且爱心未尽,犹豫不决,更待一年,始抛三子,竹冠布袍,诣本州金莲堂礼重阳而求度。

百日锁庵和分梨十化之后,面对事实,孙不二对王重阳师傅的敬服已经毫无问题;马丹阳是立即写休书,决定出家。在马丹阳出家一年后,孙不二"在本州金莲堂礼重阳而求度。先生赠之诗曰:分梨十化是前年,天与佳期本自然。为甚当时不出离,元来只待结金莲。"王重阳诗中的"为甚当时不出离,元来只待结金莲",可谓一语双关:其一,孙不二是"在本州金莲堂"正式拜师出家的,"金莲"指金莲堂;其二,"金莲"指马丹阳夫妇在全真道上结成了金童玉女,是全真教的历史佳话。孙不二晚了一年,那是出于一位子孙满堂、饱经风霜的五十多岁女性的深沉智慧之安排。出家后，孙不二的苦行毅力和精神意志，堪称七真之最！王重阳逝后，1175年，孙不二从山东到陕西，3000 里路程，踽踽独行；为防意外，她毁容佯疯。一般而言，女性对自己的容貌看得比生命还要重。为了全真之道，孙不二硬是放弃了女性之容！"重阳乃南归汴梁而委蜕焉，丘、刘、谭、马负其仙骨，归葬终南，仙姑闻之，迤逦西迈，穿云度月，卧雪眠霜，毁败容色而不以为苦。"丈夫马丹阳也有过从山东到陕西的两次远行：从山东到陕西，有师傅和师弟 4 人；从陕西到山东，则是数名弟子陪同。丘处机独行龙门磻溪，既是年轻小伙，路程也不超过 600 里。丘处机万里远行，既是皇帝圣诏，又有 18 高徒陪侍。宋金战乱年代，孙不二 3000 里踽踽独行，即使抹去性别劣势，全真七子中也无第二人！能和她媲美者，也只有师傅王重阳了。王重阳从陕西到山东，也是一路乞食，一人远行。王重阳已是修道多年并且得道之人，又是武功在身的堂堂丈夫。由此可见，孙不二的 3000 里踽踽独行，确是无与伦比的了。包括金源璹的《祖碑》在内，在全真七子的历史叙事中，有意无意地都轻视了孙不二的伟大和卓越。缺乏孙不二的史料，就是注解。孙不二 3000 里的踽踽独行不啻宣布了：黑暗历史对华夏女性的奴役无效，儒家礼教对中国妇女的束缚失败，孙不二给人们带来了美丽女性的无比光辉。毛泽东给 16 岁的刘胡兰的题词是："生的伟大，死的光荣"。面对孙不二，我们想说："其生，有人的富贵；其死，有仙的高贵。"仅就毁容佯疯这一点，孙不二的清修苦行，真到了"感天地，泣鬼神"的无身之境。孙不二的 3000 里踽踽独行，也许真有天地的护送和鬼神的护佑。孙不二仙逝之际，给马丹阳有过显化：

　　先生忽一旦歌舞自娱，有非常之喜，门人忽报曰：壬寅年十二月晦日，孙仙姑枕肱弃世于河南矣，享年六十四岁。先生曰：昨晚乘彩云，奏仙乐东归海上，吾亲见之。吾之歌舞者盖为此也，已预知之矣。

马丹阳比孙不二小 3 岁，世寿也比妻子少 3 年。全真七子，只有马丹阳夫妇和谭处端有过人间婚姻生涯。谭处端拜师王重阳的时候，其妻子曾经吵闹。王重阳修道，妻子似乎也不大愿意。马丹阳出家，夫人就是孙不二，一定相当理解支持。孙不二登仙的时间是金大定二十二年（1182 年），世寿 64 岁。孙不二仙逝后的第 2 年，马丹阳也走了。这似乎隐含着深沉的道情！谚云："女大三，抱金砖。"由于孙不二这种旷世难遇的贤内助，马丹阳的世间生活美满，出世修道也堪称圆满。

第二章 普世之道的证境

第一节 道本通密 白云出岫

人们常言:"十年树木,百年树人。"王重阳接纳丘处机为弟子时,恐怕就想到了这一成语。王重阳如同冲开沉重历史悬崖的激流瀑布,千尺飞落,林山惊颤,极具激动人心的英雄气概;丘处机却似涌流千里平原的长河,沉稳浩阔,巨浪偶起,极富海纳百川的宗师风范。尽管是师徒关系,王重阳和丘处机的确代表了全真教两种非常不同的修行趣味和证道形象。这仅仅是历史机缘改变的缘故吗?比较一下马丹阳和丘处机的拜师情景,就会得到答案。为了马丹阳出家修道,王重阳用尽了心思和能耐,是师傅找徒弟的典型案例。丘处机则是徒弟找师傅的成功典范,丘处机拜师王重阳,典籍多有记录。

《金莲正宗记》记载:

大定丁亥春,闻重阳在昆嵛山烟霞洞,竭麾而往,枢衣请教。重阳见而爱之,与语终夕,玄机契合,故赠之诗云:细密金鳞戏碧流,能寻香饵会吞钩。被予缓缓收纶线,拽入蓬莱永自由。

赵道一在《仙鉴》中记载:

师姓丘名处机,字通密,号长春子,登州栖霞县滨都人也,生于金熙宗皇统八年戊辰正月十九日。幼聪敏,日记千余言。未弱冠即学道,隐昆嵛山。大定七年,闻重阳道化,九月乃拜于宁海之全真庵。重阳赠以金鳞,遂为弟子,重阳为训今名字。

金源璹在《祖碑》中写道:

又有登州栖霞县丘哥者,幼亡父母,未尝读书。来礼真人,使掌文翰,自后日记千余字,亦善吟咏,训名处机,号长春子者是也。

道内典籍，显然以歌功颂德代替历史叙事。金源琦的《祖碑》记载"丘哥者，幼亡父母，未尝读书"。经过王重阳培育，丘处机的文化素养迅速提升，"来礼真人，使掌文翰，自后日记千余字，亦善吟咏，训名处机，号长春子者是也"。《金莲正宗记》等却一律将丘处机日后的文化素养移到了拜师王重阳的前面。尹志平的《北游录》数处记载，王重阳最器重的弟子乃是马丹阳，丘处机只是做书记、洒扫诸杂活。丘处机给尹志平讲："俺与丹阳同遇祖师学道，令俺重作尘劳，不容少息。"直到王重阳临逝前，丘处机还在抱怨师傅未给自

白云观

己讲"道"，而只是讲一些"不干用的话"。王重阳生前给丘处机讲的最后一句话就是："不干用，即道。"五十多年后，丘处机终于彻悟了师傅的用意和门风。当他不远万里终于和成吉思汗见面之后，丘处机给人们留下的印象，也是讲了一些"不干用的话"。历史表明，和成吉思汗的雪山论道，丘处机获得了圆满成功与巨大影响。问题在哪里呢？

李志常在《西游记》中明确记载，丘处机和成吉思汗的相关谈话"不许外泄"。也就是说，那些"不干用的话"可以公开，还有"不许外泄"的交谈内容。至于那些"不许外泄"的交谈内容是否"干用"无从判断。就像丘处机当年"偷听"师傅王重阳和师兄马丹

阳的谈话一样，"不干用的话"之外，也确实是有让他觉得"干用"的话。丘处机听到"干用的话"之后，不是急切实践了吗？至于效果不理想，这是另外一码事。效果不理想，并不能否认"干用的话"的存在。由于蒙古警卫的把守，谁也无法偷听丘处机和成吉思汗雪山论道的真正内容，这是永远无法解开的历史之谜了。

  这个历史之谜又必须解开，每个人必须以自己的方式去解开。比如，万里路程，兴师动众，一代天骄成吉思汗和一代全真大师就谈论了那么几句"不干用的话"吗？那么几句"不干用的话"能够产生巨大而圆满的历史结果吗？历史本身已提供了解答自己秘密的窗户：(1) 蒙元朝迎接丘处机的大臣是刘仲禄。刘仲禄除了迎送丘处机外，还有一个任务就是给成吉思汗挑选处女。丘处机巧妙地表示了反对。(2) 马王堆帛书提供了成吉思汗和丘处机交谈的基本内容。马王堆帛书藏在地下，就像雪山论道作为机密一样。(3) 成吉思汗对丘处机的雪山论道非常满意和一件偶然事件有关。丘处机离开前夕，成吉思汗打猎之时，从马上摔下。它不是证明了"七损八益"的卫生之道吗？事实上，从马上摔下之后，成吉思汗终于允许丘处机可以走了。(4) 马王堆帛书，在20世纪70年代的中国尚不允许公开。而在雪域西藏，却是非常公开化的秘密和上层熟悉的学问。由于种种因素，丘处机作为全真宗师无非先行了一步，才为自己的道派和民族赢得了历史声誉和契机。待到藏密花教八思巴登场，全真教的历史灾难终于发生。此一时彼一时，全真教和自己民族最危险的历史阶段毕竟过去了。华夏民族最危险的宋元历史，就是靠全真教摆渡过去的。这是全真教的历史救恩，特别是丘处机的雪山贡献。评价丘处机之所以困难，既与全真教的传奇兴衰有关，也和雪山论道的严重晦蔽有关。明代雪峰禅师写道：

  乾坤作堂屋，日月为灯烛。栖霞一老仙，俯仰于中宿。对众口谈天，语句喷冰玉。开启玄微机，潜享高穹禄。暖炼神何清，神光炫二目。起立身何轻，清风生健足。大道兴不兴，到处人心服。金丹成未成，白云满岩谷。

这段赞语的"道眼"是最后两句："大道兴不兴，到处人心服。金丹成未成，白云满岩谷。"大道的兴盛是巨大的，不仅"到处人心服"，并且到处人心醉。全真教史书把丘处机作为千年道教的"第一人"。全真教的巨大影响和丘处机的崇高形象是空前的，也是深远的，以至于雪峰禅师的怀疑也变得异常谨慎："金丹成未成，白云满岩谷。"在全真教看来，正是丘处机的金丹功行，才带来了"满岩谷"的白云。在雪峰禅师看来，即使丘处机的金丹功行并不圆满，也照样是"白云满岩谷"了。这是丘处机和师傅王重阳及师兄马丹阳不同的地方：王重阳和马丹阳以生死了道，丘处机在尘劳中证道。《清和北游录》中记载：

俺与丹阳同遇祖师学道，令俺重作尘劳，不容少息。与丹阳默谈玄妙，一日闭其户，俺窃听之，正传谷神不死调息之法，久之推户入，即止其说。俺自此后尘劳事毕，力行所闻之法，行之虽至，然丹阳二年半了道，俺千万苦辛，十八九年犹未有验。祖师所传之道一也，何为有等级如此？

《真仙真指语录》也有类似记载。对丘处机金丹修炼境界，雪峰禅师式的怀疑基于两点：(1) 丘处机无比崇高的历史地位，必然带来对他修炼境界的最高尺度。(2) 丘处机和马丹阳的证道方式极为不同。马丹阳是无为出世，清静守志，是纯粹典型的全真道士。丘处机是有为入世，和光混俗，是非常儒化的全真道士；以至于丘处机龙门派被任继愈归为"儒教的一个支派"（参阅张广保《金元全真道内丹心性学》122—123页）。儒化道士就是传统型道士，即官方化的道士：热衷上层，斋醮作法，亲和权利，生活优裕。这分明是王重阳全真教的偏离和异化。师傅王重阳当年最欣赏和器重马丹阳，不无道理。王重阳道眼深邃：既看到了丘处机的俗化危险，也看到了他的弘道才华。这也是王重阳当初磨炼丘处机的原因，也是丘处机非常感谢师傅王重阳的原因：如果不是刻意的巨大磨炼，他很可能沦为过分入世的凡夫俗子，而不会成为顶天立地的全真大师。即使功行圆满、名盖华夏之后，丘处机依然非常敬仰师兄马丹阳，依然非常感恩师父王重阳。王重阳全真教之"全"，主要包括"性命双修"和"功行圆满"两大方面。如果说，马丹阳是全真七子中"性命双修"的突出象征，那么，丘处机就是"功行圆满"的卓越代表。丘处机的"功行""圆满"到了这种地步，连一向瞧不上道教的雪峰禅师都只能说："大道兴不兴，到处人心服。金丹成未成，白云满岩谷。"如果这世界没有"天上掉下的馅饼"，那么丘处机的"功行圆满"大致也对应着相当程度的"性命双修"道功，即使不是最圆满的话。《长春真人道行碑》中"赞曰"：

> 仆尝游燕台，见三人相与论丘仙之功德，其一人曰：我以为磻水溪边七年苦志，宝玄堂上数载流光，炼金丹太药之基，种火枣交梨之树，出神入梦，斡地回天，此功德之最大者也。其一人曰：非也，我以为修官立观，传教度人，开全真七朵之莲，种无影三花之树，受簪冠者半天下，谈道德者匝世间，无人不饮于重玄，有物尽沾于至化，此功德之最大者也。其一人曰：乃二公之所说，见其小不见其大，得其麤不得其精，取太山之半拳，拾邓林之一叶也。我则以为当蒙古之锐兵南来也，饮马则黄河欲竭，鸣镝而华岳将崩，玉石俱焚，贤愚并戮，尸山积而依稀犯斗，血海涨而髣髴弥天，赫威若雷，无赦如虎。幸我长春丘仙翁应诏而起，一见而龙颜稍霁，再奏而天意渐回，诏顺命者不诛，许降城而免死，宥驱丁而得赎，放房口以从良，四百州半获安生，数万里率皆受赐。（《丘处机学案》55页）

三人谈论丘处机之最大功德，饶有趣味。其中不乏溢美华辞，也是历史的基本事实，更是丘处机"3A"修炼的形象概括。

第二节　道本玉球　丘谭马刘

中国是一个儒风颇浓的伦理社会。伦理社会的文化特征即价值秩序的本能扩张，即强调注重名分位次。《三国演义》中，出五关斩六将的关羽尽管位列蜀汉五虎上将之首，仍然不屑于和老将黄忠相提并论，并致信诸葛亮要与马超一比高下。他的青龙偃月刀根本斩不断"伦理"的价值丝线啊。《西游记》中，孙悟空大闹天宫，也是出于价值伦理：初当弼马温，猴哥嫌小；后来是齐天大圣，老孙又嫌空。齐天大圣者，意即和"天"一样高，分明是儒家的伦理文化啊。《水浒传》更绝了：一百零八将的名分位次排不下去，干脆就人为地埋了一个古碑，声称上面各人在一百零八将中的名分位次，是天意安排。欺天乎？欺人乎？王重阳全真教，本来是道教革新派：以死证道，以身许道，以命殉道。王重阳有句全真三字经："任天断！"可是，不要说全真后生，关于全真七子本身的名分位次，就是由来已久，至今仍然是聚讼不已的话题公案。全真七子的名分位次，最正统和最有影响的便是金源琦的"二分法"：丘谭马刘为"全真四子"，是王重阳的亲传嫡系；王玉阳、孙不二和郝大通是"德亚四子"，为王重阳的非授命弟子。金源琦的"二分法"，无论是全真教内部还是学者已经高度认同。其历史依据就是：首先，王重阳在开封汴梁临终的时候，只有丘谭马刘的"全真四子"在场，王玉阳、孙不二和郝大通却远在山东老家。其次，王重阳仙逝之后，丘谭马刘"全真四子"一起给师傅王重阳守墓三年，是关系密切的全真团契。第三，从王重阳所代表的全真早期著述到丘处机所代表的全真晚期著述，丘谭马刘几乎形影不离，"全真四子"可谓专有概念。第四，王重阳由陕西户县刘蒋村出发，经河南洛阳上清宫，作《题上清宫壁》诗一首：

丘谭王风捉马刘，昆嵛顶上打玉球。

你还搬在寰海内，赢得三千八百筹。

这是一首预言诗。预示他到山东要"捉"到弟子"丘谭马刘"。这就是丘谭马刘的历史源头，也是它的信仰源泉。由于丘处机的巨大声望和崇高形象，"丘谭马刘"完全固定下来，以至于成为权威历史。那么，作为历史和信仰渊源，《题上清宫壁》中的"丘谭王风捉马刘"是什么意思呢？

《题上清宫壁》是一首先知诗，采取的是寓言和隐喻表达。"丘谭王风捉马刘"是指"丘谭马刘"和王重阳（王风）五个人，这没有问题。那么，能否将"丘谭马刘"四子的位置调换一下呢？不能。这种非调换性并非来自四子的名分伦理，而是源于寓言的隐喻表义。"丘谭王风捉马刘"的隐喻表达着三种含义：（1）王重阳到山东寻找"丘谭马刘"四子作自己的徒弟；（2）"丘谭捉马刘"意即"秋潭捉马溜"；（3）"马溜"（"马刘"）指"人心"，所谓"心猿意马"。"心猿意马"不就是"马溜"吗？"丘谭捉马刘"就是王重阳将四子的"心猿意马"带往道境。"秋潭"（"丘谭"）即秋天清澈的潭水和第二句"昆嵛顶上打玉球"中的"玉球"意思一样，即晶莹剔透的道心。"昆嵛顶上"够明确了吧？谁能到"昆嵛顶上"呢？唯有晶莹剔透的道心："秋潭"和"玉球"之道境。"丘谭捉

丹阳修道长寿山（宝鸡）

马刘",既泛指四人的"心猿意马",也特指马丹阳。"马溜"指入道前的马丹阳;王重阳去山东的标准性事件就是将马丹阳这匹人间的"溜马"化为载道千里的骏马。"丘谭王风捉马刘"重点就是王重阳寻找马丹阳这位首席弟子!只有马丹阳皈依,七朵莲花才有芬芳的花心,才有万朵金莲盛放的全真春天,即王重阳所谓的"你还般在寰海内,赢得三千八百筹"。事实正是如此,为了马丹阳出家修道,王重阳既主动找上门去,又住在马丹阳家里,演绎了百日锁庵、分梨十花、阳神入梦等诸多经典。而丘处机等人却是自己主动寻找师傅王重阳,王重阳几乎没有花费什么心神和功夫。山东寻徒,除了《题上清宫壁》中的"丘谭王风捉马刘",王重阳还有两次先知预判。《金莲正宗记》中记载:

先生读之数过,方悟妙理,戒之曰:天机不可轻泄。即令投之火中。道者曰:速往东海,丘刘谭中有一骏马,可以擒之。言毕不知所在。

大定七年四月二十六日,迤逦东迈,经过咸阳,自画一幅,作三髻道者,青松郁栖,白云缭绕,仙鹤婆娑,有出尘之格。见史风仙,欣然赠之曰:待我他日擒得马来以为勘同。

王重阳这几处的预言诗放到一起,《题上清宫壁》中"丘谭王风捉马刘"的真实含义非常清楚:"丘刘谭中有一骏马,可以擒之",马丹阳乃是王重阳的首要目标;"待我他日擒得马来以为勘同",马丹阳才是全真七子的首席领导者。"丘谭马刘"是王重阳的先知预言和隐喻言说,并不代表四子的名分位次。就全真早期看,"丘谭马刘"不仅不是丘处机的优先体现,而且丘处机和马丹阳无法相提并论。王重阳的临终遗言是:"丹阳已得道,处端已知道。处机和处玄犹未也。处机所学,一任丹阳,处玄跟着处端学。"并明确给谭处端强调:"汝等性命全系马丹阳一身。"说丘处机和马丹阳无法相提并论,根据就是马丹阳和丘处机既有师弟关系之谊,也有师徒关系之实。王重阳仙逝之后，"丘谭马刘"在终南祖庵给师傅守墓三年。守墓三年，其实就是"丘谭刘"向马丹阳学习的日子，就是马丹阳向"丘谭刘"授道的岁月。马丹阳超脱，不愿点明；师兄高风，回避提及。功成名就之后，丘处机多次比较自己和马丹阳的修炼道路和修行境界，常愧弗如，自惭形秽，固然是一代宗师的谦逊姿态，也是对历史的尊重意识和深沉感恩。那么，从道本境域和仙界修持看，"丘谭马刘"如何排序呢？全真七子的证道境界究竟是什么情况呢？

这有许多既相联系又不太相同的衡量标准和尺度。基本的衡量标准和尺度应该是什么呢？既然王重阳选择了全真七子，就有他的内在考虑；全真七子代表着天上的北斗七星和道教的"云笈七签"。北斗七星分为魁勺四星和魁柄三星，"云笈七签"分为三洞四辅。那么，王重阳逝世之际，从地理分布看，"丘谭马刘"就是北斗七星中的魁勺四星，王玉阳、孙不二和郝大通就是魁柄三星。从全真教"性命双修""功行圆满"看，马丹阳、王玉阳和丘处机应该是"云笈七签"中的"三洞"，谭处端、孙不二、郝大通和刘处玄就是"四辅"。如果从"功行圆满"，影响社会，晋谒帝王看，"云笈七签"中的"三洞"就成了丘处机、王玉阳和刘处玄，谭处端、孙不二、郝大通和马丹阳都要成为"四辅"。如果从闻道先后，得道早晚看，则王玉阳、马丹阳和谭处端就是"云笈七签"中的"三洞"，刘处玄、孙不二、郝大通和丘处机都要成为"四辅"。全真七子中，王玉阳闻道最早（7岁），马丹阳得道最早，丘处机的闻道和得道都最晚。丘处机闻道和得道最晚的结论是以拜师王重阳为出发点的；如果论个人的自然年龄，丘处机得道为37岁左右，马丹阳和谭处端拜师已经45岁了。拜师王重阳之后，如丘处机自己所言：马丹阳是2年，谭处端是5年，刘处玄是7年，丘处机自己是18年得道。拜师王重阳之前，王玉阳已经"知道"；王玉阳的"得道"大概是拜师王重阳之后的第 3 年。王重阳给王玉阳和马丹阳以"阳"命名，实际上表示二人的闻道和得道最早。王重阳给王玉阳以神通的方式寄去刻有"7 人"的阳伞表示，全真七子中，王玉阳乃神通第一者。还有孙不二呢，她是全真七子中的唯一女性。就性别而言，其他人都可以没有，孙不二却不能没有。王重阳给孙不二的道号是"清静散人"；"清静无为"乃是全真教的最高境界。

从道本境域出发，研究全真七子的证道境界和伦理结构是必要的，也是重要的。如果非要把丘处机或者马丹阳或者王玉阳列为全真七子的最高英雄和历史上的最大人物，这就是初中学生的价值顺序执著的心智特征，要么就是传统儒家的伦理文化痼疾太深，或者就是金庸式武侠小说看得太上瘾。全真祖师王重阳会怎么看呢？其《题上清宫壁》提供的理论模型，就是"昆嵛顶上"的"玉球"和"你还般不动"的"寰海"。"玉球"和"寰海"就是道教的混沌宇宙观，就是我们擦洗圆满的心灵道境。

第三节　道本归宗　三教祖风

中国传统的思想文化，有儒、道、佛三家。儒家即孔孟之道，道家即老庄之玄，佛即释迦之教。其中，老子和孔子分别是道家和儒家的创始人。老子和孔子（前 551—前 479 年）都是春秋末期人，老子略早于孔子。释迦牟尼（前 564—前 484）是现在的印度人，和老子、孔子大致属于同时代人。非常有趣的是，佛教传入中国，与中国道教的诞生基本同时，即两汉之交和公元纪年之时。佛教最初传播的地区以长安、洛阳为中心。当时人们认为佛教是一种神仙方术，故桓帝将黄帝、老子和佛陀同祀，"诵黄老之微言，尚浮屠之仁祠"，把沙门视同方士。秦汉至唐，儒家成为正统官方思想。唐代尊道，老子第一；儒家第二；佛教第三，事实上，道教和佛教在盛唐300年都有长足发展。三教合一在唐代就形成了一种思想潮流。王重阳尊奉的钟吕金丹派，就是三教合一思想的积极倡导者。对三教合一思想，道教着眼于华夏道本意识和民族救赎意识，显得最为积极活跃，儒家次之，佛教最为消极矜持。

北宋灭亡，王重阳修炼的活死人墓的四周写道："三教从来一祖风,清静无为天下正。"南宋灭亡，西藏僧人竟然把宋理宗的尸体倒挂树上。那么，王重阳三教合一的思想指什么呢？

王重阳生活在宋代，创立全真教，主张儒、释、道三教平等，三教合一，提出"三教从来一祖风"的融合学说。全真道内以《道德经》《孝经》和《心经》为经典。王重阳已经悟道，他融合了儒释道三家经典，不带有宗教派别偏见。"修道即修心，除情去欲，存思静定、心地清静便是修行的真捷径"，修道，就是修自己的本心和真性。除情去欲，把五毒去除，去掉累世以来人类的恶习，就能够显露出真

三圣论道图

心。《重阳立教十五论》中写道：

欲界，色界，无色界，此乃三界也。心忘虑念，即超欲界；心忘诸境，即超色界；不着空见，即超无色界。离此三界，神居仙圣之乡，性在玉清之境矣！（《王重阳集》279页，齐鲁书社，2005年）

凡论心之道，若常湛然，其心不动，昏昏默默，不见万物，冥冥杳杳，不内不外，无丝毫念想，此是定心，不可降也。若随境生心，颠颠倒倒，寻头觅尾，此名乱心也，速当剪除，不可纵放，败坏道德，损失性命。住行坐卧，常勤降心。闻见知觉，为病患矣！（《王重阳集》277页）

这一段话旨在说明定心和乱心；如果在住行坐卧中，保持觉知和禅定，也就是佛家的一行三昧，那么就可以远离身心的病患了。王重阳有没有实证到最高的无上正觉，有待进一步研究。有一点是肯定的，他说出了真话，三教本身就是一教，从来都是一祖风，都是了悟本心和真心，都是领悟宇宙和人生的真相。王重阳的全真教，力斥传统道教的肉体长生和肉体飞升论："欲永不死而离凡世者，大愚不达道理也。"（《重阳立教十五论》）王重阳认为，世间只有真性不变不动、不生不灭，而肉体由四大（地、水、火、风）合成，不可能长生："唯一灵是真，肉身四大是假。"（《金关玉锁诀》）王重阳认为人人可以修炼成仙，显示全真道"普济众生，遍超庶俗"的宗旨；将金丹贵族道教转变为民众道教。王重阳的《自咏》中写道：

小名十八，读到孝经章句匝。为庆清朝，爱向樽前舞六么。呼卢总会，六只骰儿三没赛。傻得唯新，刮鼓丛中第一人。七年风害，悟彻心经无坚碍。信任西东，南北休分上下同。龙华三会，默识逍遥观自在。要见真空，元始虚无是祖宗。

显然，"三教一祖风"的超越思想，是王重阳长期修炼的人生道果。《自咏》写道：王重阳18岁，勤奋阅读儒家《孝经》。为报国成才,王重阳苦学传统"六艺"、"爱向樽前舞六么"。经过艰辛努力,王重阳成为通晓六艺、文武双全的精英人才,然而,生不逢时,天不我与,"六只骰儿三没赛",天、地、人间无用武之地啊。这才开始了七年的出家修道,"七年风害,悟彻心经无坚碍"。可见,"三教一祖风"是一种觉悟,更源自证悟,它源于一种超越性的道本观念和归宗立场。用王重阳的《自咏》的话说,所谓"要见真空,元始虚无是祖宗"。到了"元始虚无"的道境,漫说儒、释、道"三家一祖风",普世宗教也"一祖风",生死天人也是一个龙华世界。

第四节 道本灵宝 普世救赎

从老子的《道德经》以道为本、放弃"灵魂"概念,到道教迎回"灵魂"概念、以灵宝为道本,差不多用去了1500年的思想旅程。老子的《道德经》以道为本,没有使用"灵魂"概念;"灵魂"概念在老子的《道德经》中是以"无"和"玄"的形式出现的。"无"和"玄"是道的重要特征,就是道境;没有"无"和"玄"的道境,即便使用"灵魂"这一概念,又有何用呢?有了"无"和"玄"的道境,即便不使用"灵魂",难道就没有包含这一概念的意思吗?《道德经》指出:"终身言,未尝言;终身不言,未尝不言。"老子就是仅仅使用道本概念而言说了"灵魂"意思的精神大师,《道德经》就是未出现"灵魂"概念而表达了人性本体的思想经典。那么,老子的《道德经》为什么竭力回避使用"灵魂""神鬼"诸传统思想概念呢?

其一,如《论语》所言:"神鬼之事,吾也难明。"对老子而言,尽管也有"难明"的一面,却主要是出于对传统巫术信仰的惊惧。其二,老子的《道德经》没有使用"灵魂""神鬼",而以

"道""无""玄"来代替,并不能简单地认为是思想从宗教信仰到哲学思维的飞跃标志。最明显的证据有两个:(1)屈原比老子晚了几百年,依旧使用"灵魂""神鬼"概念:"灵均"是屈原的名字,《招魂》是屈原的名篇。(2)道教的《太平经》比老子的《道德经》晚了400年,却又开始使用"灵魂""神鬼"概念。到了宋金王重阳的全真教,突出的概念是"真性"和"金丹"。正如学者们释义的:"真性"及"金丹"和"灵魂"概念没有区别(郭武《丘处机学案》70—73页,齐鲁书社,2011年)。和屈原一样,同处轴心时代的希腊赫拉克利特同样没有放弃"灵魂"概念,而是致力于将"灵魂"带往澄明的本体道境。并不奇怪,老子的"道",到了中国汉代,也就完全信仰化、宗教化了。老子的"道"成了道教的信仰对象,老子也成了被信仰的太上老君。《道德经》成了道教信仰的经典。王重阳有许多诗作,直接吟诵《道德经》。

《迟法师注道德经》中写道:

遵隆太上五千言,大道无名妙不传。一气包含天地髓,四时斡运岁辰玄。五行方阐阴阳位,二耀初分造化权。窈默昏冥非有说,自然秘密隐神仙。

《红窗迥》中写道:

五千言,二百字。两般经秘隐,神仙好事。灵中省、悟彻玄机,结金丹有自。得一惺惺通不二。处逍遥景致,超然永遂。共红霞、同彩云归,罩笼住祥瑞。

在《迟法师注道德经》中,王重阳已经给《老子》"窈默昏冥"和道教的"密隐神仙"之间建立了同构互释关联。《红窗迥》中又指出《老子》"五千言"秘隐着"神仙好事"。全真七子著述中,刘处玄的《长生真人至真语录》系统阐明了《老子》一书中的"神仙好事"。"提炼《道德经》的四十对概念范畴展开诠释活动,是刘处玄的创举"(强昱《刘处玄学案》64页,齐鲁书社,2012年)。比如，在《长生真人至真语录》（参见《刘处玄学案》442—465页）中，刘处玄用《老子》中的"道之为物，惟恍惟惚"来诠释内丹修炼的"慧光"和"魂清"，用"道生一"诠释"神生则灵也"和"养气则神生也"，用"道隐无名"诠释"内光应物"和"内灵抱道"。魏晋的《灵宝经》和钟吕的《灵宝毕法》提出灵宝概念，在《长生真人至真语录》中获得了《道德经》的经典诠释学。

灵宝者，作为生命的灵魂之宝，就是超越生死的"真性道本"，就是包括基督宗教在内的普世救赎对象。全真教和基督宗教有三点特别接近：(1) 灵光真有观；(2) 出世清修观；(3) 劳作救赎观。这三点，使得王重阳全真教既区别于儒教，也不同于佛教，甚至有别于道教传统，非常值得研究。先看全真教的灵光真有观，王重阳和全真七子论述灵光的诗作特别多：

师言：家风谁是祖，钟吕自亲传。颂曰：一点灵光晃太虚，丹青妙手莫能模，休将明月闲相比，有阙因绿怎类吾。此语稍露锋芒矣。师言：祖师道不得着好衣，不得吃好饭，唱歌打令，只要心头物物不着。（马丹阳）

《烛影摇红》中写道：

烛影摇红，暗垂珠泪如言语。无情本不起斯因，转使余频悟。劝汝何须忧虑。已当日、终南遭遇。拂开睡目，剔正心神，东临琼路。占真闲水，云游历成霞步。天涯海畔是前期，此处堪停住。等候明明师父。阐玄妙、长生门户。彩霞光裏，现出蓬莱，相随归去。（王重阳）

灵光真有观是王重阳全真教的重要思想特征；老子道家是中国道教的思想先驱；《道德经》是道家和道教的奠基作品。《道德经》中也有"惚兮恍兮，其中有象"的灵光闪现，其表述也是"恍惚"的有无辩证法。《庄子》已经有"上神乘光，是谓照广"的直接描述，却被"逍遥游"的汪洋恣肆和"齐物论"的相对主义彻底湮没

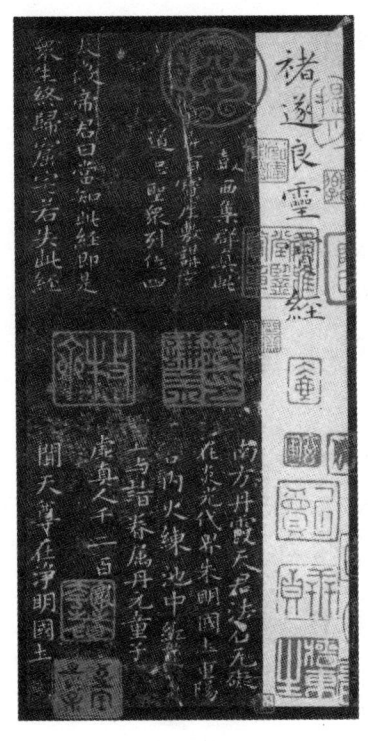

褚遂良《灵宝经》

了。魏晋上清派尽管有丰富的《灵宝经》，却被皇室事务、奢华仪轨和肉身飞升大大淡化了。吕洞宾是王重阳的授道师傅，有《钟吕传道集》和《灵宝毕法》。如同唐代的丰富饱满，《钟吕传道集》和《灵宝毕法》也系统严整。《钟吕传道集》和《灵宝毕法》就像恢宏多调的修行交响乐，灵宝之光只是其中的一个重要音符。尽管饱受了唐末战乱，吕洞宾仍然不失儒士和雅士形象。王重阳面对的"靖康之耻"已经到了当时汉族人的承受极限，他成了王害风，从儒士和雅士变成了猛士和烈士。王重阳很少长歌巨篇，他直奔苦难和灵光的解脱主题。这种精神特质非常接近基督宗教的苦修会，苦修会也叫隐修会。陈垣的《宋初河北新道教考》就把全真教看作是苦修会与隐修会。

再看全真教的出世苦修观，王重阳全真教出世苦修观的首要特征就是强调出家修道。《重阳立教15论》是王重阳的"教会教义学"，又是道教"教会教义学"的典范之作。其根本原则和透辟精神完全可以和路德的《奥斯堡论纲》相媲美。《重阳立教15论》第一条就是讲《住庵》。《住庵》的第一句话就是："凡出家者，必须投庵。""出家""投庵"作为全真教的朴素特征和根本前提。谈论性命，宋明理学会谈，正一道派也会谈。精神超脱，孔孟之道会谈，李白杜甫都会谈。金液还丹，《周易参同契》已谈，《灵宝毕法》已谈。把谈论性命、精神超脱、金液还丹置于"出家""投庵"的全真教背景来讨论，却是王重阳建立的"教会教义学"，这是全真教成功的社会制度保障。正由于此,台湾学者姚从吾先生认为,只有到了王重阳,道教才算真正建立起来了。在"出家""投庵"这一前提下,王重阳进一步阐述心理的修炼内容。《永遇乐·抽文契》中写道:

失笑王三,元当幼小,典了身体。直至如今,四十八上,方是寻归计。独担辛苦,为谁欢乐,决要捡抽文契。这工钱,不曾取过,从前并无绐击。锐然走出,没人拘管,欣许深根固蒂。水畔云边,风前月下,占得真嘉致。惺惺了了,玲珑清爽,复入烂银霞际。一团儿,红炎炎,就中妙细。

特别让人感动的就是"典了身体"这句话。"决要捡抽文契"是儒家家庭伦理的破坏,"锐然走出,没人拘管"是全真出家的英姿。唯有如此,才可能走到"水畔云边,风前月下,占得真嘉致"。孔孟社群伦理也有它的道理,掩埋个人却是它的显然因果。在王重阳全真教看来,儒家热衷的"恩山爱海"乃是"火宅凡笼"。伦理观的不同导致价值观的不同。孔孟儒家是现世理想世界,全真教"出家""投庵"是现世超越境界。王重阳全真教修行的典型环境即有名的"环堵"。《丹阳真人语录》中记载:

师居环堵中,但设几榻、笔砚、羊皮而已,旷然无余物。早晨则一碗粥,午间一钵面,过此已往,众茹不经口。一日召仆入,命坐良久,仆问曰:吾师之道有作为否?师曰:无也。虽歌词中每咏龙虎婴姥,皆寄言尔。是以要道之妙,不过养黑。人但汩没利名,往往消耗其黑。若肝与肺,往

白云观前门

来之路也，习静至久，当自知之。苟不养黑，虽挟泰山超北海，非道也。此言未化前十日所说也。

在终南山环堵修行期间，马丹阳冬天不靠近火，夏天不饮水，并坚持赤脚。饮食呢，"早晨则一碗粥，午间一钵面，过此已往，众茹不经口。"由于这种出世苦修，马丹阳得道既快速又高超。出世苦修是最佳的得道方式，这是马丹阳的遗言，"此言未化前十日所说也"。马丹阳的高风亮节与王重阳的严酷训练相关：

师言：祖师尝使弟子去宁海，化些小钱米，我要使用。弟子道：别个弟兄去后如何，弟子有愿不还乡里。祖师怒打，到平旦而止，打之无数。吾有退心，谢他丘师兄劝住，迨今不敢相忘。（马丹阳）

马丹阳已经是46岁的富绅，已经是有了孙子的爷爷，已经是妻妾服侍的哥们，居然被王重阳这位"祖师怒打，到平旦而止，打之无数"。福祸相连，生死相依；有了老子的辩证法思维，理解马丹阳也就容易了。不知道王重阳是用什么"打"的马丹阳？如果是鞭子，就和加尔没落的苦鞭没有一点儿区别；如果是用手打，那么它就是"上帝之手"。全真七子中，马丹阳是出世苦修的典范，而丘处机是劳作救赎的英雄。

最后看全真教的劳作救赎观。张广保已经注意到全真教"打尘劳"和欧美清教伦理的可比较之处（《金元全真道内丹心性学》126页，三联书店，1995年）。丁原明等的《早期全真道教哲学思想论纲》则把丘处机的"打尘劳"理解为"批评那些身在道门却劳作于尘世而不专心修行的人"（该著160页，齐鲁书社，2011年）。且让王重阳全真教的"打尘劳"先回到自己的原初语境：

身不劳而功不大，行不广而心不死。或于教门用力，大起尘劳，或于心地下功，全抛世事，此两者于道最上。然既出家，心却未死，中间不可虚费光阴，积功累行，一志无私，至死不退，向教而忘，休生妄想。师祖云任从天断，是也。（《清和真人北游录》）

"大起尘劳"和"心地下功，全抛世事"属于全真教修行的两种基本方法，"此两者于道最上"。比较而言，马丹阳是"心地下功，全抛世事"的修行代表，丘处机是"教门用力，大起尘劳"的修行楷模。王重阳在世时，只顾猛打马丹阳，还顾不上"打"20多岁的丘处机。结果，马丹阳两年半得道，丘处机用了17年的苦行岁月，这就是丘处机在磻溪和龙门度过的13年苦炼身心的奋战日子。龙门得道之后，为了稳固保任，丘处机回到山东故乡又度过了30年的劳作岁月。在73岁的高龄，丘处机又苦行万里，度过三年雪山论道的难忘时光。他早早失去父母，又无子女，70岁了"还不退休"，干嘛呢？"长春师父功行未至，令作尘劳"，这就是劳作救赎；"身不劳而功不大，行不广而心不死。或于教门用力，大起尘劳"，这就是劳作救赎；"然既出家，心却未死，积功累行，一志无私，至死不退"，这就是劳作救赎。

王重阳全真教，既有钟吕金丹派的灵光真有境界，也有传统符箓派的劳作救赎，还有基督徒的苦修教义。学者们把王重阳的丹法总结成"灵魂炼丹法"是贴切的，在王重阳全真教的"灵魂炼丹法"中，已经出现了一种全新的修行伦理思想：（1）灵宝本体论，"灵性分明作大仙"；（2）修道救赎观，"积成三界苦，难脱九幽灾"。（3）出家清修观，"至使增家丰富，怎生得免轮回"。（4）财色堕落观，"因何堕落，扑入凡胎处"。（5）沉沦罪业观，"将来罪业看如何"。（6）灵魂新人观，"劝人认取裹头人"。

王重阳全真教，既有传统道家和道教的个人逍遥解脱，还有钟吕丹道的天仙救世情怀。王重阳的《自咏》中的"葫芦贮药，又腋袋经文，拯救人苦。侍自在，逍遥锺吕。道余归去路，烟霞侣"，就是这种既个体逍遥又普世拯救的全真教崭新宗教伦理的最好说明。刘小枫的《拯救与逍遥》在比较宗教学的精神背景下，把拯救归结为基督教的价值伦理关怀，把逍遥看成道教的价值伦理关怀。这自有它的合理性。在王重阳全真教这里，我们看到了拯救与逍遥相互支持、内在融通的复杂格局。这是一种独特、崭新，向我们提出了挑战的宗教伦理世界。法国学者索安指出：

> 我们需要的是方法正确而且严格的反思、讨论和著述，来探讨东亚传统思想体系能以哪些方式为新的个人、社会和环境伦理作出贡献。在这些问题上，还没有什么值得一提的作品论及道教，但是它值得最优秀的思想家去挑战。(《西方道教研究编年史》"译者前言"第12页，中华书局，2008年)

第五节 量子跃迁和顿悟之道

禅宗有神秀北宗的渐悟和慧能南宗的顿悟。道教刚好相反：王重阳的全真北宗属于顿悟，张伯端的南宗属于渐悟。渐悟和顿悟被禅宗风格的写作搞得神秘莫测。其实简单：其一，距离国家的首都愈近并生活幸福，就会是渐悟；反过来，距离国家的首都愈远并生活沉重，就会是顿悟。禅宗之神秀北宗和慧能南宗都是唐代出现的，唐代首都在哪里呢？答曰：今天的陕西省西安市，叫京兆长安。慧能南宗的起源地是现在的广东惠州，距离唐朝首都够远了吧，因而产生顿悟法门。同样，"靖康之耻"，王重阳不仅距离金国首都（黑龙江哈尔滨）遥远，并且本民族的首都只有痛苦记忆，全真教才走向了顿悟法门。国家首都的远近和有无，对出家修炼的影响就是如此之大：慧能尽管远在广东岭南，他的汉民族首都毕竟是当年世界的第一都城，于是慧能既主张顿悟，又大张旗鼓；王重阳的全真教呢，面对自己失败的民族国家，尽管主张顿悟，马丹阳也有意将自己的作品取名为《渐悟集》。其二，距离国家首都遥远（地理和心理），要么生活平淡单纯（如慧能），为顿悟积聚修炼能量；要么生活狂放不羁（如王重阳），为顿悟提供修炼经验。生活狂放不羁，为什么能够为顿悟修炼提供经验呢？生活狂放不羁意味着：既可能放弃了国家的政治伦理负担，也可能放下了家庭的生活伦理负担，并可能日在酒场醉乡，王重阳正是如此。藏传佛教《六成就法》指出，人的真性呈露，从灵智现象学看，发生在四种经验境域：男女热恋、酒醉半醒、打坐禅定和濒死体验。王重阳出身富裕家庭，大概十六七岁就结过婚了；男女热恋之于他，既有封建大家庭的壁垒森严，兼之年轻常有的猛浪，恐怕如猪八戒吃人参果，并未尝到滋味已经下到肠胃了。而酒醉半醒、打坐禅定和濒死体验这三项，王重阳不是比任何人都要表现得特别经典和充分吗？

王重阳和酒有着特别缘分。他在甘河镇的职务就是酒监，酒监大概就是国家地方机构管理酒的差事。麻九畴在《邓州重阳观记》中也认为：王重阳"当废齐阜昌间，脱落功名，日酣于酒"，也就是说，虽参加了功名考试，却因故"脱落"。陈垣认为："伪齐之废，重阳年二十六矣，痛祖国之沦亡，悯民族之不振，脱落功名，日酣于酒，宜也。"就在日酣于酒的狂放不羁中，王重阳遇见了神人，"先生不觉惊起趋进，倪首前揖，相与语言皆出世语，涤尘渐垢，镯膏剔盲，如醉而醒，密授真诀，更名曰嚞，字曰知明，号曰重阳子"。"如醉而醒"正是真性呈露的经验瞬息。对酒有了经验，"比及中秋，过醴泉县，再遇道者，趋而拜之，欣然相邀入于酒馆，共饮之次"。饮酒之际，如醉而醒，真性呈露，王重阳基本"知道"了。于是初步决定进入修炼状态，"其二曰：莫将樽酒恋浮嚣，每向尘中作系腰"。酒醉和酒中"明心"之后，王重阳正式开始了打坐禅定和濒死体验，这就是活死人墓的修炼故事。"先生遂归刘蒋，自构一庵，题其旁曰活死人墓，又以纸牌立于墓上曰王害风灵位，自作诗曰：'活死人兮王嘉乖，水云别是一般谐，道名唤作重阳子，谵号称为没地埋。'"活死人墓修炼之后，王重阳还没有断酒，"他日，又携酒一壶立于路次，有道人呼曰：害风害风，将汝酒来。先生应声，与之一饮而竭。却遣先生以空壶就甘河中取水，令自饮之，其味极佳，真仙酝也。道人告曰：吾海蟾公也。言讫，忽失所在。自是以来，不复饮酒，但饮水而已，常有醉容，因述《虞美人》也：

害风饮水知多少，因此通玄妙。白麻纳袄布青巾，好模好样真个好精神。不须镜子前来照，事事心头了。梦中识破梦中身，便是逍遥达彼岸头人。

请注意王重阳和酒告别的三个前提：(1) 经过修炼，饮水如喝酒，"自是以来，不复饮酒，但饮水而已，常有醉容"。(2) 国家悲剧和苦难意识，因述《虞美人》也"害风饮水知多少，因此通玄妙。"《虞美人》（春花秋月何时了）是南唐李后主的亡国沉痛名篇。"靖康之难"，北宋二帝正在写着现实般的《虞美人》。"白麻"乃是王重阳给民族国家尽忠举"孝"，王重阳让弟子阅读的儒家经典就是《孝经》。(3) 他已经"见性"；从醉中半醒到入死全醒，到真性完全呈露。从"梦中识破梦中身，便是逍遥达彼岸头人"，王重阳已经识破重重梦境，已经是实现了超越的"彼岸头人"。由于酒神之力，由于死神之功，王重阳的明心见性完全是顿悟式："口诀得来便有功""赫赫金丹一日成"。在伦理深重的中国封建社会，王重阳日常的"脱落功名，日酣于酒"本身就是一种修炼。王重阳证道和酒有关，他给马丹阳和谭处端传道和酒也有关：

至丁亥年秋，先生与辽阳高巨才游赏于范明叔之遇仙亭，酒酣题诗，其末句云：醉中却有那人扶。皆莫晓其意。中元后一日，重阳真人自终南抵东牟，径入遇仙亭，先生问曰：从何方而来。曰：路远数千，特来扶醉人耳。

一日真人言曰：马公破道了。曰：师何以知之。曰：昨宵梦饮酒，使人询之，先生曰：得药用酒，因而饮多，真人先期而知之矣。

王重阳和马丹阳的相识就在喝酒场合。马丹阳"酒酣题诗，其末句云：醉中却有那人扶"，王重阳"路远数千，特来扶醉人耳"。

马丹阳出家修道之后,仍然恋杯,"曰:昨宵梦饮酒,使人询之,先生曰:得药用酒,因而饮多"。王重阳这次把马丹阳不是从醉中扶起,而是从死神怀中救出。谭处端因酒醉卧雪得了瘫疾顽症,被王重阳治愈而出家修道。王重阳自己即是从醉乡、死境得道的,对马丹阳和谭处端的精神境况,他是完全的过来人和引领大师。俗语有言"醉生梦死",这就是一种不自觉的活死人墓吧。王重阳的活死人墓就是"醉生梦死"的经验移植吧。当然,朴素的前提是,你必须有酒喝,必须有经济基础才可能"醉生梦死"。否则,要么无酒,要么酒劣;等不到成为酒仙而沦为酒鬼,喝酒的冤魂也非少数。顿悟不一定就好,渐悟不一定不好,"各随人所积福德厚薄耳"。狮子可跨越横沟,绵羊绕道也可达彼岸。修行中的渐悟和顿悟,好比绵羊和狮子之别,平原河流和悬崖瀑布之异,也好比原子的轨道绕动和量子跃迁。

量子跃迁就是微观状态发生跳跃式变化的过程。量子跃迁发生之前的状态称为初态,跃迁发生之后的状态称为末态。原子在光的照射下从高(低)能级跳到低(高)能级,就是一种典型的量子跃迁过程,通常称为能级跃迁。在原子状态发生跃迁的同时,将放出(吸收)一个光子。因此,科学家有理由称参与这种量子跃迁的人类不会死亡,而是会变成另一种形式。量子跃迁的规律有着明显的几率性,这是

灵宝之光

量子力学规律的根本特征。量子跃迁的一个例子就是焰色反应。红光外侧的光线，在光谱中波长自 0.76 微米—1000 微米的一段被称为红外光，又称红外线。光谱波长能自 1000 微米—1600 微米被称为"权能量子能量"光谱。这一段波长的光线，与人体自身发射出来的远红外线的波长相近，所以能与生物体内细胞的水分子产生最有效的"共振"。

量子跃迁式的顿悟修炼，首先必须以良好巨大的生命条件为基础。王重阳身材高大魁梧，曾应试武举。应试武举时的王重阳名"世雄"，字"德威"；如果没有良好巨大的生命基础，也不会取如此的名号。量子跃迁式的顿悟修炼，其第二个突出特征就是变化与跨越：从醉生梦死的日在酒乡到滴酒不沾，从活死人墓的修炼到突然结束，从刘蒋筑庵到大火烧庵，从陕西关中到山东半岛，从返回故里到中途仙逝，王重阳的变化与跨越，不仅无从预计解释，简直就是扑朔迷离，充满变幻，显示出极具个人化的神奇魅力。量子跃迁式的顿悟修炼，其第三个突出特征就是：不可预计和充满风险，修炼者必须有大无畏的精神和气质。量子跃迁式的物理世界，已经不是牛顿式的连续因果线性决定形象，而是难于预测的概率掷骰子活动。在实际的修道领域，《老子》第50章指出："出生入死。生之徒，十有三；死之徒，十有三；人之生，动之于死地，亦十有三。"修道就是这样一个概率世界，王重阳活死人墓表明，修行就是"出生入死"的生命边缘活动。风险极大，危险极多，没有大无畏的精神气质，免谈！王重阳自己的话就是："典了身体""任从天断"。量子跃迁式的顿悟修炼，第四个突出特征就是光色变化现象。《重阳全真集》谈到的光色变化现象极多。量子跃迁式的顿悟修炼，还有第五、第六、第七个突出现象特征，这是王重阳全真教的特殊奥秘之所在。与量子力学有关的一些高新技术，国家是保密的。《重阳全真集》教导说："从有悟。不敢轻泄天机。"

第六节　宇宙爆炸和重阳之死

　　孔子周游列国而未入秦，据说，被陕西关中的"两小儿辨日"给难住了。《两小儿辨日》记载于道家《列子》一书。相反，老子辞职以后，偏偏就隐居于陕西终南山。"两小儿辨日"对老子而言，一定是小儿科问题吧。孔子的《论语》中声称"君子不器"。宋金时代，先是北宋失败于金，接着南宋又失败于元——两宋缺乏的正是"器"：强大的骑兵！最后，成吉思汗依靠"弯弓射大雕"，消灭了金宋而统一了天下。女真金国也是依靠"弯弓射大雕"，从而将铁画银钩的宋徽宗父子押往北国。金元现在属于中华大家庭的一员了。面对王重阳全真教，又得将"靖康耻，犹未雪"的民族痛苦帷幕一次次掀开，王重阳就是在"靖康耻，犹未雪"的民族痛苦中泡大的。全真教就是在成吉思汗"弯弓射大雕"的历史背景下，成了华夏民族的希望之星。

　　王重阳仙逝之时，也仅仅只有58岁，如果你相信王重阳是得道的传奇神仙，就得怀疑道教的养生延命追求；如果得道意味着神奇的超脱仙境，死亡就应该不是生命的自由否定；既然踏上了返乡的旅程，就不该撒手于悲伤的中途；作为全真道祖，仅仅享寿58岁，民国第一夫人宋美龄活了105岁啊。关于王重阳之死，《金莲正宗记》中记载：

　　一旦，将引丘、刘、谭、马南赴汴京，甍王逆旅中，依泊岁余，多所指明。……书毕，语之曰："昔日披毡师真秘语云：九转成，入南京，得知友，赴蓬瀛。吾今将赴其约。"门人惶恐，乞遗世语。祖师曰："我三年前已题于壁矣。"又云："害风害风旧病发，寿命不过五十八。两个先生决定来，一灵真性诚搜刷。"……诗毕，奄然返真。异香馥郁，瑞气弥漫，白鹤翔空，青鸾拂地，仙仪冉冉，高出云端。时大定庚寅正月初四日也。升遐之后，睿仪桥下，谈玄诱臧老之心；刘蒋溪边，赐药愈张公之病。或舞蹈于昆明池右，或吟咏于终南境中，有以表其不死者也。(《王重阳集》335—336页)

《金莲正宗集》的作者是秦志安。比较一下《金莲正宗集》和《清和北游录》，前者信仰气息更为浓厚，记载更详细；后者更为写实，记载更简明。《金莲正宗集》笔下的王重阳完全是一个先知形象：其一，写了许多预言死亡之诗；其二，写完遗诗，"奄然返真，异香馥郁，瑞气弥漫，白鹤翔空"。其三，王重阳在汴梁仙逝的场面，颇为隆重感人，"士庶官寮号呼瞻拜，如丧考妣，靡不赞叹，真千古异事也"。对王重阳在汴梁仙逝的场面，《清和北游录》的记载是："室甚小，令丹阳、长真立于内，而不任其热，令长生、长春立于外，而不任其寒，内不敢出，外不敢入。如此者久，长生师父不堪其苦，乃遁去。"悲凉是真实的历史，怀疑是痛苦的事实，尤其是"又谓长春曰：尔有一大罪"特别合情合理。和《金莲正宗集》的信仰相反，学者们又完全走到了理智主义一极：不仅否认所有的信仰内容，并且把王重阳之死看成失败事件，即王重阳很希望回到关中，甚至制造车辆代步，最终还是无法坚持上路，等等。这显然是完全理智主义的观察言论。

王重阳58岁仙逝于北宋汴梁，除了逸民的祭奠心情外，就是和人间的缘分圆满了，或者说是结束了。神仙的自由空间不单单是人道，也还有天道。从《道德经》开始，就强调说"域中有四大，人居其一焉"。传统的静态宇宙学，让人觉得"天不变，道也不变"；似乎在地球上的时间是"愈多愈善"，似乎没有什么成本。自从大爆炸宇宙学出现，我们对神仙的死亡机缘和方式，总算有了新的理解的知识背景。

按照大爆炸理论，宇宙是由一个致密炽热的奇点于150亿年前一次大爆炸后膨胀形成的。宇宙并非永恒存在而是从虚无创生的思想在西方文化中可以说是根深蒂固。虽然希腊哲学家曾经考虑过永恒宇宙的可能性，但是，所有西方主要的宗教一直坚持认为宇宙是上帝在过去某个特定时刻创造的。像历史学家一样，宇宙学家意识到开启未来的钥匙在于过去。早在1929年，埃德温·哈勃作出了一个具有里程碑意义的发现，即不管你往哪个方向看，远处的星系正急速地远离我们而去。他注意到，远星系的颜色比近星系的颜色要稍红一些。哈勃仔细测量了这种红移，并作了一张图。他发现，这种红移是系统性的，星系离我们越远，它就显得越红。这就是著名的"红移效应"。在《重阳全真集》中，尽管也有"白莲"和"金莲"出现，而以"红莲"最多；尤其在放松状态下，甚至于常常出现了"红芍药"的道境描述。这显然和灵光的波长有关。

在现代物理学和宇宙学中，光的颜色与它的波长有关。在白光光谱中蓝光位于短波端，红光位于长波端。遥远星系的红移意味着它们的光波波长已稍微变长了。在仔细测定许多星系光谱中特征谱线的位置后，哈勃证实了这个效应。他认为，光波变长是由于宇宙正在膨胀的结果。哈勃的这个重大发现奠定了现代宇宙学的基础。早在四十年代末，大爆炸宇宙论的鼻祖伽莫夫认为，我们的宇宙正沐浴在早期高温宇宙的残余辐射中，其温度约为6K。这就是3K的宇宙微波背景辐射。这是继1929年哈勃发现红移后的又一重大的天文发现。

20年前，我国学者张惠民在《中国风水应用学》一书中，首次将3K的宇宙微波和中国道家的经络之"气"联系起来。当然，中国道家在"元气"之后，尚有"元光"和"元音"两重概念。现代科学也是"道"的重要发现者，已提出了"暗物质"和"黑洞"问题。"暗物质"和"黑洞"的道境描述，是王重阳全真教的重大发现："是以要道之妙，不过养黑。人但汩没利名，往往消耗其黑。若肝与肺，往来之路也，习静至久，当自知之。苟不养黑，虽挟泰山超北海，非道也。此言未化前十日所说也。"(《丹阳真人语录》) 马丹阳是临终前十天告诉弟子的。这让人们既对《老子》的"知白守黑"获得崭新意识，也对王重阳直赴黑暗之死有了新的可能释义。王重阳的过早仙逝，或许有利于追踪辽远宇宙的大道奥秘；对于人道，至今不无悲伤。

坎离激光图

文本篇

重陽全真集

詞

南山重陽子王 [釀醸]香

自在隨信腳而無思沒算召清飆邀皓月
同為侶伴步長路成歡樂唇歌古彈忽經過
洞府嘉山堪一飲正逢著祥瑞頻讚異果
名花滋味美馨香撒散對良辰雖好景難為
惹絆任水雲前程至天涯海畔便遭遇清淨

第一章　王重阳著作释义

第一节 《重阳全真集》释义

《重阳全真集》是王重阳的最重要著述。其一，王重阳以"全真"立教，此著以"全真"冠名，足见其开宗立派的思想寄托和文本分量。其二，王重阳的著述，诗歌体占到十之八九；《重阳全真集》的文本即诗歌体。就篇幅数量看，《重阳全真集》亦独占鳌头。其三，王重阳仙逝之时，马丹阳表达了三个心愿。心愿之一，就是刊行《重阳全真集》。《重阳全真集》成为全真教史的珍贵文献和全真道的立教文本。《重阳全真集》"范怿序"中说：

真人羽化之后，门人裒集遗文，约千余篇。辞源浩博，旨意弘深，涵泳真风，包藏妙有，实修真之根柢，度人之梯航也。京兆道众聚财发菜，虽已印行，而东州奉道者多以去版路遥，欲购斯文不易得也。长生刘公，教门标的，仙宗羽仪，为一代之师真，作四方之教主。谓全真之风，起于西，兴于东，徧于中外，其教广矣，大矣。乃命曹瑱、来灵玉、徐守道、刘真一、梁通真、翟道清等化缘，特诣吾乡，求序于怿。以真人文集分为九卷，载开版印行，广传四方。大定戊申清明一日，宁海州学正范怿德裕谨序。

《重阳全真集》"范怿序"写作的时间是"大定戊申清明一日"，即公元1188年的清明节，为王重阳仙逝（1170年）之后18年。"范怿序"是应刘长生之邀而写作的，"大定戊申时期"（1188年）正是刘处玄掌教的时候，"长生刘公，教门标的，仙宗羽仪，为一代之师真，作四方之教主"。在此之前，《重阳全真集》已经由马丹阳主持在陕西关中祖庭刊行，"真人羽化之后，门人裒集遗文，约千余篇"。此处的"门人"即马丹阳。关中版"全真集"，据刘祖谦的《终南山重阳祖师仙迹记》记载："有诗词千余篇，分为《全真前后集》传于世，玉峰老人胡光谦为之传。"关中版《全真前后集》的具体情形今天无从知晓，"千余篇"的数目和现存《重阳全真集》相当。关中版《全真前后集》的"序"是胡光谦作的，"玉峰老人胡光谦为之传"。胡光谦还是丘处机《磻溪集》最早的序作者。胡光谦终生隐居于中条山，和王重阳关系密切。胡光谦给关中版《全真前后集》作"序"，应该是马丹阳出面邀请的。作为托命弟子，马丹阳在关中履行了刊行《重阳全真集》的承诺。十多年之后，马丹阳下世，刘处玄在山东再次刊印《重阳全真集》。《重阳全真集》的传播路线和王重阳的传道路线完全重叠，先是陕西关中刊行，马丹阳主持；接着是山东宁海刊行，刘处玄主持。诚如"范怿序"所言："谓全真之风，起于西，兴于东，偏于中外，其教广矣，大矣。"

《重阳全真集》共13卷，诗作3卷（1、2卷和第10卷），其余为词作，共10卷。古代文学研究的流行语是："唐诗、宋词、元明曲。"《重阳全真集》的主体篇幅为"词"，也是"宋词"活跃的明显痕迹。《重阳全真集》的主题，就是"全真"的立教思想。"全真"一词，在《重阳全真集》出现的频率最高。我们择引几首。《答战公问先释后道》中写道：

释道从来是一家，两般形貌理无差。识心见性全真觉，知汞通铅结善芽。马子休令川拨棹，猿儿莫似浪淘沙。慧灯放出腾霄外，昭断繁云见彩霞。

"全真"在此既有识心见性的觉悟含义，也有释道一家的统一思想。识心见性的觉悟，是释道一家的基础和前提。此作是写给朋友"战公"的，这位战公朋友主张"先释后道"；王重阳以"释道一家"表明全真观点。

咏 慵
自哂疏慵号可勤，梦中因笔记良因。

与人还礼宁开口，见饭怀饥不动唇。

纸袄麻衣长盖体，蓬头垢面永全真。

一眠九载方回转，由恐劳劳暗损神。

在这首《咏慵》中，"全真"是"蓬头垢面"者的灵宝，有"纸袄麻衣"者的忠愤。魏伯阳的《周易参同契》言："披褐怀玉，外为狂夫。""狂夫"即王重阳的害风之意。"蓬头垢面永全真"和"披褐怀玉，外为狂夫"似有渊源关系。"一眠九载"是陈抟睡仙风范，全真门中的王重阳已经解脱了。

修　行

大器修行不厌华，冷珑颠傻属吾家。

清风裏面全真气，明月前头结宝砂。

常把旧容常点检，便将新相便拈拏。

一通掷在青霄上，透过虚空显像芽。

在这首《修行》诗中，"全真"从《咏慵》中的"蓬头垢面"彻底走出，和明月一道升起在赏心悦目的四野"清风"，这是大器修行的花果。"大器修行不厌华"，王重阳既有苦行清修的一面，也有"不厌华"的潇洒一面。王重阳临终看的是"乐章集"，应举献的是"春宫赋"。人类从爱情得以繁衍，仙果从道情升华而得。《全真堂》中写道：

堂名名号号全真，寂正逍遥子细陈。岂用草茅遮雨露，亦非瓦屋度秋春。一间闲舍应难得，四假凡躯是此因。常盖常修安在地，任眠任宿不离身。有时觉后尤宽大，每到醒来愈爱亲。气血转流浑不漏，精神交结永无津。慧灯内照通三曜，福注长生出六尘。自哂堂中心火灭，何妨诸寇积柴薪。

"全真"在这首《全真堂》中，王重阳显然已从翰墨领域走到大地书写，从个体内心来到信众生活。双关隐喻是《全真堂》的基本诗艺技巧，以"全真堂"指涉性命依托的身体环境。《福音》也说过，信徒的身体是圣灵的殿堂。荷尔德林高歌："人必须诗意地栖居。"王重阳的《全真堂》表明："诗意栖居"的核心就是一种全真境界。这种全真境界，不仅是诗意的，也带有死义。围绕全真境界和死义面向的复杂关联，王重阳写了许多诗篇。其中最有名的就是《活死人墓赠宁伯功》："活死人兮活死人，自埋四假便为因。墓中睡足偏涅洒，擘碎虚空踏碎尘。活死人兮活死人，不谈行果不谈因。墓中自在如吾意，占得逍遥出六尘。"在某种程度上，王重阳全真教的确是从"活死人墓"中诞生的。活死人墓似乎怪诞、骇人，让人生畏；其实是出于"自埋四假"的"全真"道境的呈露需求，让人起敬而沉思。

《重阳全真集》的艺术特色，概括起来有五个特点：(1) 数字；(2) 拆字；(3) 叠字；(4) 名字；(5) 藏字。我们且看王重阳的《如梦令》：

如知九九妙中谈，明月分明照碧潭。会得双关真个理，前三三与后三三。九九明词要正，修整亘初元性。须是返阳阴，决作清吟雅咏。贤圣，贤圣，容许陈如梦令。

九一初寒有自，朔气任从开肆。是处蛮严凝，正遇中冬节至。藏异，藏异，内隐新阳欲施。

九二玄阴凛凛，白雪徧铺缘甚。还许润灵根，接引黄芽悉审。如恁，如恁，北海神龟畅饮。

九三隅维积泽，水面尽为凌冻。奇性最坚贞，任放明光出众。遥送，遥送，返照天涯蟫蝀。

九四寒风似箭，威势徧

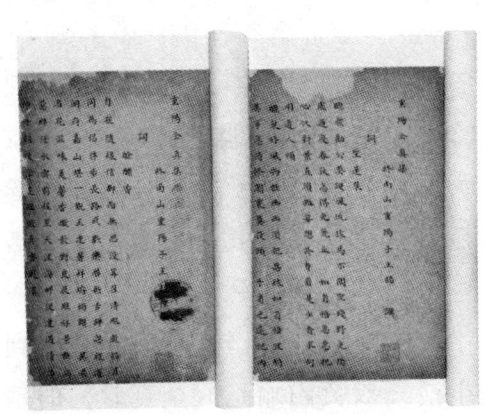

古本《重阳全真集》

行方便。射追这群魔，言庆嘉祥得见。堪羡，堪羡，隐显晴光一片。

九五天池尽泮，淑景渐令堪玩。识看岭头梅，冲暖已成烂熳。香案，香案，独占真阳一半。

九六舒张莹气，上下冲和溉济。周匝普流通，正显道尊德贵。经纬，经纬，欲放琼苞宝卉。

九七门开八脉，洞达永无相隔。浑似吐氤氲，运转周回素白，难测，难测，一点当中堪赫。

九八般般洽协，普徧尽归调燮。处处见光辉，灿灿尤增炜烨，相接，相接，长出瑶枝玉叶。

九九八方端锁，团聚光明如火。焰焰做红霞，里面天花偏妥。成裹，成裹，莹莹明珠一颗。

九九荣词已彻，谁做姓王名哲。雅字称知明，道号重阳子别。欢悦，欢悦，一粒金丹永结。（《王重阳集》118—119页）

在这首《如梦令》中，叠字中兼顾数术。"前三三与后三三""如知九九妙中谈"就是突出例子。"拆字"和"藏字"集中体现王重阳的藏头诗。道教有研究易理的悠久传统，象数乃易理的半壁江山。汉末魏伯阳的《周易参同契》就有大量的数术哲学。王重阳的这首《如梦令》就是道教数术哲学的创作体现；从"九一"一阳初动一直写道"九九"重阳，很有特点。《重阳全真集》中的数字修辞，体现了王重阳深厚的国学功底。同样，这首《如梦令》的结尾是："九九荣词已彻，谁做姓王名哲。雅字称知明，道号重阳子别。欢悦，欢悦，一粒金丹永结。"王重阳把自己的名字再次化入《如梦令》的整体意境："重阳"既是"如梦令"的结束，也是"如梦令"的结果；文本和道本获得高妙统一。把自己的名字化入诗歌创作，这是王重阳的文学创作特色！在《重阳全真集》中，大概有200首作品，王重阳直接将他自己的名字化入诗歌创作内容；至今还没有人进行过系统研究。拉纳指出："神学乃自我的生平描述。"在《重阳全真集》中，王重阳的名字屡屡出现，就是出于"自我生平描述"的写作需要吧。王重阳也写作了许多藏头诗。《重阳全真集》的中心内涵就是"全真"思想，而"藏头"则是《重阳全真集》最突出的文本特征。我们看王重阳的《别坟》：

　　□凡修道本如然，□灭烟消占得先。
　　□兀腾腾慵谑戏，□虚寂寂懒狂颠。
　　□心故别坟前土，□性须成物外仙。
　　□上不唯余显迹，□令七祖尽生天。

　　《别坟》的第一个字没有出现，每一句的头一个字皆没有出现，这就叫藏头诗。如何寻找第一句中的头一个字呢？它藏在最后一句的尾字："天"；由"天"拆得"大"，就是"大凡修道本如然"。从第二句开始，每句头一个字将由前一句的尾字拆得，如从"然"字拆得"火"字，从"先"拆得"兀"字，以此类推。将所有"藏头"字补齐，完整的《别坟》就是：

　　大凡修道本如然，火灭烟消占得先。
　　兀兀腾腾慵谑戏，虚虚寂寂懒狂颠。
　　真心故别坟前土，一性须成物外仙。
　　山上不唯余显迹，足令七祖尽生天。

　　《重阳全真集》的"藏头诗"写作，数量特别大，这固然和宋代的藏头诗传统有关，更与"一颗人头当下落，提来欢喜献丁公"（《述怀》）的历史背景密切相关。从精神背景看，《重阳全真集》的"藏头诗"，与其说是一个活者的修辞手法，不如说是千万亡者的灵魂哭泣。从诗艺技巧看，"藏头诗"是文人墨客热衷的修辞方式和智力游戏。从道教学术看，《重阳全真集》的"藏头诗"还是雕虫小技，柳华阳的《天仙金丹心法》全部用密码组构，《奇门遁甲》才是更为高深的"藏头秘术"。

第二节　对话录：《重阳教化集》释义

《重阳教化集》和《重阳全真集》的思想内容和诗学技巧基本一致。最大的不同就是：《重阳全真集》是王重阳的心灵自白，是王风的男高音独唱；《重阳教化集》则是王重阳和马丹阳的师徒对话，是王风和马风的男声二重唱。另外，《重阳教化集》比《重阳全真集》（1188年）的问世刊行要晚五年左右；《重阳教化集》"众序"的写作时间是金大定癸卯年（1193年），《重阳全真集》的刊行时间是金大定戊申年（1185年）。马丹阳仙逝于金大定癸卯年（1183年），《重阳教化集》于公元1193年，似乎是马丹阳仙逝十年的纪念性全集。

其一，《重阳教化集》有六篇"序文"，其中五篇都是马丹阳生前好友亲朋撰写的；只有第一篇序文出自"尹国师"。该"序"明确写道："门人高弟等，命同其议，裒缀成集，门人灵真子朱抱一，命工镂版，将行于世。"其二，六篇"序文"都提到了是马丹阳的弟子灵真子朱抱一主持《重阳教化集》的编辑刊行工作。其三，几篇"序文"的基本内容，都是先介绍马丹阳的生平身世，最后叙述马丹阳的著述情况。如马大辩的"序"写道：

岁在壬寅，丹阳飞锡东来，复还乡邦。一日，语诸门人曰："真人平昔著述，已有《全真前后集》。又其游吾乡时所著，类皆玄谈妙理，裒集得三百余篇，分为三帙，上曰《下手迟》，中曰《分梨十化》，下曰《好离乡》。此集关西虽已刊印，然传到乡者，何其罕邪！"门人共对曰："真人向至宁海化师父，实其根始。他处尚且刊行，况乡中乎？当重加校证、编次，亦作三帙，命工镂版，以广其传。"丹阳门人灵真子朱抱一，携是集访余，谓余曰："乡老先生范、赵、刘三公已作总序，每帙别求为序引。"余答曰："仆方且对灯窗事雕篆，以谋进身，继箕裘之绪，得无愧于忘名利、出尘世者乎？"然自谓为儿童时，素识丹阳有慕道之心，又亲观真人樔庵劝化之事，不能以浅陋辞。因留其《分梨十化》一帙。故乐出是言，庶使四方向道之士，知全真之教，有利于人也大矣！若夫二先生戒劝之文，神异之迹，其他记、序、歌、诗，载之已详。姑叙其丹阳夫妇出家入道之本末云。（《王重阳集》260页，齐鲁书社，2005年）

此"序"作者马大辩是马丹阳的本家。《重阳教化集》最初"分为三秩，上曰《下手迟》，中曰《分梨十化》，下曰《好离乡》"。《重阳教化集》有"总序"三篇，每一部分各有"分序"，"乡老先生范、赵、刘三公，已作总序，每帙别求为序引"。马大辩此"序"即为《分梨十化》的"分序"。马大辩写此"序"的时候，"尹国师"的序文还没有落实。尹国师"序"没有落实的原因有二：一是地位名望高，距离远，有客观上的难度；二是情况的了解有一个过程。"尹国师"的序文内容中，就提到了一个朋友反对他写作此序。尹国师的"序"写道：

门人高弟等命同其议，裒缀成集。门人灵真子朱抱一命工镂版，将行于世，乃属本府医学博士韩戾，同扶风马川访予求序，谆谆恳切。适有客在坐，闻之则掀髯抵掌，舍席趋进而问曰："道家者流，嘲弄风月，固当如是乎？"予即应之曰："噫嘻！子亦误矣。且如明眼禅和，欲传妙道，亦必垂一则语，以示后之学者。矧兹高尚至人，力欲恢弘正教，阐扬家风，必以言语训戒，发为文章而启迪迷人，庶有觉悟。况此冷淡生活，本是道人风味，兼其间无一字尘凡气，殆非吟咏风月者，无用之空言也。子无诮焉！"（《王重阳集》215—216页）

《重阳教化集》的确是"门人高弟"纪念马丹阳仙逝十年的著作集。尹国师的"序"具体反映了主持编辑刊行《重阳教化集》工作的灵真子朱抱一，是通过"本府医学博士韩戾，同扶风马川与

"尹国师"具体联系"访予求序"的。尹国师的"序"出自社会名流并涉及贤达。范怿"序"则是局内人和亲历者的角度:

> 大定丁亥中元后一日,真人抵郡,竹冠弊衣,携笠策杖,径入于余侄明叔之南园,憩于遇仙亭。丹阳先生马公继踵而至,不差顷刻,可谓不期而会焉。二人相见,礼揖而罢,问应之际,欢若亲旧。座中食瓜,唯真人从蒂而食,众皆异之。丹阳先生先题诗于亭壁,有"沈醉无人扶"之句。真人读而笑曰:"吾不远数千里而来,欲扶醉人。"(《王重阳集》216页)

《重阳全真集》比《重阳教化集》早5年,"序"是范怿作的。范怿是宁海州的学正,又是马丹阳的朋友和亲戚。《重阳教化集》比《重阳全真集》晚5年,仍然由范怿作"序",已经请到了"尹国师"的序文。"尹国师"是营丘府的学正,比范怿的社会身份要高。从《重阳教化集》的几篇序文,可以看出全真教的影响及发展和马丹阳的社会交往。《重阳教化集》和《重阳全真集》的诗艺技巧基本相同,只是"藏头诗"的比例大多了。这是两个修行人的精神迷藏游戏。我们且欣赏其中的一首。

满庭芳(藏头)

觅残余,蒙庵主,邀便出黄粱,中生秀,唯我最堪当,内冲和九转搬运,二气飘荡,飔动楼,上下出入吐光芒。殃取象滋羊,味洒醴俱忘,灵真一点,圆明照圭璋,印白莲秀艳,清静别怎馨香,华静衣前引,齐唱满庭芳。

这是王重阳的《满庭芳》。"拆起方字",第一句就是:"方觅残余,蒙庵主,邀便出黄粱。"首先是丐帮的致谢,"邀便出黄粱"一语双关:你给我黄粱养身,我让你出黄粱养心。"华静衣前引,齐唱满庭芳"就是养心的结果和道境。所谓"拆起方字",就是第一句"觅残余"的前面第一个字"方",要从"齐唱满庭芳"的"芳"字拆来。下面看马丹阳的唱和。

《重阳教化集》书影

丹阳继韵

感真人,然下访,是得悟黄粱,精麦髓,弟子谨供当,上田田难种,恳告神怎飞扬,仙道初心善,无刺亦无芒,而无死寿珠,能语句句难忘怀,真实宝肯换圭璋,内金花自绽,知得别是清香,常谨谈妙用,不久性芬芳。

马丹阳的《丹阳继韵》一派感激和期望。"感真人"前面加上一个"万"字,就是"万感真人",万分感谢神仙真人啊。"知得别是清香","不久性芬芳",充满了对仙道无死的期许和希冀。特别是拆起的"万"字,绝对是状元国士才有的手笔:(1)王重阳的藏头诗《满庭芳》是"方",马丹阳唱和以"万",就是一重"藏头"。(2)"方觅残余",马上就是"万感真人",精神的热恋和友谊是无比的强烈啊。(3)"万感真人"源于"得悟黄粱",文字和哲理有双重的平行之美。(4)文字和内心双重性的"藏头",势必通向出家修道的"满庭芳"。马丹阳和王重阳是一对绝配的师徒,和丘处机是绝世的全真兄弟,和孙不二是绝美的人间夫妇。如此看来,马丹阳就是全真教的"万能输血者"和"全能灵子"。《甘水》记载昆嵛山老道李梦阳炼外丹三年不成,马丹阳一去刹那间就"OK"了。

《重阳教化集》是王重阳和马丹阳的对话录,是王重阳的教化集,更是马丹阳的入道记。王重阳的师傅是吕洞宾。吕洞宾和他的师傅钟离权有《钟吕传道集》,也是师徒的对话录。作为师徒之间的对话录,《钟吕传道集》显然和《重阳教化集》没法比。在欧美文本世界,最著名的对话录要算柏拉图和苏格拉底的《斐多篇》和《会饮篇》。《会饮篇》的主题是"饮酒",与王重阳的酒醉卧雪没法比。《斐多篇》的主题是身体的死亡和灵魂的不朽。为了灵魂的不朽,柏拉图不敢结婚;马丹阳在唱完《满庭芳》不久,就勇敢地离婚了。为了灵魂的不朽，苏格拉底愿意接受妻子给他的脸上泼脏水；丈夫和师傅唱和不久，孙不二也坚毅地朝向了心灵的"满庭芳"。王重阳和马丹阳的"藏头诗"游戏，即使全真教的伟大事业露出绚烂的曙光，也让《重阳教化集》成了无与伦比的对话录和传道书。

第三节　隐喻书：《分梨十化集》释义

《重阳分梨十化集》就文本而言，既可以归于王重阳名下，也可以归于马丹阳名下。就人本事件而言，孙不二也是主人公。《庄子》指出，道书不同于哲学的一个标志，就是它的寓言方式和隐喻表达。从《重阳分梨十化集》中，我们领悟到了道书隐喻表达的存在论原因：(1) 文本写作和人本事件的一体化和同步性；写作者面对的是形象性的活人，而非抽象性的死物。(2) 文本面对人本的审美距离和羞怯立场；这是写作的主体自由和尊重对象的兼顾性所决定的。(3) 寓言方式和隐喻表达特别适用女性场合；她们相信眼睛，她们的眼睛代表心灵，也代替大脑。如果不是孙不二，可能不会有《重阳分梨十化集》。事实上，"分梨十化"之后，孙不二才决定性地出家修道了。《金莲正宗记》中记载：

真人谓先生曰："我欲锁庵，百日不食。"先生从之，辟为环堵，风雪四入，砚水不冰。窗外求诗者往来如织，挥毫拂纸，立赋立成。屡出阳神来坐阁中，先生遣人瞻之，则庵中俨然默坐。自孟冬初吉，示诗词各一首，令先生继和。仍赐梨一枚，与先生啖之。每五日芋栗各六枚，十一日为梨为二，令夫妇共食之。自后，凡经旬日加一分，三旬分三，四旬分四，至于十旬分为五十五块，合天地奇耦之数。先生渐悟真理，遂舍妻子，受簪冠，乞食降心，真人乃喜。(《马丹阳学案》380页)

锁庵百日不会是王重阳的主动要求，而是孙不二的内心诉求：

她要用眼睛"见道"。分离用"分梨"来寓意表达，修辞上几乎没有什么困难，难的是出家的价值迁移。王重阳知道它的困难："分梨"的寓意表达既给对方留够考虑余地，也为自己留下弹性空间。孙不二至为贤慧，也富于智慧，当然知道"分梨"的人生意味。至于王重阳"五日芋栗各六枚，十一日为梨为二"的程序安排，以及"十旬分为五十五块，合天地奇耦之数"的神秘数术，孙不二大概并不关心。王重阳成功了，"分梨十化"成为历史经典，《重阳分梨十化集》成为文本经典。如果说《重阳全真集》是全真教祖王重阳的男声独唱，《重阳教化集》是王重阳和马丹阳的师徒二重唱，那么，《重阳分梨十化集》就是王重阳、马丹阳和孙不二的男女三人戏，尽管女主角仅仅是以悲伤的眼神默默远望着。

在《分梨十化集》中，女主角孙不二固然没有直接登场，然而，无论是王重阳还是马丹阳都太清楚：这首先意味着孙不二和马丹阳夫妻的"分离"！藏头诗的修辞游戏也罢，分梨诗的隐喻答唱也罢，道情诗的高迈愿景也好，都无法回避将夫妻"分离"的匕首，直接捅向孙不二的心窝！事实上，王重阳自己和妻子儿女的分离就是不堪回首的，谭处端的妻子在马丹阳家的全真庵公开闹场，孙不二呢？孙不二原名叫孙富春，父亲是孙忠显，为当地名绅。从《孙不二女丹诀》中就可以知道孙富春的文化教养，这完全来自于父亲孙忠显的家学教育。大名鼎鼎的丘处机基本上是贫家失学少年，他的"丘哥"俗名就敞露着个中消息。丘处机的《磻溪集》的学问底子，差不多就是在孙不二家的全真庵开始打基础的。孙不二呢？自从和马丹阳结婚成家，相夫教子，服侍公婆，里外操持，就是她的日常事务；家庭儿女就是她的心血结晶和全部幸福。当王重阳和马丹阳在《分梨十化集》中你唱我和、低回浅吟之际，他们的"道具"——芋头也好，酥梨也好，清茶淡饭也好，无不出自孙富春的手艺和安排吧。当王重阳写成一首诗之时，孙富春可能正在给儿子们安排渔网缝补；当马丹阳和成一首词之际，孙富春可能正在给孙子们安排童蒙课程。常常离开现实劳作的诗词吟唱，是从王重阳就开始了的全真教的道统特色。这一道统特色，愈到后来，成色愈低，无病呻吟，渐成陋俗。贫道学诗，富春厌词。50岁的孙富春已经不习惯诗词方式，也没有兴趣参与《分梨十化集》的男女三人戏。她只要结论和结果：百日锁庵，孙富春看到了王重阳的神奇不凡；分梨十化，孙富春要看马丹阳的变化决定。尽管孙富春一语不发，王重阳知道：这毕竟不是他和马丹阳的师徒二重唱，而是他和马丹阳夫妇的男女三人戏。王重阳的《分梨诗》中写道：

三块灭三涂，人人一二舖。味能枯北海，香会透西湖。玉浪溶溶滚，金波密密铺。恰如文义显，全在者之乎。

《丹阳继韵》中写道：

一遇出泥涂，冲和味得舖。龙吟震山谷，虎啸透江湖。欲要金丹结，须教玉篆铺。通斯咸变化，何况于人乎。

《分梨诗》直接指向孙不二和马丹阳的夫妻"分离"！"三块灭三涂，人人一二舖"，王重阳对于孙不二的存在特别自觉。马丹阳只说自己，只考虑自己的"灭三涂"。

王重阳的《无梦令》中写道：

今则与公照烛，无梦令中详录。古圣富春诗，六白莹光如玉。丁属、丁属，三块各人知足。

《丹阳次韵》中写道：

师父今朝传烛，尘事不堪齿录。离别富春姑，各自炼烹金玉。听属、听属，了了真如愿足。

马丹阳画像

王重阳的《无梦令》，不仅继续突出着"三块各人知足"的意境格局，并且直接称赞孙富春："古圣富春诗，六白莹光如玉。"《丹阳次韵》仍然只有个我意识，并且把孙不二置于消极被动地位："离别富春姑，各自炼烹金玉。"马丹阳即使正式出家修道之后，仍然依恋杯酒。孙不二一旦出家修道，自毁花容，千里独步。女性的沉默淡然，可能隐藏着男性意识不到的极度炽烈。师傅王重阳一刻也没有忘记孙不二。

赠丹阳夫妇

唯公芋栗两般餐，道味应同此味甘。
六六正当呼十二，前三三与后三三。

赠孙姑

二婆犹自恋家业，家业谁知坏了钱。
若是居家常似旧，马公无分做神仙。

赠丹阳夫妇

十一离分马秀才，直须款款认头回。
三涂苦楚安排放，两块泥团总不猜。
棚下冷言无活计，楼头暗应没家财。
愿惺愿悟休相唤，便是教贤出得来。

《分梨十化集》创造了全真教的历史传奇和不朽经典。百日锁庵，分梨十化，阳神传梦，丘谭投师，夫妇成真；七朵金莲渐露芳容，全真教获得历史上第一个修行的全真庵。在《分梨十化集》中，师傅王重阳知道：这是一出美妙的男女三人戏，是绝无仅有的全真三人传；马丹阳却略欠火候，只知道面前有一个真仙，完全无视身后还有一个麻姑。正是孙不二的默默护持和高尚奉献，才使"分梨十化"的演出异常顺利，非常圆满，渐至高潮。

《热心香》中写道：

坐杀王风，立杀扶风。只因伊，贪恋家风。争如猛舍，认取清风。好同行，好同坐，共携风。我即真风，你即伴风。小春天、总赖温风。将来雪下，怎奈寒风。窗儿裏，门儿外，两般风。

《丹阳次韵》中写道：

此个扶风，幼习儒风。遇风仙，传得清风。风狂便做，总笑余风。这风风风，风得煞，似心风。脱俗宜风，离境收风。向玄关、要捉云风。香风不断，悦我松风。待好风，来灵风，至便乘风。

《芜心香·行香子》中写道：

造个王风，自小胎风。大来后，变做心风。遍行游历，正是狂风。每闲闲处，诗曲作，似长风。谒马儒风，说与仁风。说他成、急急惊风。乱为下手，锁了防风。便怎生，医得你，破伤风。

《丹阳又韵》中写道：

此个扶风，不会祥风。遇风仙，传得玄风。奇哉风味，清净家风。这一般风，风得好，屏淫风。施布仁风，阐出祥风。教风行、处处闻风。知风妙趣，舍俗如风。补破伤风，风光好，得真风。

作为全真教祖，王重阳的大师风范在《热心香》和《芜心香》中表露无遗，无以复加。《热心香》和《芜心香》的命名告诉我们：这是王重阳一生最幸福、最豪迈、最得意的癫狂岁月，是王重阳一生最彻底、最痛快、最陶醉的知音放歌。"坐杀王风，立杀扶风"：一坐一立，师徒形象俨然，配合"杀"出了全真之道；酣畅淋漓、地动山摇的性命之"杀"啊。"好同行，好同坐，共携风"，漫说修道，人生一知己足矣。"我即真风，你即伴风"，王重阳即使在癫狂状态仍然有足够的敏感；马丹阳诚恳解释："此个扶风，不会祥风"，决计"施布仁风，阐出祥风"，以便"这风风风，风得煞，似心风"，以便"待好风，来灵风，至便乘风"！在《无蔽的瞬息》中，张志扬把欧美哲学的存在论归结成"家、路、风"三个阶段和三种境界，其中"风"就是最后阶段和最高境界。如果和《热心香》比较一下呢？欧美哲学存在论中的"风"也仅仅是灵感偶发而已，仅仅是真理"无蔽的瞬息"；《热心香》中王重阳的"风"却是一唱三叹、流连忘返的灵智澄明，是全真永恒的道境。在《分梨十化集》中，马丹阳夫妇的出"家"可不是思想的诗意比喻；夫妇俩选择的"路"也直接通向全真之"道"。全真之"道"被"王风"和"马风"陶醉歌唱，孙不二深情倾听。孙不二明白了：全真之"道"，就是她自己常常莫名其妙的"心风""香风"和"灵风"。

第四节　得得得：马鸣重阳歌

王重阳有《得得歌》。他想唱什么呢？"嘚嘚"是马蹄声。汉武帝为了汗血马，开辟了丝绸之路。唐太宗的昭陵六骏，已有两匹宝马被偷渡到了美利坚。古代战争，金戈铁马往往成为精锐象征。宋金时期，战马疾奔，嘚嘚而去；马鸣辽远，嘚嘚而至。二战时期，希特勒警察的皮鞋声让犹太妇女记忆终生。"文革"期间，红卫兵的敲门声也让臭老九们半夜梦醒。为了战胜随时而至的死亡和恐惧，王重阳进入活死人墓而创立了全真道。无论是《重阳全真集》，还是《重阳教化集》和《重阳分梨十化集》，王重阳真正是做到了"无论魏晋，不管汉唐"，既没有出现一个"金国"，也未表现出一个"宋朝"，以至于当代学者胡猜一通他的政治态度和民族色彩。且听《重阳全真集》中的"嘚嘚"马蹄声吧。

示学道人
彩艳万重铺洁白，明光一点吐殷红。
虚空返照虚空影，照出真空空不空。
诗句不能分密妙，心间难以认惺苏。
岂唯得得时须守，应是还他父母租。

在《示学道人》中，"岂唯得得时须守，应是还他父母租"，"嘚嘚"已经越过单纯的守静时态，而通向父母生己的原罪意识。这既非文人雅士们的"诗句"可以知晓，也不是儒家平常的"人心"能够觉醒。只有在"虚空返照虚空影"的绝对空寂，人们才可能听出那"天、地、人、神"的嘚嘚四重奏。二战之后，艾略特写下《四重奏》和《荒原》。研究王重阳的全真道，艾略特《四重奏》中的"荒原感"是起码条件。

玉堂春

得得修行，能令捷径走。子午俱无，何须卯酉。

一字至七字诗·色

色，色。多祸，消福。损金精，伤玉液。摧残气神，败坏仁德。会使三田空，能令五脏惑。亡殒一性灵明，绝尽四肢筋力。不如不做永绵绵，无害无灾长得得。

《玉堂春》虽然只有16个字，却是"玉堂春"境界；"嘚嘚"仍然是超时空中的音响，和《示学道人》中的"虚空返照虚空影"无二。《一字至七字诗·色》的诗艺特征就是，从开始的"一个字"，每句递增，直到"七个字"，一种多米诺的秩序效应。浓密急促的诗歌节奏是《重阳全真集》和其他宋代诗人的分野之一，随处可见的单字、双字或者三字的重复性节奏单元都在强化这种分野。这里"单字"是"色"；"双字"有"绵绵""得得"，以及"不如""不做""无害""无灾；"三字"是"永绵绵"和"长得得"。嘚嘚马蹄声化作收获音响，崇高是苦难的长子。在"多祸，消福"的宋金战乱中，要"长得得"，其困难可想而知，而王重阳的抱负即此。这需要多大的定力啊！没有起码的定力，奢谈什么"道"呢。

《山亭柳》中写道：

急急回头，得得因由。物物更不追求。见见分明个把，般般打破优游。净净自然莹彻，清清至是真修。妙妙中间通出入，玄玄裏面细寻〔求〕。了了达冥幽。稳稳拄银棹，惺惺驾大法神舟。速速去超彼岸，灵灵现住瀛洲。

高古峭迈的全真教祖都有些急了："急急回头，得得因由"。"物物更不追求"，现在人不是要疯掉吗？全诗二字叠韵到底，一气呵成，貌似反复，暗中推进，几秒钟就来到了"灵灵现住"的"瀛洲"。前提是"急急回头"！

《京兆道友》中写道：

得得中间寻得得，王三默诀惟王六。若要清静如白玉。独自宿，余自须要除情欲。这个灵童明似烛，惺惺能唱无生曲。日住公家公不识。休寻觅，心澄便是真消息。

《战争与和平》是托尔斯泰关于人类主题的长篇作品。有道是："战争之人，不如和平之鸡"。许多人生在和平不知福。王重阳生逢宋金战争，获得的愉快和天乐，不仅"和平之鸡"羡慕，许多和平年代的王公贵族也远远不如。王重阳的秘诀就是《京兆道友》的开头："得得中间寻得得"，在战争"得得"的马蹄声中寻找平和灵境中"得得"的仙音。观音菩萨是什么意思呢？在《劝道歌》中，王重阳重复了这一秘诀："得得得中长得得，任诗任曲任歌"。《劝道歌》提供了一些"得得得"的历史消息：

他人公案长传说，自己家风敢摆摇。风花雪月为愁景，酒色气财是业苗。已上般般皆勿用，从今字字最堪消。壮矣根源能应拍，孤然灵物善吹箫。捉住空中真响喨，咄回性上假咆哮。一双女子投金矿，两个童儿入玉瓢。折取木梢重煅炼，次开泉水再淋浇。亭亭颜色难装点，簇簇形容怎采描。貌态玲珑通眼目，光辉灿灿射琼瑶。放归仙馆称嘉号，只许吾门唤阿娇。得得得中长得得，任诗任曲任歌。(《王重阳集》131—132 页)

在宋金交战期间，对华夏民族来说，最大的公案不就是"靖康耻"吗？靖康国难下，宋朝帝王的妻子和公主、宰相的女儿和女人，都成了欲哭无泪的蹂躏对象，都成了生不如死的悲哀生灵。和平年代，风花雪月、铁画银钩不是他们的精神雅趣吗？酒色财气不是他们的日常生活吗？后悔是难免的，"从今字字最堪消"。"性上咆哮"，王重阳的活死人墓不啻是召唤汉民族的狮子吼！靖康国难下，上从帝王公主下至平民女儿，不乏美女不乏美色，许多都由于国破家亡而成了泪人儿苦人儿，都成了子夜悲嚎的冤魂野鬼。"放归仙馆称嘉号，只许吾门唤阿娇"，回到仙境道界，她们才能获得"嘉号"，才能唤作"阿娇"。这不就是王重阳的字字心声吗？不就是全真教的声声安魂吗？"放归仙馆称嘉号"，正是《劝道歌》的思想中心；"只许吾门唤阿娇"，正是《劝道歌》的精神主题。"得得得中长得得"，战争苦号中寻找慰藉的福音就是《重阳全真集》的突出特色与核心价值，"任诗、任曲、任歌"！在《卜算子》中，王重阳又这样告诉我们：

《卜算子》中前后各带喝马声：

信任水云游，欣放灵猿傻。要去随霞恣害风，乘良马，稳坐香罗帕。南北与东西，选甚高和下。处处来回得自如，呈弓马，会把明珠射。

昭陵六骏

一匹好骅骝，精彩浑如画。却被银鞍缚了身，着绊马，怎得逍遥也。不若骋颠狂，掣断无挂。摆尾摇头厮枥违，做野马，自在游冶。

　　此个真真也，莹彻灵灵也。出入虚无缥缈间，骑风马，信任飘飖也。占得惺惺也，光辉明明也，来往晴空碧落中，乘云马，自在逍遥也。

　　赶退日中乌，捉取月中兔。便着晶光覆了身，金马住，方是重阳做。交位显真功，换质成真趣。到此还知自在游，玉马去，走入云霞路。（《王重阳集》107—108页）

　　《卜算子》是战争中的道歌，是道境中的战歌；主题音响就是战马声声，马蹄得得。这里有"良马""绊马""野马""风马""云马""金马""玉马"。王重阳写了"良马"的遭遇："一匹好骅骝，精彩浑如画。却被银鞍缚了身，着绊马"；忠义误身，宋金战争时岳飞的历史悲剧可以作注。与此对比的是，"摇头厮枥违，做野马"的前景：首先是"自在游冶"，经历"骑风马""乘云马"而化成"金马"和"玉马"。"金马住，方是重阳做"，就是王重阳的全真道路；"玉马去，走入云霞路"，就是全真道的超越世界。王重阳有《金关玉锁诀》，马丹阳的名字是马钰："金玉"结果。在《卜算子》中，王重阳以"马"为中心形象创造这首全真道歌，无疑和身边的战争相关。"慎于言，敏于事"是孔子《论语》中的古训。战争年代，民族失败，生命不保，言论更无空间。王重阳《赠马钰》指出："人云口是祸之门，我道舌为祸本根。不语无言没讨论。度朝昏，便是安闲保命存。"王重阳隐的太深，其著述理解也会很难。王重阳回避了现实的战争，其诗作仍然被赋予了战争的节奏和旋律，"得道"马蹄声就是战争的明显胎记，就是现实的精神回音。

　　《望蓬莱·纸旗上书》中写道：

　　边境静，乞觅得便宜。战鼓复为韶乐鼓，征旗还作化缘旗，便见太平时。那减舍，第一莫迟迟。王喆害风无忧子，当三折二小钱儿，伏愿认真慈。

《衣饭阴公注定禄》中写道：

命中无，少嗟嘘。天与之贫，不得富安居。寻思人似草头露。争奈保朝不保暮。莫刚求。莫刚求，假使强图，入手却还休。

一个"休"，可知王重阳沉重的无奈感。战争的苦难浩大无边，"寻思人似草头露"不是无病呻吟，"争奈保朝不保暮"堪称战乱命理。修道会超越战争，却无法回避战争。王重阳的全真道在战争中诞生，更无法回避战争的影响和挑战。"战鼓复为韶乐鼓，征旗还作化缘旗，便见太平时"，这是王重阳的希望，也是我们的幸运。"边境静，乞觅得便宜"；丐是最羞辱的职业，王重阳宁愿做一个战争边境的丐帮首领。"为人福，生中国"（《梅花引》），王重阳没有谈论战争的自由，却表现了对自己民族的祝福。

第五节 吉吉吉：道言王矗风

西方的作家和画家常常有自传和自画像。尤其荷兰画家梵高的自画像，给人以无比震撼的辉煌印象。中国固然也有源远流长的史传体写作传统，自传和自画像却很不发达，原因是提笔者的眼睛必须牢牢注视帝王将相的冠冕和光环，而将自己给忘了。如果还有一点儿关于自己的记忆印象，也会让儒家的含蓄和谦逊给完全"消磁"，哪里需要什么自传呢。宋元山水画发达，所以人都小，自然没有什么像样的自画像。正因为如此，王重阳著述中的自传风格和众多的名号使用，既显得异常奇特，也显然别有寓意，非常值得专门考察。先看三个例子：

训愚鲁

如能省悟从余训，若肯归依是我曹。

吉吉吉人王矗总，无思无虑乐陶陶。

宁海乞化书纸旗上

害风人问有何凭,术法俱无总不能。

每日作为只此是,上头吃饭下头登。

恨欢迟

名喆排三本姓王,字知明子号重阳。

似菊花,如要清香吐缓缓,等浓霜。

学易年高便,道装,遇渊明语我嘉祥。

指蓬莱,量买路如归去慢慢,地休忙。

上述三个例子,分别出现了王重阳的五个名号:王嚞、害风人、知明子、重阳和王三,王三是家里弟兄们中的排行,"名喆排三本姓王"。关于"知明子",有两种看法:一种认为是王重阳出家以前的名字,一种认为是对陶渊明的喜爱。我们认为王重阳出家之前的名字是王嘉,字宗孚,来源于《易经》。《恨欢迟》中"字知明子号重阳。似菊花,如要清香吐缓缓,遇渊明语我嘉祥",已经明确表示着和陶渊明的关系:陶渊明喜欢菊花,也喜欢重阳节,特别是喜欢饮酒。王重阳也特别喜欢饮酒,与酒结下了不解之缘。《重阳全真集》中的《红芍药》和《沁园春》,也有类似描写。可见,王重阳对陶渊明的喜爱非同一般。陶渊明诚然也喜欢菊花和酒,但毕竟不是出家道士。那么,王重阳对陶渊明的这份感情源于什么地方呢?

其一,独立自由。陶渊明的大半生,既不出仕为官,也不出家为僧,脱离任何团体。王重阳也一样,全真教完全不同于传统道教。其二,喜欢饮酒。陶渊明饮酒

丹阳马真人

中"悠然见南山"。王重阳就在南山下生活，饮酒在得道。其三，陶渊明有一个著名的主张："大而化之"。王重阳也是如此，其众多的名号正是"大而化之"的记忆方式。从王重阳的众多名号，大致可以看出他人生经历的四个阶段：(1) 王嘉，字中孚，来源于《易经》。这是所知的最早名称。(2) 王世雄，字德威。这是武举时的名称。(3) 王喆，字知明。这是喜欢陶渊明时期的名称。(4) 王嚞，字重阳。这是得道之后的名称。第一和第二阶段，就是《金莲正宗记》所言的"文武两无所进，日在酒乡"。在第二和第三阶段，他因嗜酒，被称之为"害风"，是"酒风"，不属"真风"。在第三和第四阶段，他因极端之举，被称之为"害风"，是"狂风"，属于"真风"。第四阶段之后，因乞食磨性，被称之为"风仙"，是"佯风"。正由于"害风"一词的多样弹性，它成为《重阳全真集》出没最多的专有概念。

自画骷髅

此是前生王害风，因何偏爱走西东。

任你骷髅郊野外，逍遥一性月明中。

月中仙·自咏

自问王三，你因缘害风，心下何处。

怡颜独哂，为死生生死，最分明据。

转令神性悟，更慵羡，人夸五袴。

愈觉清凉地，皮毛无用，那更忆丝絮。

雪中作

谁识这风狂，谁识斯三喆。

恰遇炎蒸得清凉，正寒也成温热。

因仰至人言，遂获真仙诀。

九九严凝花正开，三伏中却下雪。

在《自画骷髅》中，"害风"和骷髅躺在一起。"害风"源于骷髅的死亡意识，骷髅是害风的自我画像。佛教有骷髅观，就道教而言，列子是骷髅观宗师，也是丐帮首领。从宗风看，列子才是影响王重阳全真教最大的人。在《月中仙·自咏》中，王重阳也反省自己的害风姿态："自问王三，你因缘害风？"王三是指王重阳在家里排行老三。"怡颜独晒，为死生生死"，死亡意识是他的回答，生死的辩证法是他探索的真理，活死人墓就是他探索的实验室，骷髅观是这种探索的形象表达。《雪中作》有了探索的证明答案："九九严凝花正开，三伏中却下雪"；害风不仅有正义的傲慢，更有超越的奥迹。对于"害风"的自况呼叫，王重阳的《川拨棹》写得最为沉痛感人。在《川拨棹》中，王重阳写到了自己由于害风的巨大孤独，写到了自己由于害风的勇往直前，写到了自己由于害风的绝地反击和生死超越，"活死人兮放些劣。没地埋真欢悦"。在《川拨棹》中，"害风儿怎生说"出现七次，反复奏鸣，构成沉痛庄严的主旋律。最后用"道号重阳子，字知明姓王名喆。害风儿怎生说"结束，天地诉说，悲美浩大，意韵袭人。

就西方作家的自传和画家的自画像看，首先源于一种孤独生活，自己成为自己的谈话对象，才可能出现自传和自画像，这是必要条件。其次是必须强大乐观，这是出现自传和自画像的充分条件。卡夫卡一生非常孤独，但他非常消沉悲观。不要说写作自传，卡夫卡连自己的作品都希望烧掉。第三是经济境域恶劣，只有用自传和自画像的方式保持创作状态。荷兰画家梵高就是最典型的例子。梵高也是癫痫患者，有《割掉耳朵的自画像》。王重阳也是癫狂者。梵高的遗作是《星夜》，一幅太极图像。王重阳一生的事业就是太极世界。

第二章　全真七子著作释义

第一节　顿超之境：《渐悟集》释义

秦志安在《金莲正宗记·丹阳马真人》中记载：

有《分梨十化》《渐悟》《精微》《摘微》《三宝》《行化》《金玉》等集，刊行于世。味其文义，皆贯通三教，囊括五行，酬今和古，托物喻人，玄谈妙理，视蓬岛如目前，智剑慧刀，逐三尸于身外，遵之则迁善远罪，悟之则入圣超凡，岂小补哉。

《分梨十化》即《重阳分梨十化集》，是王重阳度化马丹阳出家的师徒唱和诗作；一般归于王重阳名下，归于马丹阳名下也行。《分梨十化》之外，现存者有《渐悟》《金玉》；《行化》的部分内容可见于《丹阳真人语录》，而《精微》《摘微》和《三宝》已佚。《渐悟集》和《金玉集》是马丹阳最重要的作品集，写作年代为金大定七年（1167年）至金大定二十三年（1183年）马丹阳仙逝之前，历时十五年。其间发生的大事有：(1) 经历王重阳的"分梨十化"，马丹阳拜师出家（1167年）；(2) 随王重阳在昆嵛山修行，马丹阳得道；(3) 王重阳仙逝于汴梁，马丹阳接受委托；(4) 马丹阳在关中祖庭守墓三年；(5) 陕西传道十年；(6) 临终之前（1183年）返回山东的三年。以上重要事件，《渐悟集》和《金玉集》皆有诗作叙述，体现了历史文献价值。《采桑子·出家入道》写道："扶风全道名通一，道号无忧。见画骷髅。猛烈收心事事休。四旬有六霜侵鬓，拂袖云游。休要刚留。譬似无常限到头。"

马丹阳于1123年出生在山东宁海。"四旬有六霜侵鬓"，《采桑子》"出家入道"应该写于1168年，为马丹阳出家的第二年，在宁海昆嵛山。多年后，马丹阳在《西江月》中回忆："地肺重阳师父，吕公专遣云游。秘玄隐奥访东牟，钓我夫妻两口。十化分梨匠手，百朝锁户机谋。千篇诗曲拽回头，万劫同杯仙酒。"十化分梨，百日锁庵是全真教的劝道经典；夫妻两口，同列七真是宗教史的千古美谈。《在南京乞化》写道：

穿茶坊，入酒店。后巷前街，日日常游遍。只为饥寒仍未免。度日随缘，展手心无倦。愿人人，怀吉善。舍一文钱，亦是行方便。休笑山侗无识见。内养灵明，自有长生验。

金大定十年（1167年）晚秋，马丹阳随王重阳到达汴梁（开封）。金朝把开封叫作"南京"，和北京相对。马丹阳乞食于开封街道。出家前，马丹阳为宁海州的巨富，号称马半街；现在却流落乞食。全真道的力量，如此之大哉！

卜算子

师父重阳号，炼就重阳宝。
紫诏重阳赴玉京，方显重阳好。
我为重阳到，庵为重阳造。
特为重阳守服居，符合重阳道。

踏云行

重到兴平，广开言路，蓦然兴尽思归去。
踏莎行计指长安，愿人早早心开悟。
贫富由天，子孙阴注，算来分定休思虑。
闻身康健速修持，真诚博个真师度。

《卜算子》作于给师傅王重阳守墓期间，为1171年左右。《卜算子》每一句都有"重阳"，重复强调出现了八次：从"重阳号"一气写到"重阳道"，表现了马丹阳对师傅王重阳的深切感恩和无限思忆。《踏云行》叙述了马丹阳到兴平传道。兴平和户县祖庵为相邻地区，中间相隔渭河。"重到兴平"，马丹阳是第二次来兴平传道了。

马丹阳本来发誓不返回山东故乡，由于种种原由，他于1181年开始返回山东的旅程。大多数学者把马丹阳返乡归于政治环境，金朝当年勒令道人返乡。事实上，同样的政治环境，在龙门洞修炼的丘处机和在洛阳修炼的谭处端和孙不二都没有离开，而只有马丹阳和刘处玄返乡。刘处玄返乡容易理解，山东有老母亲，当初刚到关中之时，他就想回家了。不排除政治形势，马丹阳返乡还有两个内在因素：(1) 对王重阳返乡的模仿，(2) 超时空长距离的验道。事实上，马丹阳回到山东三年就仙逝了。马丹阳仙逝的时间，正是王重阳的诞辰。回到宁海老家，马丹阳最重要的工作，一是文登作醮之时，王重阳在空中通灵显化；二是见证了孙不二在洛阳的阳神升天。孙不二在洛阳仙逝一年，马丹阳就在莱阳撒手人寰，终年61岁。这也是道情的深沉体现吧。《清和真人北游录》中记载：

师父言：丹阳二年半了道，长真五年，长生七年。我福薄下志，十八九年，到通天彻地处，圣贤方是与些小光明，未久复夺之。观诸师真得道，等级不同，皆由所积功行有浅深。丹阳师父才二年半得道，长真五年，长生七年。长春师父在磻溪、龙门近二十年，志气通彻天地，动达圣贤，以道见许，后则消息杳然。

全真七子中，马丹阳是顿悟和顿超得道的典范。1170年王重阳仙逝之时，按照各种记载，只有马丹阳"得道"，谭处端仅是"知道"，而丘处机和刘处玄既未"知道"，更未"得道"。马丹阳之于师弟们，其实也有师傅之谊；"汝等性命全系于丹阳一身"，是王重阳死前对谭处端的交代。马丹阳犹如大海，根本无人探清楚其深浅。丘处机18年得道，马丹阳只用了两年半。师傅王重阳是"赫赫金丹一日成"，"口诀得来便有功"；马丹阳其实也如此。王重阳是终南高山，气势峭迈，一望可知千仞之高。马丹阳是宁海蓬莱，海面上的高度不足于其真实的1/5。他明明也是"赫赫金丹一日成"，"口诀得来便有功"，却不仅没有张扬，还将自己的著作叫作《渐悟集》。

儒家的谦逊和个人的淡泊暂且不说，马丹阳一是不愿和师傅王重阳"竞美"，二是不能打击师弟们的修炼热忱。马丹阳逝世三十多年以后，丘处机一再比较自己的福浅和师兄的慧根，赞美之情，溢于言表。《渐悟集》也流露了马丹阳得道的顿悟和顿超之境。《仵寿之生日设醮索词》中写道：

遍室清凉，满堂功德，四方八表无遮塞。灵光万道出昆仑，人前岂敢夸仙格。缄口无言，灰心有则，姓名已录华胥国。逍遥自在看长安，金花玉药亲收得。

"灵光万道出昆仑"，马丹阳已是圆满的顿超道境。"人前岂敢夸仙格。缄口无言"，他不愿多言，不会明言而已。

《金玉集·述怀》中写道：

身在儒门三十年，不知一字大如天。偶因悟彻风仙理，顿觉灵明满大千。

"偶因悟彻风仙理，顿觉灵明满大千"，马丹阳明言了自己的"顿觉"，只是归于"偶然"而已。在丘处机看来，马丹阳的"顿超"完全是出于前世的一种"必然"。

壬寅（庚寅）9月21日范明叔处作："执持关要净灵台，雾锁烟笼竟不开。重遇重

丹阳手植柏

阳师指教，清风吹出月明来。"

这是马丹阳离开山东宁海之前写的。时间距离认识王重阳不到三年的时间。这是他的得道时间，马丹阳的"知道"肯定在此之前。"重遇重阳师指教"，是第二次的"见性"。

凤栖梧

范蠡张良当日悟，得宠还惊，防患寻归路。若恋功名尖险处，如何却得蓬庄住。或问扶风缘甚去，京兆风仙，远远亲来度。便觉灵明常有主，从今直入长生户。

遇真人

重阳师父谈炉灶，全在心田了。山侗亦认本来真，性停命住永永是吾神。从今内外成颠倒，渐渐通明道。故将诗曲劝多人，猜得春花秋月好为亲。

《凤栖梧》中的"便觉灵明常有主"也体现了马丹阳的"顿悟"。"范蠡张良当日悟"，范蠡和张良都是历尽沧桑、宠辱不惊之人。马丹阳借此阐释他的顿悟背景和个中道理。丘处机比马丹阳要小二十多岁，可以说不是一辈人，不在一个层次。马丹阳从来不会倚老卖老。其淡定和修养简直惊人！《遇真人》中的"重阳师父谈炉灶，全在心田了"，则表现出马丹阳的认真和专注。认真和专注也是马丹阳能够顿悟的一个重要原因。《金玉集》《述怀》"身在儒门三十年"，30年的儒门背景也是丘处机不具备的。差异如何理解是一回事，马丹阳的顿悟和顿超却是显然罕见的修炼境界。这也是马丹阳逝世几十年之后，丘处机一再回味师兄的基本原因。马丹阳的一首《卜算子》写道："人识山侗字，谁晓山侗意。大貌山侗人倚山，故作山侗谜。豹色山侗弃，玄妙山侗秘。一日山侗乐道成，永占山侗位。"

一般而言，马丹阳根本不会有怀才不遇者的抱怨牢骚。曲高和寡的落寞和孤独，使得一向淡定的马丹阳也写下了"人识山侗字，谁晓山侗意"的文字和心境。顺便说一句，马丹阳61岁撒手人寰也与这种落寞和孤独有关。"大貌山侗人倚山"，很多人为了提升自己，站在了马丹阳这座宁海的蓬莱之仙山。马丹阳作为一座蓬莱仙山，如果人们希望估计他的真实高度，就必须考虑大海的深度。

第二节　龙门之跃：《磻溪集》释义

中国的哲言是：琢玉成器，大器晚成。全真七子中的丘处机就是典型代表。维特根斯坦指出：到达终点者，是那些敢于跑得最慢的人。尹志平的《北游录》中的话，人们会记忆犹新："丹阳师父才二年半得道，长真五年，长生七年。长春师父在磻溪、龙门近二十年，志气通彻天地，动达圣贤，以道见许，后则消息杳然。"师兄马丹阳两年多得道，长真五年，长生七年，丘处机在磻溪、龙门花费了"近二十年"，无疑就是全真七子中跑得最慢的那个人吧，却也是一个敢于跑得最慢的人吧。这需要勇气，也需要智慧！

公元1217年王玉阳逝世，丘处机成为全真七子中仅存的一朵金莲，也是一朵将要开遍华夏土地的全真金莲。1217—1218年，金朝多次诏请之，丘处机拒绝；1219年，本民族的宋宁宗派人来几番邀请，丘处机拒绝。这需要智慧，更需要勇气，全真七子也是中国人吧，毕竟也是汉民族吧。1220年，已经73岁的丘处机接受了成吉思汗的诏书，费时三载，行程万里，一言自杀，既创造了自己人生的辉煌高峰，也是全真教师徒信众的荣耀岁月，还给华夏民族和未来主人合作铺平了道路。成吉思汗给丘处机的诏书，有"渭水同车，茅庐三顾"之语。诸葛亮隐居卧龙岗，尚是布衣刘备的邀请，也就"六出祁山"了；最终的结果还是人家魏晋的江山。唐玄奘为了取经，到印度西行万里，去时为25岁，回来是40岁，华夏大唐乃是世界文明的中心。丘处机呢，去时为73岁，回来是76岁，汉人已经沦为劣等民族，华夏社稷已经几度沦亡。西行回来的丘处机，不仅是全真教最荣耀的金莲，也是华夏族最杰出的勇士。他又等了4年，已经整整80岁高龄。据记载，姜子牙是80岁的时候遇见了周文王。在什么地方遇见的呢？就在丘处机隐居的磻溪。功成名就，姜子牙最后的封地就在丘处机的山东故乡。现在可以明白了：丘处机为何80岁仙逝，他对汉民族的"周文王"已经不抱希望；丘处机为何拒绝南宋和金国的诏书，他认准蒙古民族一统天下乃是迟早之事；有京城的白云观，有荣耀的龙门洞，还有家乡的昆嵛山和栖霞观，丘处机一概放弃，而把自己的作品命名为《磻溪集》。磻溪6年是他一生最关键和重要的岁月，是能够把他和姜子牙紧紧联系在一起的地方，是他从一个贫家子弟能够跃上社稷龙门的发祥地。

《磻溪集》共6卷，有4篇序文。第一篇序文是同道"中条山玉峰老人胡光谦"写的，时间是"大定丙午岁五月"，即公元1186年，丘处机39岁。第二篇序文是"太常博士兼校书郎平阳毛麾"写的，时间是"大定丁未长至日"，即公元1187年。这两篇序文应该是《磻溪集》同一个版本的序言。后两篇序文的时间分别是："泰和丙寅岁重午后"，"泰和戊辰闰四月望日"，即公元1206年和公元1208年。这两篇序文应该是《磻溪集》另一个版本的序言。这时丘处机已经60岁，主持山东栖霞太虚观；离开终南祖庭17年，离开龙门洞21年，离开磻溪整整28年了。公元1208年，《磻溪集》刊行的时候，丘处机已经名震四方，声誉鹊起，王侯亲炙，离开磻溪隐居生活已经整整28年了；可见磻溪在丘处机内心的地位、分量和特殊性。《磻溪集》首先记载了丘处机的磻溪生活。

景福山居二首

虎啸烈风港兽愕，魔交长夜睡魂惊。
何时朴直道心显，慧日开张天眼明。
景福淹沉人事少，龙门闲淡虎溪清。

时闻结果加咤语，似听钩辀格磔声。

杜 鹃

春暖烟晴，杜鹃永日啼芳树。
声声苦，劝人归去。
不道归何处。
我欲东归，归去无门路。
君提举，有何凭据。
空说闲言语。

放 鹰

放去欲齐支遁鹤，笼归宁效右军鹅。
虽符庄子能鸣义，恐学茅君着爱魔。

从《放鹰》中出现的"支遁，右军，庄子，茅君"，可以看到丘处机丰富的文史知识。从"虽符庄子能鸣义，恐学茅君着爱魔"，可以看出丘处机对王重阳全真道修炼的坚守。这和刘处玄形成鲜明对比。《放鹰》无疑就是丘处机的自画像。景福山即龙门洞所在地。这里有"虎啸烈风"，有"山间红鸡"，有"杜鹃日啼"，还有"支遁鹤"；简直是一个神奇无比的动物世界。在这样的自然环境，旅游几天可以；生活于此完全难以想象。丘处机却生活了十多年，没有修道的炽热信仰和巨大意志是绝对不行的。丘处机在《坚志》一诗写道："吾之向道极心坚，佩服丹经自早年。遁迹岩阿方十九，飘蓬地里越三千。无情不作乡中梦，有志须为物外仙。假使福轻魔障重，挨排功到必周全。"

诗意很直白：他的"道极心坚"，19岁就出家修道，随师父王重阳从山东老家，远行三千里，来到这里。"无情不作乡中梦，有志须为物外仙"是好句，意好，志好，诗也极好！在如此与世隔绝的环境，心灵的独白是天然的。丘处机作了《述怀四首》：

　　我道欲求神自放，龙门时复虎相干。
　　山头烈火三冬炽，涧底阴风五月寒。
　　清虚妙理横天下，大朴淳风满世间。
　　至道有名那见实，通人无语自知还。
　　入道根源唯自许，出尘消息有谁知。
　　南华始遇逍遥乐，北海终投汗漫期。
　　野鹤孤云闲活计，清风明月道生涯。
　　千山磊落收云气，四海光明耀日华。

磻溪龙门时期的丘处机也仅是25岁的年轻人，追求"神自放"的"清虚至道"，已经足以体现这位孤独者的"大朴淳风"。即便是先秦的道家天才庄子，进入"南华逍遥"也至少在40岁的年纪吧。因之思想境界中的"野鹤孤云"

磻溪磨性山

"磊落云气"是清晰的，也是毋庸置疑的；不过，此时的丘处机毕竟是25岁的年轻人啊！释迦牟尼25岁的时候，还在皇宫作太子，享受人间幸福。老子80岁才入关修道。师傅王重阳和师兄马丹阳45岁之前，还在饮酒食肉、潇洒生活呢。反复是难免的，大道是曲折的，丘处机真诚地表现了自己的艰难曲折。

惊 睡

秋夜沉沉，漏长睡酷多思想。须依仗，道情和畅。不纵魔军王。打迭神情，物物离心上。虚空帐，慧灯明放。坐待金鹦唱。

春 兴

春日春风春景媚，春山春谷流春水。春草春花开满地。乘春势，百禽弄舌争春意。泽又如膏田又美，禁烟时节堪游戏。正好花开连夜醉。无愁系，玉山任倒和衣睡。

声 色

豪气冲天居列鼎，笙歌聒地排瑶境。玉镫飞虬衫帽整。风流骋，不知扑入瑠璃井。滑壁千寻光似镜，交加出路无门径。饶你玲珑机巧性。难逃命，与他送却头皮影。

磻溪隐修，丘处机连睡眠都在警觉（《惊睡》）。"秋夜沉沉，漏长睡酷多思想"，不光是时间的漫长感，面对"魔军王"的煎熬才是关键。在《春兴》中，丘处机一连用了10个"春"字，写"春意"的如膏如美，可这与他无关啊，他必须放弃这些啊。"无愁系，玉山任倒和衣睡"，"和衣睡"道出了拒绝消受的道影。《声色》已经把面临的挑战写明了。下面是他的应战。

无俗念·居磻溪

孤身蹭蹬，泛秦川、西入磻溪乡域。旷峪岩前幽涧畔，高凿云龛栖迹。烟火俱无，箪瓢不置，日用何曾积。饥餐渴饮，逐时村巷求觅。

选甚冷热残余，填肠塞肚，不假珍羞力。好弱将来糊口过，免得庖厨劳役。装贯皮囊，熏蒸关窍，图使添津液。色身轻健，法身容易将息。

汉宫春·苦志

二十年间，大魔交正阵，约度千重。狂弓进箭暗窗，零落无穷。因心睡觉，透历年、无碍真宗。兴慧剑，群魔自然消散，独骋威雄。

出入锐光八表，算神机莫测，天网难笼。驱云扫雾荡摇，法界无踪。

喜迁莺·炼心

要离生灭。把旧习、般般从头磨彻。爱欲千重，身心百炼，炼出寸心如铁。放教六神和畅，不动三尸颠蹶。事猛烈、仗虚空一片，无情分别。关结。除缧绁，方遇至人，金口传微诀。顿觉灵风，吹开魔阵，形似木雕泥捏。既得性珠天宝，勘破春花秋月。恁时节，鬼难呼，唯有神仙提挈。

蓑 衣

深溪古岸，到秋来、莎密茸茸无极。拣择修纤归洞府，虚落晴天吹炙。两束丝干，千条绳就，不假良工识。闲轩亲自，结成渔父装饰。时伴樵牧嬉游，青山绿水，带雨和烟适。妙绝堪珍幽径晚，披雪冲开芦荻。我本忘名，人皆易号，唤作蓑衣客。磻溪皆呼蓑衣先生。他年功满，化云天上无迹。

仅从《无俗念》《苦志》《炼心》和《蓑衣》这些名称，我们可以体会丘处机磻溪修炼的强大意志和清苦形象。从《无俗念·居磻溪》中可以看出丘处机过的是丐帮日子（"饥餐渴饮，逐时村巷求觅"），平生首次一人开始修炼生活（"孤身蹭蹬，泛秦川、西入磻溪乡域"）。从《汉宫春·苦志》中看出丘处机的挑战从外在的艰苦过渡为内在的磨炼："二十年间，大魔交正阵，约度千重。兴慧剑，群魔自然消散，独骋威雄。"内外磨炼的超越，一个"威雄"的全真高道慢慢诞生了。《喜迁莺·炼心》更多从正面记述炼心的成果和境界："身心百炼，炼出寸心如铁。""除缧绁，方遇至人，金口传微诀"，"既得性珠天宝，勘破春花秋月"。师傅王重阳多次在梦中陪伴他，点化他，指导他。经过近20年的苦修，丘处机慢慢地有了最后把握。

性 通

法轮初转，慧风生，陡觉清凉无极。皓色凝空嘉气会，豁荡尘烦胸臆。五贼奔亡,三尸逃遁,表裹无踪迹。神思安泰,湛然不动戈戟。信步紫陌红尘,饥餐渴饮,度日随缘觅。物外闲中天地宝,时复玎珰敲击。后约参师,前程归路,自有真消息。鹤书来召,坐升云汉游历。

心 通

大智闲闲,放荡无拘,任其自然。寄雅怀幽兴,松间石上,高歌沉醉,月下风前。玉女吹笙,金童舞袖,送我醺醺入太玄。玄中理,尽浮沉浩浩,来去绵绵。奇哉妙景难言。算别是,人间一洞天。傲立身敦厚,山磨岁月,从他轻薄,海变桑田。神气冲和,阴阳升降,已占逍遥陆地仙。无烦恼,任开怀纵笔,狂写诗篇。

大道修成,龙门在望。离开龙门洞之前,丘处机很有耐心,他在等待。终于有了征兆。陪伴多年的古松给了他灵感和决定。丘处机在《陇山松》中写道:

我居西山时六年,山西上有松孤然。天生此境为吾伴,隔涧相陪远相看。如何今岁上春月,平地忽遭樵斧侵。也知天意我将归,

走进磨性山

故遣灵岩尔先覆。高歌物外归去来,大隐尘中益开悟。

《陇山松》写于龙门洞时期。丘处机的个人苦修共 13 年:先是磻溪 6 年(1174—1179 年),接着是龙门 7 年(1179—1186 年)。磻溪六年和龙门 7 年的苦修内容基本一致,龙门洞要更加艰苦卓绝。磻溪是丘陵台塬地貌,丘处机尚可以去附近乡村乞食;龙门洞是深山峻岭,完全与世隔绝,丘处机必须自备锅灶。磻溪 6 年,丘处机主要是战胜尘世生活的各种挑战;龙门 7 年,他主要是超越个人灵性的深层诱惑。《性通》"法轮初转,慧风生、陡觉清凉无极"表明,丘处机的修炼最终取得成功。在龙门的绝世修炼结束,下来就是"大隐尘中益开悟"的尘世修行了。丘处机深藏不露,多少有意地将他在磻溪和龙门的修炼道境文字放在了《磻溪集》的最后,以至于许多人怀疑他的道果,即使名满天下之后,离开磻溪龙门隐居生活之后,丘处机正式走向世界,道衍天下:1186 年先是主持终南祖庭 4 年,然后回到山东故乡栖霞等地 30 年,最后是 1220 年万里雪山论道、1224 年抵达首都北京白云观。回到故乡山东,丘处机写了 20 首《牢山吟》。其中写道:

浮烟积翠这山城,迭嶂层峦簇画屏。
造物建标东枕海,云舒霞卷日冥冥。

三围大海一平田,下镇金鳌上接天。
日夜潮头风辊雪,彩霞深处有飞仙。

佳山福地隐仙灵,万壑千岩锁洞庭。
造化不教当大路,为嫌人世苦膻腥。

牢山本即是鳌山,大海中心不可攀。
上帝欲令修道果,故移仙迹近人间。

《牢山吟》一共写了20首，这是其中的4首。借着崂山的地理，丘处机表现自己的心理："上帝欲令修道果，故移仙迹近人间"。磻溪与世隔绝的隐居结束了。就是在山东栖霞和光同尘的平常日子，丘处机获得金朝邀请，一个全新的时代开始了，丘处机道衍华夏的时代到来。由于多种原因，很多人对丘处机的历史成就产生疑问。其中之一就是被丘处机巨大的"笨拙"给欺骗了。丘处机自己清楚自己的付出和变化。我们举一个例子。他在《望海潮·学道》中写道：

神仙风范，长生门户，从来道德为基。余外万般，留心一念，颠狂造作皆非。真教示开迷。自上古轩辕，龙驾腾飞。代代相传授，至今日，尽归依。虚无千圣同规。盖摧残嗜欲，剖判天机。贪利喻雠，观身是梦，娄耽不整容仪。恬素返希夷。任垢面蓬头，纸袄麻衣。行满都抛却，泛寥廓，步云霓。

丘处机的拙朴、实诚让他对极端的张狂持批评态度，"留心一念，颠狂造作皆非"。"颠狂"是师傅王重阳和师兄马丹阳的行为特征。其实，丘处机也进入过"颠狂"状态。

自　述

故里在天涯，海上无名士。因遇终南陆地仙，挈我来游此。素爱断蓬飞，野鹤孤云志。顶笠披蓑人不知，便是风狂子。

疏　慵

懒看经教懒烧香，兀兀腾腾似醉狂。日月但知生与落，是非宁辨短和长。客来座上心慵问，饭到唇边口倦张。不是故将形体纵，养成贫病疗无方。

丘处机在《望海潮·学道》中对于癫狂的批判，既是自我批判，也是对师傅王重阳和师兄马丹阳的委婉批判，更是和光同尘、包容平和、入世济人的超越言说。30年的修行，平和智者的丘处机已经掩盖了聪明伶俐的丘处机。他已经是包容大地的海洋，他人却习惯于用海中的仙山作为衡量尺度。有必要看他的《度世吟》是怎么写的：

　　山深路僻行人少，尽日幽岩听啼鸟。无客相陪皓月中，有时独立青云表。云表孤吟百邪远，天涯一览群山小。调高风急韵悠扬，清绝步虚神缥缈。忆昔重阳泛天角，清吟欲序干坤朴。钓拔扶风人入神妙致不知，测量大海余先觉。入神妙致应难辨，出俗玄谈非所学。返观今日道峥嵘，始得他年功卓荦。

　　当初和师傅王重阳修炼的时候，丘处机仅仅20岁，就已经知道了大海的深度和广度，"钓拔扶风人不知，测量大海余先觉。入神妙致应难辨，出俗玄谈非所学"。丘处机称得上是一个天才，无非是出身贫寒而已。当初丘处机就对纯粹的"出俗玄谈"持保留态度，他还辨不清师傅的"入神妙致"。丘处机仍然把"今日道峥嵘"归于师傅当年的恩德，永远记得并感谢和师傅"独立青云表"的难忘岁月。对师兄马丹阳，丘处机也满怀尊敬之情，多次表达师兄的卓越不凡，直言自己是18年才得道，师兄马丹阳两年即得道，并指出那是师兄前世的功果。这同时意味着，丘处机的磻溪岁月不啻是10年的艰苦付出，也是几世的辛劳；不仅赎救了民族今世的生活苦难，也救赎了他自己三世的生命苦难。

第三节　长春通密：丘著历史疑议

　　《在约伯的天平上》是俄罗斯思想家舍斯托夫的名著。约伯是《圣经》中受尽痛苦、磨难和考验而最终得到灵魂救赎的犹太圣者。对犹太圣者约伯及其苦难和得救，魔鬼有一套说法，天使有一套说法，政敌有一套说法，朋友有一套说法，家人也有一套说法。舍斯托夫的建议是：在对约伯进行任何评价之前，请大家首先把他所经历的生命苦难放在天平上称一称——当然必须是精密准确的天平，必须是来自上帝的天平，必须放《在约伯的天平上》！和约伯相比，丘处机唯一轻松的可能是：他没有来自家人的重负。史书或者记载丘处机自从幼年就失去母亲，或者记载他父母双亡。契诃夫小说和弗洛伊德的精神分析皆得出结论：童年不幸乃是一生苦难。没有苦难记忆，谁愿意出家修道呢？百日锁庵，分梨十化表明：师兄马丹阳的出家多么困难啊，他已经是46岁的中年人了！丘处机呢，19岁就出家了。如果不是苦难记忆，19岁的人生之梦，难道不应该是洞房花烛夜吗？

苦难少年的心是坚硬的，也是高深莫测的。修道50年之后，功成名就、誉满天下的丘处机，遭受金国贵族、元朝大臣耶律楚材式的讥刺不足为奇。让人惊异的是：早在丘处机磻溪苦修的时候，他就遭到人们的怀疑和批评了。《磻溪集》"答丹阳二首"写道：

> 虚空照耀明如镜，好弱头头皆应。
> 随逐状同形影，稍错还提正。
> 他人谗说浑虚佞，远道狂言无证。
> 切告后来休听，默默依贤圣。

没有人关注他的不幸童年，没有人在乎他的青春权利；却有人关心他的修炼，并且关心到了荒谬地步："谗说虚佞，狂言无证。"丘处机却有自己的证据："虚空照耀明如镜，好弱头头皆应"，既是清晰的道境证像，也有难得的忍让谦和。"切告后来休听，默默依贤圣"，"休听"指那些"谗说浑虚佞"的"他人"；那么，"默默依贤圣"指什么呢？是师傅王重阳。《磻溪集》写道："除缧继，方遇至人，金口传微诀"，师傅王重阳多次在梦中陪伴他，点化他。《北游录》明确记载，是师傅王重阳陪伴了丘处机30年的修炼岁月。"切告后来休听，默默依贤圣"，丘处机毕竟是王重阳的徒弟，也仅仅是马丹阳的师弟。丘处机修炼的最高导师，就是师傅王重阳的在天圣灵！丘处机，字长春，号通密，皆是师傅王重阳赠予的名号。宋、金、元三国演义，他五次三番地拒绝了近在身边的宋、金帝王的诏书，却接受了远在天涯的成吉思汗召唤，这不就是"处机"的完美诠释和最高绝唱吗？"长春"者，既是修炼的道境高度，也指修行的人境长度。

全真七子中，几个师兄，马丹阳 61 岁，刘处玄 57 岁，丘处机享寿 80 岁。"待云中、青鸟降祥时，证陆地神仙。"关心国家民族命运，心系大地苍生就是丘处机出家修道的根本动力和深沉意向。他接受成吉思汗的诏书，是在 73 岁的高龄，回来已是 76 岁的老人。1227 年，丘处机仙逝于北京白云观，享年 80 岁。《福音书》讲过，人们欲抢劫某家时，总是首先绑缚它的壮士。丘处机死后，耶律楚材和释祥迈著作对这位华夏伟人的攻击就是这样。王国维、陈垣、姚从吾诸先生已有辩正。不料，当代赵益的《丘处机》（该书 152—158 页，凤凰出版社，2009 年）也对传主多有指责，甚至于认为丘处机临终前"所谓的'功成名遂，归休之时'的符谶更是流于卑俗"（该书 158 页）。郭武的《丘处机学案》对赵益的《丘处机》有过一些驳正。首先，我们要说的是，道门外无信仰者的"高道传记"，非愚即狂乃为通病。其次，赵著用孟子"天下溺，援之以道"批评丘处机"'功成名遂，归休之时'的卑俗"是十足的荒谬和唐突！姑不论孟子和丘处机谁真正做到了"天下溺，援之以道"，也不说他们谁真正有资格"论道"，赵益的《丘处机》把他们相提并论本身，就是对《论语》"道不同，不相为谋"的淡忘和背离。第三，丘处机的"功成名遂，归休之时"来源于《老子》。赵著批评丘处机"卑俗"的出发点，无非是"救人济世"的高调。《老子》有言："圣人不仁，以百姓为刍狗。"《孟子》不是超世的道书，也有对虚伪"乡愿"的厌恶和警惕。赵益的《丘处机》对传主的指责批评，貌似益世高论，无出俗儒乡愿。禅云："荆棘丛中插足易，月明帘下转身难。"丘处机"功成名遂，归休之时"，正是"月明帘下"的成功"转身"。

雪山论道之后，76 岁完成使命的丘处机，此时总算玉成了师傅

太极八卦修真图

王重阳赠予他的名字:"长春",总算全美了师傅王重阳赠予他的道号:"通密"。由于"长春",丘处机写出了《摄生消息论》;由于"通密",别人妄测他的《大丹直指》。其中最大的妄测,恐怕就是否定《摄生消息论》《大丹直指》是丘处机的原作。

《摄生消息论》一卷,原题元·丘处机撰。本书既有道家观点,又有儒家论述。书中据《内经》养生意旨,结合个人心得,针对春、夏、秋、冬四时的防病调摄原则与方法等分别作了简要的论述,尤偏重于老年养生。丘处机和《摄生消息论》的密切关系有这样几点:(1)《摄生消息论》的内容是道家和儒家的融通特征,完全吻合丘处机的精神面貌;(2)全真七子中,丘处机既特别重视命功,又是世寿最长的人,对养生的研究写作极为自然;(3)从磻溪龙门隐居结束,到山东主持栖霞观,丘处机有30年的和光混俗岁月,《摄生消息论》可能就是这一时期的写作;(4)《摄生消息论》的主体结构是四季养生,丘处机描写四季的诗歌特别之多;(5)明代高廉的《遵生八笺》和《摄生消息论》的先后关系,是判断《摄生消息论》是否出自丘处机手笔的一个重要参考。

从内容看，《摄生消息论》中的"高年之人，多有宿疾，春气所攻，则精神昏倦，宿病发动"，"男子至六十，肝气衰，肝叶薄，胆渐减，目即昏昏然"等正是丘处机当时最熟悉的生命境况；而"肝中有三神，名曰爽灵、胎光、幽精也"，"肝之外应东岳，上通岁星之精"，"下有七魄如婴儿名，尸狗、伏尸、雀阴、吞贼、非毒、除秽、辟臭，乃七名也"，非高道无法写出。尤其"肝之外应东岳，上通岁星之精"，丘处机当时就生活于泰山东岳附近。

《大丹直指》，丘处机述，上下二卷；阐述内丹理论与炼功方法。认为金丹之秘就在于性与命。性为天，常潜于顶，顶者性根；命为地，常潜于脐，脐者命蒂。若能五气朝元，炼神入顶，就可成仙。又谓人使肾气与心气上下相交，升降相结，用意勾引，脱出真精真气，混合于中宫，用神火烹炼，令气周流于一身，气满神壮，便可结成金丹，不但长生益寿，若兼修德行，还可跻身圣位。书中划分了龙虎交媾、周天火候、肘后飞金精、金液还丹、太阳炼形、三田既济、炼神入顶、炼神合道、超凡入圣等九个修炼层次，归结为小、中、大三成之法，各用图、说、口诀详述。

继清代陈教友怀疑丘处机著《大丹直指》之后，近来戈国龙又著"《大丹直指》非丘处机作品考"（载《世界宗教研究》2008年3期）。陈教友是儒士出身，对丹经的鉴别力非常有限。苗道一作为全真掌门，曾竭力排斥过《钟吕传道集》。戈国龙继陈教友余绪，重新怀疑《大丹直指》非丘处机作品，从前提到结论及推理过程都漏洞明显。前提一，否定王重阳和吕洞宾的师承关系。前提二，无视王重阳、马丹阳和丘处机之间继承发展的辩证关系。否定王重阳和吕洞宾的师承关系，这需要挑战历史的巨大论辩，戈国龙"《大丹直指》非丘处机作品考"的论证却非常有限。王重阳、马丹阳和丘处机之间继承发展的辩证关系，同样非常复杂，"《大丹直指》非丘处机作品考"基本上就没有辨析。这里仅提供两点，供大家讨论参考。

其一，王重阳别世时，丘处机 23 岁。《北游录》明确写到了丘处机和刘处玄对师傅王重阳修炼理法的怀疑。刘处玄的《仙乐集》可以大量印证这一点。其二，丘处机享寿 80 岁，经历和著述的最突出特征就是一种综合的创造性。《大丹直指》的特征恰恰就是这种"综合的创造性"。就其"综合性"看，《大丹直指》的内容的确没有什么新的东西，它主要综合了《钟吕传道集》和王重阳的《金关玉锁诀》；就其"创造性"看，它突出了《金关玉锁诀》的诀法性和《钟吕传道集》的严整性。《大丹直指》对施肩吾恰恰是托名而已，其中的"西山真人"不在江西，而是陕西首阳山。陕西首阳西山，正是王重阳甘河遇仙之地。丘长春的《大丹直指》写道："西山十二真人王祖师曰：以花树出静中。"以许旌阳为首的"西山十二真人"，根本没有"王祖师"。这里的"西山"指伯夷叔齐的首阳西山，即终南的甘河西山，即丘处机《太清宫十首》中的西山；"西山王祖师"，即师傅王重阳；"西山十二真人"指全真教的五祖与七真。

事实上，施肩吾唐末的"花间派"色彩和《西山真人会真集》的杂糅综述，和丘处机的《大丹直指》中的坚硬清修和创造个性之间的距离也太大了！如果和《钟吕传道集》《灵宝毕法》和《重阳真人金关玉锁诀》比较，《大丹直指》内容上几乎没有什么新东西。"五行颠倒龙虎交媾""三田返复肘后飞金精""三田返复金液还丹""五炁朝元太阳炼形""神水交台三田既济""内观起火炼神合道""弃壳外仙超凡入圣"，是《大丹直指》的内容框架，哪一个在《钟吕传道集》《灵宝毕法》和《重阳真人金关玉锁诀》找不到呢？《大丹直指》的强大魅力不在内容而在风格，其叙述风格和形式风格是完全独特的，也是非常奇特的！什么是《大丹直指》的叙述风格呢？《大丹直指》的叙述风格就是：《灵宝毕法》的系统严整和《金关玉锁诀》的强烈浓度的高度融合。《大丹直指》的形式风格很直观："诀""诀"的图示、"诀"的释义、"诀"的行功和"诀"的效验。"诀"就是"性命大丹",围绕"性命大丹"的图示、释义、行功和效验,就是性命修炼的具体行持、意旨明确、详加指画,就是"大丹直指"。《大丹直指》的写作是蒙元时期,中经明代尹真人高弟的《性命圭旨》,到了清代先天派的《性命法诀明指》,大丹著作的古典文本就彻底结束了。就形式风格看,丘处机的《大丹直指》以"诀"(大丹)为核心的"直指",显然是沿承《重阳真人金关玉锁诀》而来。核心思想上,大家比较一下《重阳真人金关玉锁诀》的文字内容和《大丹直指》的文字内容。

《大丹直指》:

1. 日行命带者,只用两手相摩令热,捧定脐轮,以意专之,只守在脐轮,无思无想,只静定之。

2. 自觉神水下脐,真火奋发,从脐下丹田,跳跃直奏乎顶门。任其自然,亦无遍数,只一意守于脐轮。若欲休歇行住,就便不拘,久而丹田如火,精神畅美,神妙难述。

3. 王祖师曰:以花树出静中,以花树回望,不失本性,既出自然,身外分形。弃壳不难,功成方合自然,所以诀中有花树皂盖,以记本体招神入壳,有鹤冲龙跃,以升阳神。

《重阳真人金关玉锁诀》:

1. 夫行功之时。子午起。跏趺坐。搓手。如真气煎体。过天桥。过额颅是也。只教上腮下腮。上用意分。

2. 真气两下流转。太阳元。中落于腮。上流牙齿。从左口角。右口角取液。又为玄珠甘露。用赤龙搅得匀停。漱为雪花白。有甘味也。口是八色琉璃渠。一中八味水。口含藏真气。

3. 诀曰:现在一身安乐为小乘。都是大乘之根。初地法,心为小乘。结果为大乘。小乘为根。大乘为梢。似一根大树,先有其根。后有其梢。

《重阳真人金关玉锁诀》和丘处机的《大丹直指》文字内容上的血脉一体,互为同构远不是个别句段现象,而是文本的整体贯通。成吉思汗蒙古铁军的马蹄声的确已经远去,这无疑增加了理解丘处机磻溪苦行清修的难度。毛泽东豪迈放言:"一代天骄,成吉思汗,只识弯弓射大雕。"现代人面对丘处机的历史勋业,不知哪里来的自信:这也不是,那也不对,根本没有舍斯托夫《在约伯的天平上》的那种思想良知。磻溪龙门13年的苦行清绝,人们拒斥,倒也罢了;如果不识他在书写领域的符号痕迹,就有些讲不过去了。《大丹直指》最后写道:

> 凡流开口论天机,只能狂说不能知。
> 世上众生无鉴识,及至逢真说道非。

第四节 穿越黑暗:《女丹诀》的特殊性

1972年,马王堆汉墓出土发现了2000年不朽的惊世女尸。女尸的主人名字叫作辛追,是西汉一位侯爵夫人。辛追双脚长15厘米,是女足的天然样态。孙不二是全真七子中的唯一女冠。1175年,王重阳仙逝之后,孙不二一路乞食、踽踽独行、风餐露宿、跋山涉水,从山东宁海经过3000里的漫漫行旅,来到陕西终南山的重阳宫祖庭,向师傅的灵魂告别。孙不二拯救自己灵魂的全真修炼开始了!对现代世俗享乐主义而言,可能已经对"灵魂"这样的精神性术语缺乏必要的敏感。不要紧,孙不二的双脚可以作证:宋金战乱时代,她的女足不仅具有自然正常的长度,还拥有极为超常的硬度。全真七子中,王玉阳有"铁脚仙"的大名。全真七子中,孙不二的历史资料最少;就凭战乱年代、孤身千里这一条,孙不二也可以享有"铁脚女仙"之美名。

百日锁庵、分梨十化是全真教的历史经典。孙不二不仅是百日锁庵、分梨十化这些历史经典的女主人,可能还是百日锁庵的女导演。在百日锁庵、分梨十化这些重要历史时期,王重阳给孙不二写了许多诗作。

赠孙姑之一
二婆犹自恋家业,家业谁知坏了钱。
若是居家常似旧,马公无分做神仙。

赠丹阳夫妇
十一离分马秀才,直须款款认头回。
三涂苦楚安排放,两块泥团总不猜。
棚下冷言无活计,楼头暗应没家财。
愿惺愿悟休相唤,便是教贤出得来。

赠孙姑之二
在家只是二婆呼,出得家缘没火炉。
若会修行成锻炼,教人永永唤仙姑。

《赠孙姑》之一是王重阳希望孙不二支持马丹阳出家修道,"若是居家常似旧,马公无分做神仙"。没有孙不二的回应诗作,我们不难想象孙不二的眼神目光。《赠孙姑》之二是王重阳希望孙不二自己能够出家修道。我们仍然无法见到孙不二的回应诗作,后来的结果已经无须我们的想象了。《赠丹阳夫妇》是王重阳写给孙不二夫妇两个人,"三涂苦楚安排放,两块泥团总不猜"反映了他们之间的某些矛盾;"棚下冷言无活计,楼头暗应没家财"更多的是孙不二对马丹阳的心理态度。为什么呢?我们不必猜。马丹阳提供了一些具体背景。马丹

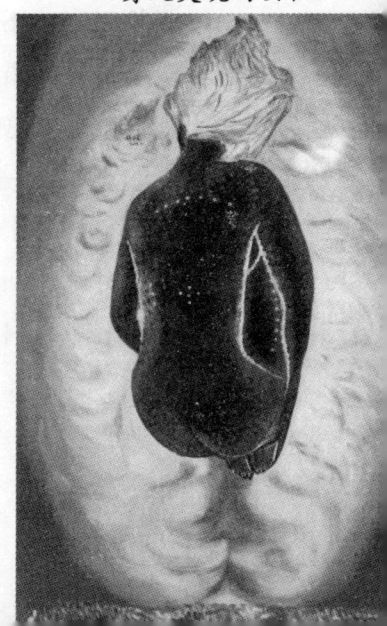

身处灵境的女性

阳在《神光灿·自咏十一首》中写道：

　　昔年在俗，常用心机，挑生剜死为谁。欢喜冤家惹得，一向愚痴。恰如飞蛾投火，身焦烂、犹自迷迷。争些个，被儿孙妻妾，送了头皮。因遇风仙开悟，回光照、怨亲不可相随。尽是狼虫虎豹，蛇蝎狐狸。把似养他毒物，又何如、物外修持。功行满，跨云归侍奉本师。

　　酒色财气是修道的四大障碍。马丹阳指出，四大障碍中，最大的是"色"。《自咏十一首》中，随处可见马丹阳对女色的批判和恐惧，"尽是狼虫虎豹，蛇蝎狐狸"，"妻妾如刀似剑，近着伤形"。这不是空泛议论。除了妻子孙不二外，马丹阳还有女妾。"争些个，被儿孙妻妾。"女妾即中国现在的"二奶"，经济基础是必要前提，马丹阳是有名的"马半街"。马丹阳在《自觉》中写道："梦见娇妻称是母，又逢爱妾还称女。因为前生心不悟。心不悟，改头换面为夫妇。从此山侗常恐惧，那堪更得风仙度。决要净清清净做。清净做，紫芝彼岸通玄路。"

　　《自觉》是马丹阳在陕西终南山时期的诗作，是心灵深层的不自觉流露。马丹阳不仅又一次表现了自己过去的妻妾生活，并且反映了他和妻妾的生活关系："娇妻称是母，爱妾还称女。"孙不二比马丹阳长三岁，不仅有母亲之"称"，也会有母亲之"实"。"爱妾还称女"不是一个道理吗？出家之后是生活伦理的颠覆；出家之前，马丹阳的家庭伦理就有破损。"棚下冷言无活计，楼头暗应没家财"，王重阳的观察不是空穴来风。孙不二的心理态度，更不是无缘无故。对王重阳和马丹阳写的诗作，我们看不到孙不二的诗作回应，可能孙不二也没有诗作回应。孙不二出家修道的诗作，大部分已经遗失，有些流传了下来。《孙不二元君女功内丹次第诗》中写道：

　　第一收心：吾身未有日，一气已先存；似玉磨逾润，如今炼岂昏？扫空生灭海，固守总持门；半黍虚灵处，融融火候温。

第二养气：本是无为始，何期落后天；一声才出口，三寸已司权；况被尘劳耗，那堪疾病缠；子肥能益母，休道不回旋。

第三行功：敛息凝神处，东方生气来；万缘都不着，一气复归台；阴象宜前降，阳光许后栽；山头并海底，雨过一声雷。

第四斩龙：静极能生动，阴阳相与模；风中擒玉虎，月里捉金乌；着眼氤氲候，留心顺逆途；鹊桥重过处，丹气复归炉。

第五养丹：缚虎归真穴，牵龙渐益丹；性须澄似水，心欲静如山；调息收金鼎，安神守玉关；日能增黍米，鹤发复朱颜。

第六胎息：要得丹成速，先将幻境除；心心守灵药，息息返干初；气复通三岛，神忘合太虚；若来与若去，无处不真如。

第七符火：胎息绵绵处，须分动静机；阳光当益进，阴魄要防飞；潭里珠含景，山头月吐辉；六时休少纵，灌溉药苗肥。

第八接药：一半玄机悟，丹头如露凝；虽云能固命，安得炼成形；鼻观纯阳接，神铅透体灵；哺含须慎重，完满即飞腾。

第九炼神：生前舍利子，一旦入吾怀；慎似持盈器，柔如抚幼孩；地门须固闭，天阙要先开；洗濯黄芽净，山头震地雷。

第十服食：大冶成山泽，中含造化情；朝迎日乌气，夜吸月蟾精；时候丹能采，年华体自清；元神来往处，万窍发光明。

第十一辟谷：既得餐灵气，清泠肺腑奇；忘神无相着，合极有空离；朝食寻山芋，昏饥采泽芝；若将烟火混，体不履瑶池。

第十二面壁：万事皆云毕，凝然坐小龛；轻身乘紫气，静性濯清潭；气混阴阳一，神同天地三；功完朝玉阙，长啸出烟岚。

第十三出神：身外复有身，非关幻术成；圆通此灵气，活泼一元神；皓月凝金液，青莲炼玉真；烹来玉兔髓，珠皎不愁贫。

第十四冲举：佳期方出谷，咫尺上神霄；玉女骖青凤，金童献绛桃；花前弹锦瑟，月下弄琼箫；一旦仙凡隔，泠然度海潮。

陈撄宁对《孙不二元君女功内丹次第诗》有详细注解（见田诚

阳《仙学详述》266—302 页，宗教文化出版社，2002 年）。男女修炼原理基本一样，其最大区别就是炼精化气的入手，女性即"斩赤龙"，即女性月经修炼现象。陈撄宁先生对《斩龙第四》有系统注解，"龙"者，女子之月经也。"斩龙"者，用法炼断月经，使之永远不复再行也。若问："月经何以名为龙？"则自唐朝以后，至于今日，凡丹书所写，及口诀所传，皆同此说，当有一种意义存于其间，暂可不必详解。若问："女子修道，何故要先断月经？"此则神仙家独得之传授，无上之玄机，非世界各种宗教、各种哲学、各种生理卫生学所能比拟。女子修炼与男子不同者即在于此，女子成功较男子更速者亦在于此。若离开此道，别寻门路，决无成仙之希望。倘今生不能修成仙体，束手待毙，强谓死后如何证果，如何解脱，此乃自欺欺人之谈，切不可信。《女丹诀》之外，还有《孙不二元君七言绝句》，共七首。我们择引一首：

小春天气暖风酥，日照江南处士家。

催得腊梅先进蕊，素心人对素心花。

孙不二作为全真七子中的唯一女冠，穿越历史的黑暗性，一步一步向我们走来。"素心人对素心花"，人类历史迟早会面对她的光彩和美丽。

第五节　新声先发：《仙乐集》的特异性

全真七子，刘处玄最晚拜师。李道谦的《七真年谱》记载，金大定九年（1169 年）九月，刘处玄拜师王重阳。金大定十年（1170 年）正月，王重阳仙逝于还乡的路上。在 23 岁刘处玄的内心，王重阳仙逝的情景是一生难以磨灭的创伤：其一，正月的中国北方，奇寒无比，让人身心直打冷战；其二，王重阳仙逝半路上，让刚刚出家的刘处玄一生思家；其三，刘处玄拜师王重阳仅仅 3 个月左右，

师徒之间的认识和感情都较浅。王重阳别世之际,刘处玄不堪忍受而逃走了。《北游录》记载:

> 后祖师临归,正腊月中,四师乞到钱物,令多买薪炭,大燃于所寝之室。室甚小,令丹阳、长真立于内,而不任其热;令长生、长春立于外,而不任其寒,内不敢出,外不敢入。如此者久,长生师父不堪其苦,乃遁去。至正月四日,祖师临升,三师立床下。祖师曰:丹阳已得道,长真已知道,吾无虑矣;长生、长春则犹未也。长春所学,当一听丹阳命;长真当管领长生(《丘处机学案》376—377页)。

按照《北游录》的记载,谭处端5年得道,刘处玄7年得道,王重阳别世之际,谭处端仅仅是"知道",和师傅王重阳相处的时间太晚,谭处端的功行又浅,刘处玄一生最服膺和爱戴的人乃是师兄马丹阳。刘处玄的《仙乐集》有许多诗作是献给马丹阳的。

踏莎行

> 大翁出去,随家店住。且只似昔年,混俗庞许。
> 食肉爱生灵,饮酒休乱做。肯忘贪,闲论今古。
> 仙家乐处,逍遥云路。隐世外修性,金乌随兔。
> 行就访蓬山,功了离尘所。蜕凡形,礼丹阳父。

青杏儿

> 九月季秋凉。谢尊官、重献霞浆。难当厚礼重重爱,世中名利,贪争俗虑,身坐心忙。道化怕无常。三十年、总敬丹阳。东莱满郡无疑妄,天元庆会,这番归去,朝现天皇。

刘处玄的《仙乐集》表明,他对师兄马丹阳的景仰和感情要超过师傅王重阳。从《青杏儿》"三十年、总敬丹阳"看,对马丹阳的这种景仰和感情在刘处玄乃是终生性的。刘处玄23岁出家修道,57岁逝世,《青杏儿》应该是他五十多岁之后的晚年作品。对师兄马丹阳的景仰和感情要远远超过对师傅王重阳的景仰和感情,这是刘处玄的《仙乐集》最直观的一个特异现象。丘处机和刘处玄同岁，拜师王重阳尽管比刘处玄略早，同样抱怨过师父讲的都是"不干用的"东西。临终之际，王重阳给丘处机说的最后一句话就是："不干用的，就是道。"经过磻溪龙门的13年苦行清修，丘处机愈来愈加深了对师傅王重阳的景仰和感情。与此形成对照，刘处玄比丘处机得道时间要早，主要在洛阳一带的花街柳巷混俗炼心，对师傅王重阳的景仰和感情不仅没有随着岁月而增加，反倒疑情更重了。对刘处玄在花街柳巷的混俗炼心，丘处机当年就表示质疑和批评，其《妙用》写道："千古圣贤皆一轨，亘初得得从心起。选甚花街并柳市。虚空体，本来一物无凝滞。"在《踏莎行》中，刘处玄一方面表示"蜕凡形，礼丹阳父"，一方面明确说："大翁出去，随家店住。且只似昔年，混俗庞许。""礼丹阳父"主要出自一种经历和感情，"且只似昔年，混俗庞许"则是刘处玄的修道理念和信仰。"庞许"就是庞居士和许旌阳，前者居家修炼，后者外丹修行。"混俗庞许"表明，刘处玄在清修和双修、出家和居家诸问题上存在明显矛盾。刘处玄是全真教士，并且做过全真教的掌门，而在《踏莎行》中，刘处玄明确表示"随家店住。且只似昔年，混俗庞许"，不是对全真戒律，对《重阳立教15论》的明显偏离和挑战吗？事实上，刘处玄在《踏莎行》中的特异理念和看法，不是个别的，而是修道信念的改变。

白莲花词二十九首

百岁人生速悟，三万六千有数。昼夜忙忙乌兔，限到难趋死路。古今许庞家去，也应都免轮回苦。别有铅房汞库，一点灵明是主。道乐无尘无虑，欣则行歌道舞。古今许庞家去，也应都免轮回苦。敬道高真佑护，保命身安养素，恶浊消亡作做；圣道难逢难遇。古今许庞家去，也应都免轮回苦。

《白莲花词二十九首》中，"古今许庞家去"既是反复咏叹的旋律词，也是《白莲花词》本身的主题声。

四言颂 "述怀"

功成身退，清居养浩。临水依山，闲看庄老。地有松筠，四时常好。洞天深处，要行便到。修真灵验，命住见效。旧业消亡，新愆莫造。真崇至道，与世颠倒。归去渊明，先游蓬岛。百千禧助，名传万古。合宅全家，意如庞许。德孝两成，为人贵富。预修性命，永无病苦。出离生灭，不来不去。大罗仙乡，得道常住。三教无分，全真门户。无为应为，诱人开悟。

《四言颂》是四言歌颂：一方面有"三教无分，全真门户"的全真教口号，一方面歌颂的具体人物却是老庄（"临水依山，闲看庄老"）、陶渊明（"归去渊明，先游蓬岛"）和庞居士、许旌阳（"合宅全家，意如庞许"）。庞居士、许旌阳乃是"德孝两成，为人贵富"的富贵神仙典范。这和王重阳全真教的精神可谓背道而驰、天壤之别。《仙乐集》中明确指出："休论出家，且如庞许。"和王重阳全真教的精神宗旨对照，刘处玄的特异性已经完全是一种宗教异端声音了。马丹阳的《欲继许君庞老》的经验是："扪心自忖须知。同心同德做修持，稍有相违远离。三个不如两个，两人谈是谈非。孤云野鹤任东西，岂有纤毫萦系。"（《渐悟集》）刘处玄毕竟不是马丹阳的徒弟，而师傅王重阳已经仙逝了。刘处玄一生"意如庞许"的信仰没有任何改变。 (1) "未能出去，且如庞许。全家了道，名传万古。意泯贪争，认得乌兔。自然之道，倒颠子午。达理明真，便知宗祖。顿觉真常，也无舍取。上士飞升，中下延全。生在中华，难遇天元。" (2) "节欲少病，真平积行。念道忘尘，心猿缚定。万镒黄金，难买性命。三教归依，慧光渐莹。仿效许庞，真升朝圣。" (3) 《满庭芳》："崇道德，清廉治政，应变全周。待功成名遂，霞洞云游。琴剑仙经为伴，蜕形去、真上云头。如庞许，全家拔宅，永永住瀛洲。许真君全家拔宅升天，庞居士全家坐脱立亡去。"

《仙乐集》不仅充满了对"许真君全家拔宅升天,庞居士全家坐脱立亡去"的羡慕和信仰,并且或明或暗地对师傅王重阳表示怀疑和否定。《念奴娇》中写道:

处玄稽首,月帔张唐二公,别后思量。倏忽年余迩闻,却住天长。常记讲师静位,说关西、作醮歧阳。香花引,那郝公见道,大晒重阳。

刘处玄7年得道,得道时年仅三十多岁。从三十多岁得道到57岁仙别,除了注释《道德经》等经典,刘处玄的主要工作就是斋醮作法,和传统道教雷同。刘处玄的《仙乐集》十之八九属于斋醮作法的作品:长篇组诗,结构一致,主题固定,反复出现,充满矛盾。一方面,他希望"寿过彭祖,更官高一品,石崇贵富","近中寿,意望百年期。了了不生真不灭,自然结就坎和离。休觅上天梯"。一方面特别厌世,希望"归去渊明,乘舟范蠡,先已超升去。真通道德,趉却死沉阴路"。用《望蓬莱》的话,刘处玄自己是"得道未逍遥"。《金莲正宗记》记载:"居无何,乡里诬告先生杀人,辄不辞而就缚。……后杀人者自首,先生得以免缧绁之刑。"

这一事件对刘处玄的影响不会小。事件的起因,有的记载是刘处玄得罪了当地的行政长官,有的记载是"乡里诬告先生杀人"。真实的情况可能是行政长官和"乡里诬告"的配合。为什么呢?刘处玄回到家

刘处玄法像

乡，既是得道法师派头，又是衣锦还乡做派，"卜太基之阴麓，建灵虚之祖堂，手植桧柏，苍翠成行"。树大招风，"苍翠成行"能不引来世俗麻烦吗？刘处玄希望是"近中寿，意望百年期"，结果57岁别世，是全真七子享寿最短者。这无论怎么说都是一件悲伤的结局，是一个悲剧的结果。如果刘处玄和丘处机一样的享寿，全真七子就会上演绝代双骄：一个富于政治韬略，一个长于修炼奥理；丘处机儒风浓郁，刘处玄藏密根器；丘处机获得师傅遗言而成"一言自杀"的万世奇功，刘处玄错失师傅遗教而酿"仙乐不成"的千古遗恨。师傅王重阳在河南汴梁仙逝之前，最后阅读的书正是《乐章集》！王重阳的《解佩令》"爱看柳词遂成"及《山亭柳》中分别写道：

平生颠傻，心猿轻忽。乐章集、看无休歇。逸性据灵，返认过、修行超越；仙格调、自然开发。四旬七上，慧光崇兀。词中味、与道相谒。一句分明，便悟彻、耆卿言曰：杨柳岸、晓风残月。

性本慈悲，要觅玄机。妙理上，欲寻思。一身无可脱，被家缘火院驱驰。爱欲猛捐样下，怎奈向那妻儿。此个丹成分两处，若教行坐总相随。但恐不由伊。双全全举得，人人尽学取无为。清静到头各就，只庞居士同知。

不说师傅王重阳道行上的成就，至少他有过妻室儿女。这一点正和"庞居士同知"。柳永是花间派词人，擅长风花雪月，钟情儿女情长。师傅王重阳也是知音，才"爱看柳词遂成"。仙乐乃是人乐的提纯和升华。临终之际，王重阳给丘处机说的最后一句话是："不干用的，就是道"，丘处机享用终生，成为功德圆满的全真大师。临终之际，如果王重阳给刘处玄能说上一句类似"无处可乐，就是仙乐"的遗言，情况会有很大的不同吧。事实却是，在师傅王重阳临终之际，作为弟子的刘处玄"不堪其苦，遁去"。仙乐固然高远玄妙，"不堪其苦"者，肯定无法进入圆满的仙乐境界。

第六节　云山道歌：《云光集》与《水云集》

诗云："何意百炼钢，化为绕指柔。"全真七子，人人都有顶天立地的英雄金刚心，个个都是行云流水的乱世传法人。谁的金刚心化得最"柔"呢？答曰：是长真子谭处端！马丹阳的《渐悟集》，既显露着谦逊，也流露出韬略，他的《神光灿》就是注解。和马丹阳的《神光灿》接近的是王玉阳的《云光集》，真正是"天光云影共徘徊"。和谭处端在洛阳搭档修炼的是刘处玄，既大张旗鼓地追求《仙乐集》，又在山东故乡上演银铛入狱。李道谦的《全真年谱》记载：金大定二十一年（1181年），就在长生子刘处玄东归莱州开始大法师生涯之时，他的师兄——长真子谭处端却从洛阳来到了华山纯阳洞，真正把自己化成了仙意之"水"和仙乐之"云"。谭处端的《水云集》最大的特征，就是"水云"的纤柔和谦虚。

采桑子——赠获嘉王法师

谭风偏喜王三父，夙世良缘。休更推延。妻恶儿嫌出世尘。修行外用无为作，囚马擒猿。不返家园。定做逍遥物外仙。

满路花

因师超苦海，舍俗探幽玄。顿居欢喜地，认贫闲。是非人我，岂论与愚贤。步步清凉路，信任遨游，兀谁知恁恬然。也无心、远望神仙，到了分随缘。尧年丰岁稔，谢皇天。水云活计，只觅一文钱。损损闲闲趣，寂寞无为，任他岁月绵绵。

《采桑子》中，谭处端对师傅王重阳满怀感激和怀念：从情感上，他把王重阳认作父亲，"谭风偏喜王三父"，尽管谭处端只比师傅小十岁而已；从认识上，他把和师傅的相遇看做是命运性恩典，"夙世良缘"。与这种道情和深情比照，谭处端对妻子儿女既无情又绝情，"休更推延。妻恶儿嫌出世尘"。《金莲正宗记》记载，谭处端在马丹阳家全真庵拜师王重阳。妻子来找，谭处端一是写休书，二是大发脾气。原因何在？《满路花》中有回答："因师超苦海，舍俗探幽玄。"谭处端修行的专注性异常惊人："外用无为作，囚马擒猿。不返家园。定做逍遥物外仙。"在外修行多年之后，师弟刘处玄回去了，师兄马丹阳回去了，只有谭处端真正做到了："不返家园。定做逍遥物外仙。"爱屋及乌，通过师傅王重阳，谭处端把景仰的道情也献给师祖："吾门三祖，是钟吕、海蟾相传玄奥"；是师傅和师祖给了他"只觅一文钱，岁月绵绵，寂寞无为"的水云境界。

云雾敛

匿光辉，认愚卤。兀兀腾腾，闲裹寻闲步。垢面蓬头衣褴缕。乞食忘惭，方称烟霞侣。绝骄矜，趣真素。不受人钦，不择贫卑处。认正丹阳师父语。了了惺惺，功满归蓬路。

寄长生刘师兄

处端稽首，上覆刘仙，一别倏忽三年。每遇临风对月，思渴高贤。忽尔遽承教字，方就审、法候安然。弟且喜，无劳齿录，存念绵绵。自愧尘缘未断，在磁洛两郡，且恁随缘。不果来期，希恕老拙无悉。首春即当拜觐，履高秋、颐素不宣。处端望，师兄通妙几前。

《云雾敛》是写给师兄马丹阳的，是谭处端讲述自己的修炼状态：(1) 极端的苦行清修，"垢面蓬头衣褴缕。乞食忘惭"。(2) 毫无区别心，几成愚陋，"匿光辉，认愚卤"。(3) 真诚的谦卑和忍辱，"绝骄矜，趣真素。不受人钦，不择贫卑处"。

据说，在洛阳乞食，谭处端被打掉牙齿，他竟然和血咽到肚内。"认正丹阳师父语"，他把马丹阳不仅看成师兄，并且当成师傅；就自然年龄而论的话，谭处端比马丹阳还有大几个月呢。与此比照，师弟刘处玄比他们小二十多岁，不仅不"绝骄矜，趣真素"，并且马丹阳批判其奢侈之时，还讲了一大通理由。《寄长生刘师兄》就是谭处端写给师弟刘处玄的。谭处端比师弟刘处玄在自然年龄上大二十多岁，修行上可以说是师傅。《寄长生刘师兄》体现他不仅不以师兄和师傅的口气自负，且把刘处玄以师兄相称，充满了只有得道觉悟者才有的"水云"气息。姑且不论谭处端和刘处玄师兄弟们修行的高低风格，仅比较一下谭处端的《水云集》和刘处玄的《仙乐集》的创作境界，师兄谭处端不仅有"水"的清亮润洁，不单具有"云"的清逸舒展，并且还有《仙乐集》梦寐以求的真实"仙乐"。如真似幻，如梦似醒，谭处端的《水云集》是全真教清静无为的典范之作。谭处端有《如梦令》21首，我们仅选两首欣赏。

其一

镜药收来守拙，不遇知音难说。
古鉴要予磨，点处便交光彻。
欢悦，欢悦。衮出一轮明月。

其二

不染俗情非是，不慢下贫趋贵。
不敢受人钦，自在逍遥云水。
云水，云水。守一无为彻底。

世俗作为人类孽力的公共生态环境，不仅社稷伦常呼吸其间，不仅科学和它同生共谋，并且宗教也无把握超越之。谭处端的《水云集》的价值正在于此，全真教的清静无为说到底是"不染俗情非是"的苦行果实，《水云集》正是这种仙风道气的浅唱低吟和诗意诉述。"欢悦，欢悦。衮出一轮明月。"不就是《仙乐集》追求的"仙乐"吗？"古鉴要予磨，点处便交光彻。"不就是《云光集》表达的"云光"吗？"云水，云水。守一无为彻底。"《水云集》完全可以叫作《云水集》：其一，《水云集》中"云水"一词出现的次数大概是"水云"的几倍之多；其二，"云水"比起"水云"，既经常使用，且具有美感意境。谭处端为什么放弃《云水集》而取《水云集》呢？《如梦令》其二讲了："守一无为彻底。""云"的美感意境，大众都能够日常欣赏；"水"的无为奥妙，只有《老子》"上善若水"者才能领略。同样是出于"逍遥云水"，和谭处端的《水云集》无为妙境形成对比的便是王玉阳的《云光集》。和谭处端一样，对王重阳，王玉阳也充满景仰，怀恋不已。

全　真

我师弘道立全真，始遇纯阳得秘文。
性满虚空凝皓彩，丹成表里结祥云。
顿超法界留玄教，传化人天赞圣君。
救拔群生诸苦难，自然寰海普知闻。

遇师传授

我尝遭遇活神仙，的养灵明透碧天。
心入绛宫冥照耀，气嘘丹鼎自回旋。
形神俱妙烟霞锁，动静都忘性命全。
普愿尘寰通此理，一时同泛度人船。

赠日照县水车沟会众

水车灌出道芽新，渐吐灵光透紫宸。
二气根元成造化，满天枝叶拂星辰。
玲珑霞彩通三界，踊跃圆明出六尘。
结就本来真面目，因师开发悟全真。

遇　师

定八年间，得遇重阳。感真慈、诀破心王。清中诱化，静裹斟量。见紫霞生，祥风至，聚云光洞也。抱一无离，应物圆方。唤东牟、得道婴郎。丹成果满，披挂霓裳。便见三清，朝玉帝，普行香。

谢师恩

谢师提挈沉沦外，生死难交代。不堕轮回超法界。诸天运度，化生无相，一点圆明在。荡摇浮世常安泰，闲把琼芝采。护法神君威力大。流铃掷火，扫尘千里，摒尽诸魔害。

不避冗长，列举上述王玉阳怀恋师傅王重阳的诗作，希望改变一个历史悠久又没有根据的偏见：在全真七子中，丘谭马刘是王重阳的嫡系，而王玉阳等三人只是旁出。丘、谭、马、刘中间，谭处端对王重阳的感情和景仰，远远不是最淡薄的，但也不会超过王玉阳对王重阳的感情和景仰！"丘、谭、马、刘"是包括王重阳《结物外亲》在内全真教的固定说法，并且"丘、谭、马、刘"先后皆做过全真教的掌门人。既然大家都放弃家庭、舍弃儿女、抛弃父母而来"结物外亲"，那么和师傅王重阳关系的亲或疏、深或浅、重或轻的判断尺度，就不能用"物内"的时空距离，而只能依靠"物外"的道心授受来判定。上述诗作表明，王玉阳和师傅王重阳的道心授受绝不会低于"丘、谭、马、刘"四者！

王玉阳和谭处端怀恋师傅王重阳的诗作，皆有真挚的深情，却呈现出完全不同的精神面貌和个体风格：谭处端浅唱低吟、清静无为、如云野逸，王玉阳高声放歌、饱满豪放、如云翻卷；谭处端点到为止、晶莹醇正、弦外之音袅袅；王玉阳瀑布奔泻、浓烈厚实、鼓点之声铿锵；谭处端上善若水、清高和寡、淡泊明志，王玉阳大美夺光、与众和唱、奋勇济世。简明说一句：谭处端属于全真七子的最低音，王玉阳属于全真七子的最高音。有趣得很，谭处端是抱着师傅王重阳的双脚得道，王玉阳则是接到师傅王重阳的阳伞得道。谭处端虽然年长，却和丘处机、刘处玄同为"处"的弟子辈，王玉阳也叫王处一,年纪小,却和马丹阳、王重阳共享着"阳"字辈。事实上,马丹阳支撑着全真教的陕西关中江山,王玉阳则支撑着全真教的山东半岛江山。王玉阳不仅得道早,并且是神通第一,

铁槎山云光洞

也是全真七子中第一个受到皇室召见的人。王玉阳在《七言律诗》中写道:"承安丁巳,受第三宣,于六月二十五日到都下天长观。七月初三日宣见,赐坐。帝问《清净经》。师解之。次问北征事。师答云:戊午年即止。后果应。次问全真门户。师一一对答。帝深嘉叹。留连抵暮方出。翌日赐紫衣,号体玄大师。仍差近侍传旨,赐崇福、修真二观,任便住坐。每月给斋厨钱200镪。时在修真观,作此一篇。"诗云:

> 修真观下信逼通,往复祥光透碧空。
> 昔遇明师开正教,今蒙圣帝助玄风。
> 玉阳自此权行化,法众从兹好用功。
> 稽首慈亲毋少虑,皇恩未许返乡中。

> 奉旨催行
> 先帝升霞泣万方,洪恩厚德岂能忘。
> 公卿不敢当今奏,却返云踪入故乡。

《七言律诗》的写作背景是金朝第三次宣诏王玉阳。王玉阳叙述了自己和金世宗前两次会见的圆满效果。《奉旨催行》写于金世宗死后，可以看出他们的个人友谊。王玉阳前后获得金庭五次召见。对一个出家的全真教士，王玉阳靠的是什么呢？只能是他的修行境界和影响。

道理因缘
遇师决破好因缘，与物无私合上天。
五道光明攒慧性，万般霞彩簇丹田。
清音空外传真趣，苦海波中运法船。
无证无修真了了，本来功行自周全。

自咏二首
东方云海小凤凰，终日无为话苦空。
一点圆明真了了，两回遭遇性融融。
三田锻出留年药，九载修成越世功。
每向朝元仙路看，全真光彻大罗宫。

守 道
金精玉髓结神胎，夹脊光明两道开。
灌顶醍醐生万象，二轮日月射瑶台。

光透檐栿
纯阳开化上冲天，放出神光养瑞莲。
道气周流通子午，桂花吐焰照无边。

全真七子中，王玉阳是"灵光"修得最好的。佛道重要的功行和神通，必须修炼"灵光"。道教所谓的"三花聚顶""五气朝元"都是"灵光"修炼。全真七子中，王玉阳神通第一，就与"灵光"

修炼有关。在很大程度上,王玉阳就是依靠神通第一和"灵光"修炼的影响支撑着全真教在山东的河山事业,因而也第一个获得了金国上层的重视和召见。神通和"灵光"修炼固然重要,但也容易着相,从而影响修行的圆满追求。马丹阳和王玉阳就曾经讨论过。

  丹阳致炼无上道

  丹阳致炼无上道,东海西秦通受教。
  复返云宫度岁华,这回了了全真效。

  悼丹阳

  走电飞雷击太空,先天大器恣威雄。
  妖精魔怪随风散,独显圆成道德功。

  通 光

  众立丹阳显异碑,端文仙迹妙雄威。
  包藏微密超今古,补惜先天造化机。

  (大定癸卯季冬二十二日,丹阳蜕质升霞。故题。)

龙门丘祖洞

《丹阳祠堂》中有文："彦明姜，钟子政。文举先生，三友于中省。各发丹诚用得正。助阐玄门，转化昌阳境。玉阳王，为袖领。外诱诸公，结果全真行。工匠同流须至敬。感动扶风，专向蓬莱等。"

从"丹阳致炼无上道"看出，马丹阳特别关心王玉阳的修炼情况。《丹阳致炼无上道》就是王玉阳的回答。王玉阳的回答和修行大概得到了马丹阳的赞同，才有了这么多回忆诗作。马丹阳给王玉阳显化就是赞赏和应答。《通光》几首写马丹阳的显化事件。按理说，王玉阳和马丹阳相处的时间短，根本比不上四子的关系。马丹阳的身后事宜，不仅交给了王玉阳，且由王玉阳负责，"玉阳王，为袖领"。果然，马丹阳仙逝后的第三年，由于王玉阳的巨大影响，公元1187年，金世宗宣诏他觐见：全真教走向国家舞台的全新时代开始了！不久前，马丹阳作为全真掌门，尚无国家空间的合法地位。争名是修道的大忌，正名也是自尊的权利。就实际情况看，《丹阳祠堂》中的"玉阳王，为袖领"，王玉阳当之无愧。

王玉阳的修炼成道地点是铁槎山云光洞。在铁槎山云光洞，王玉阳整整修炼了九年，是全真七子修炼时间最长的山洞。对铁槎山云光洞，王玉阳感情很深，也写了很多诗作，《题云光洞》是：

昔日云光炼大丹，丹成顷刻变童颜。

上祈浩劫天元主，下拔轮回生死关。

王玉阳的大丹修炼就是在铁槎山云光洞完成的。云光洞不仅指自然环境的白云霞光，也指王玉阳的修炼境界。王玉阳诗集名为《云光集》，与云光洞的修炼生涯密切相关。

第七节　华山论剑：《太古集》与《华岳志》

2003年秋，金庸先生在西岳华山参加"华山论剑"活动。从1957年开始，金庸的《射雕英雄传》和《神雕侠侣》中的"华山论剑"把王重阳全真教的传奇历史摊在了世人面前。西岳华山今天属于全真教的道山,全真道士最多。学界关于全真教和华山的历史研究,笔墨集中于全真第三代及其后裔。北七真留在华山的历史踪迹少人探究。王重阳与西岳华山的全真因缘,完全无人问津。就此而言,金庸先生的"华山论剑",不要说武侠匠心无人出其右,其蕴含的历史意识也很难突破。第一,《射雕英雄传》和《神雕侠侣》中的几次"华山论剑",一代不如一代,这与全真教的历史完全吻合。第二,金庸"华山论剑"的人物设置:黄药师(东邪)、欧阳锋(西毒)、段智兴(南帝)、洪七公(北丐)、王重阳(中神通)五大高手,特别富于历史概括。第三,金庸的"华山论剑"中,王重阳既出现于西岳华山,并且是武功盖世、乱世第一的民族英雄。这是民族精神的复活,也是历史意识的苏醒。山西永乐宫《重阳殿画传》"别河辞岳"条记载:

重阳祖师以大定丁亥四月二十六日别甘河镇,道友以乞路费,有窃其公凭以见留者。问东游之故,曰:"潭中捉马去。"因赋《南乡子》以留别。道过太华,有道者八人邀游岳顶,师□拒之。游者回谒师于华阴茶肆,因请教,遂书长短句以诫之,大意明道在诸己,

华山论剑

非外可求。(《王重阳集》358 页，齐鲁书社，2005 年)

　　这是王重阳山东寻徒路上的一个重要事件，也是史料明确记载的一次"华山论剑"。时间是"大定丁亥"年，公元 1167 年。地点是华山下的"华阴茶肆"。缘起是王重阳"道过太华，有道者八人邀游岳顶"。此次"华山论剑"的结局是："游者回谒师于华阴茶肆，因请教，遂书长短句以诫之。"参与论剑者是"道者八人"，比《射雕英雄传》中的"东邪""西毒""南帝""北丐"多出一倍，大家公认王重阳道高技奇、为第一英雄。首先，王重阳拒绝"邀游岳顶"，宁愿于"华阴茶肆"论道，这完全是"上善若水"的宗师风范。其次，王处一的《西岳华山志》有包括宋徽宗在内的"东邪""西毒""南帝""北丐"各路高手的华山行迹。其中有宋帝于华岳投龙简者，有天王降坛于灵宝三箓者，有高道语绝壁修炼奇术者，有法师设醮为社稷祈雨者。(参《华岳庙题记》，陈垣《道家金石略》235—236 页)"靖康之耻"，使道教这些传统术法变得相当可笑。王重阳意在全真之"无上道"，即"明道在诸己，非外可求"。这就是王重阳拒绝"邀游岳顶"（"师□拒之"）的根本原因。第三，山东寻徒的路上，王重阳经过河南北邙山，不仅到达山顶翠云峰，并且留下"丘谭王风捉马刘"这一重要诗篇，还写诗希望萧真人成为弟子。北邙山和西岳华山很近，是什么造成王重阳完全不同的行为态度：一个孤身攀登山顶、一个拒绝"邀游岳顶"呢？答曰：王处一的《西岳华山志》是师傅王重阳传给的，王重阳对华山太了解了，王重阳已经把华山的全真道业安排好了。

　　王重阳一生遭遇的最大历史事件就是 1127 年的靖康之耻。王重阳原名中孚，字允卿，后改名世雄，字德威，文武双全。从 1127 年到 1142 年，陕西关中一带，是宋金主战场。无论历史地理环境，还是王重阳的性格武艺，他都不可能置身于战斗之外！陆游有《赵将军》一诗，内容记载：关中有一支义军，富平抗金战役失败后，将军赵宗印进入华山,成了道士。"赵宗印的经历,代表了那一时代汉族民众的情绪,与王重阳创建全真教之前的思想状态是一致的。"(樊光春《西北道教史》444页,商务印书馆,2010年)这支军队和王重阳的生涯有关系吗?赵宗印的传说会不会是王重阳的影子呢?

《甘水仙源录》是全真教史经典。作者李道谦(1219—1296年)是全真教的西北领袖和重阳宫主持。《甘水仙源录卷九》中的《题甘河遇仙宫》写道:

　　子房志亡秦,曾进桥下屦。佐汉开鸿基,屹然天一柱。
　　要伴赤松游,功成拂衣去。异人与异书,造物不轻付。
　　重阳起全真,高视仍阔步。娇娇英雄姿,乘时或割据。
　　妄迹复知非,收心活死墓。人传入道初,二仙此相遇。
　　于今终南下,殿阁凌烟雾。我经大患余,一洗尘世虑。
　　巾车傥西归,拟借茅庵住。明月清风前,曳杖甘河路。

《题甘河遇仙宫》的作者商挺(1209—1288年),是元世祖的军政大臣和太史人物。诗中,商挺用张良解读王重阳。国家危难之际,王重阳是一个民族英雄,"娇娇英雄姿,乘时或割据";王重阳使用过的"德威""世雄"名字就是注解。随着金国军事战场上的胜利,特别是1142年岳飞惨死和南宋称臣态度,王重阳和许多义军一样,才放弃了公开抵抗,"妄迹复知非,收心活死墓"。"收心"特别贴切!如果以1142年岳飞惨死为标志,那么到1162的"收心活死墓",其间20年岁月正是王重阳从忠愤救世到随波混世,最后冷静觉世的转变过程。强调王重阳早期的民族意识和爱国行动,并不否认其后来和伪齐乃至金朝可能的妥协"合作"。宋金乱世,战争频仍,二帝为虏,命如朝露,人伦完全倾覆,一切皆有可能!李世辅是"先后在四国北宋、金、齐、西夏、南宋五个政权中带过兵的名将"(郭琦等主编《陕西通史》之六,宋元卷,228—229页,陕西师范大学出版社,1997年)。狭隘的判断是苍白的,也是荒谬的。李世辅是"圣朝天眷，英豪获用"的例子，王重阳也同样。这同样不容抹杀王重阳早期的抗金意识和抵抗行动。陈教友的《长春道教源流》明确指出："重阳不惟忠愤，且实曾纠众与金兵抗矣。"（《见《王重阳集》356页，齐鲁书社，2005年）如果王重阳"实曾纠众与金兵抗矣"，他最有可能参加的战斗就是宋金"富平战役"。

其一，"富平战役"就在王重阳的关中家乡。"富平战役"时王重阳19岁。抗金名将吴玠"十余岁"即从军参战，李世辅17岁已立下大功。宋金"富平战役"是汉族雪耻、宋军发起、带有胜利希望的一次大规模会战。"富平战役"，宋军调动一切可能参与的战斗力量。据《陕西通史》（宋元卷，193页）和陆游的《赵将军》可知，陕西有许多义军策应宋军。王重阳"实曾纠众与金兵抗矣"，就是其中之一。

其二，陈垣的《宋初河北新道教考》有《官府之猜疑第九》专章。此章，陈垣开篇引用《王制》："执左道以乱政者杀。"全真七子，马丹阳和刘处玄皆曾被官府拘捕。王重阳面临的官府威胁，更形严重。"富平战役"，宋军失败；从此，抗金经历是极端敏感的危险话题。王重阳前期历史的晦蔽与此有关。《重阳全真集》表明，妻子不仅抱怨王重阳为"王害风"，并以"没地埋"痛骂王重阳。封建男权社会，以王重阳做人之尊严和威严，对丘处机是责骂，对马丹阳是暴打，那么，究竟是什么让"堂堂天表"的王重阳成了"妻管严"呢？只有一种解释：王重阳有"软肋"在妻子手中。这种致命性"软肋"，除了王重阳早期的抗金活动，没有其他解释。

其三，《陕西通史》（宋元卷，193页）记载的赵宗印，即陆游的《剑南诗稿》中的"赵将军"。"富平战役"之后，陆游笔下的"赵将军"进入华山修道。陆游的《赵将军》写于淳熙四年（1177年）。陆游在诗序中写道："客为予言：靖康，建炎间，关中奇士赵宗印者，提义兵击虏，有众数千，所向辄下，虏不敢当。会王师败于富平，宗印知事不济，大恸于王景略庙，尽以金帛散其下，被发入华山，不知所终。予感其事，为作此诗。"陆游的《赵将军》诗云：

> 我梦游太华，云开千仞青。
> 攀山泻黄河，万古仰巨灵。
> 往者祸乱初，氛祲干太宁。
> 岂无卧云龙，一起奔风霆。
> 时事方错谬，三秦尽膻腥。
> 山河销王气，原野失大刑。
> 将军散发去，短剑厉茯苓。
> 定知三峰上，烂醉今未醒。

这位"将军散发去，短剑厉茯苓"，兵败入华山修道的"赵将军"是历史上的赵宗印吗？非也。据李心传的《建炎以来系年要录》卷十二记载，赵宗印是"会河东制置使"，激烈战斗中，"见宗印遁"。赵宗印既不是关中人，也不是义士，更不是能让陆游激动的勇士；相反，历史上的赵宗印，是宋军高级将领（"河东制置使"），是临阵脱逃的懦夫（"见宗印遁"）。那么，陆游笔下真正的"赵将军"是谁呢？"关中奇士"王重阳！

(1) 陆游的《赵将军》写于淳熙四年 (1177 年)，王重阳已经下世七年。王重阳早期抗金活动可以向外透露一些消息了。陆游于是从"客言"辗转知道这位"关中奇士"的英勇故事。 (2) 陆游笔下的"赵将军"，"提义兵击虏，尽以金帛散其下"。金源璹的《全真教祖碑》的记载是："时有群寇劫真人家财一空"。王重阳既武功超强又乡里威重，"提义兵击虏，尽以金帛散其下"更接近历史事实。(3) 陆游诗中的"关中奇士""定知三峰上，烂醉今未醒"和王重阳"日在醉乡，终南修炼"完全一致。陆游的"将军散发去，短剑厉茯苓"与商挺的"妄迹复知非，收心活死墓"亦完全契合。(4)《密语五篇》写道："经华岳，入南京。"这显然一语双关："南京"即北宋首都汴梁，王重阳进入华岳和抗金有关。除了王重阳，在哪儿可以找到感动陆游的"关中奇士"呢？

《重阳全真集》有十多篇"终南遭遇"的吟诵诗作。借代和双关语是普通的诗艺技巧，也是王重阳历史中的行为艺术。在《重阳全真集》中借代双关语的诗艺基础，便是终南山和华山的语义叠加。众所周知，吕洞宾是在华山文仙谷埋名修炼了40年。陆西星把吕洞宾的文集，定名为《终南山人集》。广义的终南山包括华山。因之，《重阳全真集》中有关终南山的诗作，其实也是吟诵华山之作。在《重阳全真集》中，有几首"违终南"诗作。在那几首"违终南"诗作中，王重阳写到了"张良""相遭遇"和"超六出"。结合历史事件，这无疑支持了商挺的《题甘河遇仙宫》"子房志亡秦，曾进桥下屦"指王重阳"富平战役"的战斗经历。"超六出"指诸葛亮的六出祁山。王重阳从"子房志亡秦"过渡到"要伴赤松游"，历史事件就是"富平战役"和华山隐居。

其四，全真教内部的传承是：王重阳受道于吕洞宾，吕洞宾受道于钟离权。钟离权是唐末五代一位将军，兵败之后，入山修道。马丹阳的《金玉集·七言绝句》记载："重阳悯化妙行真人，时在昆嵛山居庵，用三尺半青布，造成一巾，顶排九迭九缝。言梦中曾见，名曰九转华阳巾。师父风貌堂堂，有若钟离之状，加之顶起此巾，愈增华润，诚为物外人也。故作是诗以赞之。"诗云：

貌似钟离宝在身，自然惺洒好精神。

怎知不是红尘客，九转华阳青布巾。

这首《七言绝句》的叙事背景，马丹阳在前面写得很清楚，"时在昆嵛山居庵"。王重阳魁梧高大，曾应武举，仪表堂堂。钟离权为唐代将军，全真教祖师。"师父风貌堂堂，有若钟离之状"，"貌似钟离宝在身"；这首《七言绝句》，最可注意的是，马丹阳在诗前叙述和诗作内容，都把王重阳比拟作钟离权。钟离权是兵败入山，王重阳也是兵败入山。王重阳兵败入山是那座山呢？据《宋史·陈抟传》和《唐才子传》，钟离权兵败入山是华山。从"若钟离之状""貌似钟离"以及"九转华阳巾"看，王重阳也是兵败进入了华山。正是在华山的隐居岁月，王重阳和中条山的胡光谦成为密切朋友。赵道一的《历世真仙体道通鉴续编卷》中写道：

重阳子，违地肺，别京兆，指蓝田，经华岳，入南京，游海岛，得知友，赴蓬瀛。

秦志安在《金莲正宗记》中写道：

其一篇曰：今逢吾弟子，何不顿抛俗海，猛悟浮嚣，好餐霞于碧桥之前，堪炼气于松峰之下。其五曰：九转成，入南京，得知友，赴蓬瀛。

《金莲正宗记》是"九转成，入南京"，赵道一的《历世真仙体道通鉴续编卷》是"经华岳，入南京"。"九转成，入南京"和"经华岳，入南京"的异质同构表明：(1)"九转成"和"经华岳"是可以互换的同一关系；(2)"九转成"和"经华岳"是隐显对应的因果关系；(3)"九转成""经华岳"和"入南京"属于母子性的历史关系。此处的"南京"，即北宋首都汴梁。王重阳的"九转成"和"经华岳"皆与北宋首都汴梁的陷落密切有关。秦志安的《金莲正宗记》"其五曰"指著名的《秘语五篇》，是全真教史上的"一号文献"。今天我们阅读《秘语五篇》，会觉得没有什么秘密可言。就修炼知识看，《秘语五篇》的确属于普通常识，并无奥秘可言。《秘语五篇》之秘，正在"历史意识"："富平战役"和华山隐修，当时皆无法明言！"富平战役"属于抗金历史，无法明言。华山隐修为什么也无法明言呢？

其一，"富平战役"和华山隐修有因果关联；这种因果关联，陆游的《赵将军》是注解，王重阳的钟离权扮相也是注解。其二，华山隐修是对民族压迫的抵抗体现，属于历史秘密。华山1187年的道士埋骨和今日仍然可见的金代南宋纪年都是体现。其三，《西岳华山志》的作者，即全真七子王处一。《西岳华山志》出现于金国，却只记录"宋事"，又出现了"泥阳"。"泥阳"即今日富平县和耀州区一带。"富平战役"和华山隐修的因果关联，《西岳华山志》几乎在明言了。《西岳华山志》最大的可能，就是王重阳传给王处一的。《重阳全真集》和《磻溪集》的"序"，也给我们透露了王重阳早期历史的重要消息。刘祖谦在《重阳仙迹》中写道：

四子归其枢，葬于刘蒋故庵之侧。丹阳因庐于墓次，今之祖庭是也。有诗词千余篇，分为全真前后集传于世。玉峰老人胡光谦为之传。

丘处机《磻溪集》的"序"，也是"玉峰老人胡光谦"写的。《磻溪集》"序"写道：

玉峰老人讲经四十年，缘深未断。丙午春，演羲易于条阴之北郊。有三仙者自陇山来谒我只官，囊出一篇，乃磻溪丘公长春举扬玄谛、开诱迷朋而作也。昔在东庵与王风仙全真结缘，在长安与马丹阳结缘。去秋（濬）州人来，与谭仙结缘。唯丘公远处陇上，是数者皆风仙之徒，今悉得结其缘，非人力之所能致也。时大定丙午五月，中条山玉峰老人胡光谦序。

此序的署名者是"中条山玉峰老人胡光谦"。胡光谦在中条山讲授伏羲先天易理四十多年。"中条山"和"华山"很近，据称"中华"即由"中条山"和"华山"而来。胡光谦和王重阳结缘的"东庵"应该就在"华山"。其一，胡光谦所"演羲易"，即华山陈抟之先天易。其二，王重阳和胡光谦交情深厚，应该是较长的时间交谊。合理的时间，只能是王重阳"富平战役"后的早期历史；合理的地点，只能是王重阳早期隐居的华山。胡光谦"丙午春，演羲易于中条山阴之北郊"，通过王重阳而由郝大通传承。这就是郝大通华山派的故事了。郝大通"创立"全真教的华山派，近来却遭到学界的怀疑和否定。就"历史事实"看，不仅郝大通华山派，连丘处机的龙门派也疑云重重（郭武著《丘处机学案》，齐鲁书社，2011年，111—113页）。《北游录》记载，王重阳和马丹阳交谈时，连丘处机也不让知道；丘处机只能"偷听"。男女的爱情诉说，外人尚不能知。开宗立派的"密语"，真正属于"天机"！千年之后的学者，动辄否认王重阳和郝大通华山派的"道诀"授受，可叹。

《太古集》是郝大通的主要著述。郝大通的《太古集》共四卷：第一卷是"口诀"释义，第二卷和第三卷是"口诀"图示，第四卷是"金丹篇"。这种"诀""释义""图示"的文本特征和丘处机的《大丹直指》完全一样。《太古集》的内容就是对魏伯阳的《周易参同契》的全真解释。比如，"鹤飞凤舞，鹿返羊回，冲气盈盈，瑞云密密，万神罗列。觉花才放，法海渊深，直入玄都，永超陆地"就是全真语言，尤其像"鹿返羊回"，纯粹就是王重阳的《金丹玉锁诀》的发明。比如，"易之道，以干为门，以坤为户，以北辰为枢机，以日月为运化，以四时为职宰，以五行为变通，以虚静为体"，纯粹就是《周易参同契》的道教易学释义。比如，"故有太易，乃未见之气也。有太初，气之始也。有太始，形之始也。有太素，质之始也。气形质具，未相离者，谓之混沌"，就是来自先秦《列子》的道家宇宙观。《太古集》"金丹诗"写道：

心识始知蜗舍客，慧眸方见主人翁。
从兹启悟身为患，不执虚名是大通。

《太古集》的书名和郝大通的道名，都是王重阳"全真"的题中应有之义。非"先天"不可能"全真"，非"全真"无以明"先天"。修道明"易"，易道结合，既是《周易参同契》以来的道教易学传统，也是陈抟"先天易"的思想重心。由于《太古集》的道教易学特点，陈抟是老华山派，郝大通才是全真教的新华山派。"丙午春，演羲易于条阴之北郊"。在华山隐居期间，王重阳得到"演羲易于条阴之北郊",后来传给了郝大通。"羲易"即伏羲易理,即金丹先天境界。

王处一的《西岳华岳志》也是如此。王处一的《西岳华岳志》署名权近来也颇遭非议。"从上述记载看,王处一作为王重阳的亲传弟子,对于终南祖庭的营建曾给过重要的支持,但他从未到过陕西,亦无从路过华山,更不用说是居留华山并撰《华山志》了。"(樊光春《西北道教史》447页,商务印书馆,2010年)《道藏提要》第306号介绍《西岳华岳志》时说:"全真道北七真中有王处一者,号玉阳子,金初人。但就其生平事迹考之,当系同时同名之人,非本书之作者。"(前书448页)《西北道教史》和《道藏提要》等对北七真王处一的《西岳华岳志》署名权的非议存在许多问题。例子一,《西北道教史》声称:"从上述记载看,王处一作为王重阳的亲传弟子,但他从未到过陕西,亦无从路过华山。"事实是什么呢?王玉阳《行化》一诗写道:

东海西秦去,南京北阙来。

客尘都不染,端坐是蓬莱。

《行化》一诗中的"东海西秦去",明确表达了王玉阳的"西秦"踪迹。全真教历史的研究方法,陈垣指出:"书必有其事,有事未必书也。"(《南宋初河北新道教考》49页,中华书局,1962年)《西北道教史》《道藏提要》和陈垣的《南宋初河北新道教考》体现了颇不相同的历史研究方法,不消说,我们赞同陈垣"书必有其事,有事未必书也"的研究方法和态度。《行化》中的"东海西秦去"表明,王处一肯定来过陕西!《西北道教史》、任继愈的《道藏提要》和韩理洲的《华山志》的"王处一未到过陕西"的流行说法,显然轻率有误。例子二,李道谦的《七真年谱》记载:"泰和三年癸亥,玉阳真人奉诏诣亳州太清宫,作普天醮,临坛度道士千余人。"(引自黄永亮《七真传》303页,团结出版社,1999年)王玉阳两次去亳州太清宫，在今河南鹿邑县。景安宁认为："太清宫位于今河南鹿邑县太清宫镇"（景安宁《道教全真派宫观、造像与祖师》192页，中华书局，2012年）；张广保认为："另外一处则指位于亳州的太清宫（今属河南省鹿邑县）"（陈鼓应主编《道家文化研究》第二十三辑第53页，三联书店，2008年）。《西北道教史》（447页）却把王处一"奉诏诣亳州太清宫"解释为"今安徽亳县"。今安徽无"亳县"也无太清宫。金代亳州太清宫指今河南鹿邑县太清宫。"玉阳真人奉诏诣亳州太清宫，作普天醮"，乃金代宗师形象。作为宗师权威，王处一到达道教圣地西岳华山也完全可能。事实上，王处一的《西岳华岳志》不仅和全真教关系密切，而且提供了研究王玉阳的重要史料。

比如王玉阳的婚姻问题。秦志安的《金莲正宗记卷之五·玉阳王真人》没有涉及。赵道一的《仙鉴》是模棱两可的记载："弱冠，或告以婚事，笑而不应。"李道谦的《甘水仙源录》收录的《玉阳体玄广度真人王宗师道行碑铭并序》（国史姚燧撰）写道："至元二十有四年岁丁亥，后遇异人坐大石来前，抚首与言，又闻空中神自名玄庭宫主，归乃敝服赤脚，狂歌市中。人谓或病失心，或识为无疾，将收敛冠巾妻之，不可，遂与母皆为老氏法。世宗大定八年，年二十七，闻开化真君至州，愿厕弟子列。"而《西岳华岳志》"序"写道："吾友王公子渊，先觉而守道，独立而全真，每语人曰：我欲曳杖云林，举觞霞岭，斯志积有年矣。方毕婚娶，弃家入名山，修炼金液，不有太华，其孰留意焉？人曰：可矣。公遂取旧藏《华山记》一通。"

《西岳华岳志》"序"写于金大定十三年（1183年）比《甘水仙源录》对王处一的婚姻记载，早一百多年；二者的叙述内容，基本吻合，《西岳华岳志》"序"更具体清晰。公元1183年，王处一40岁；非王玉阳的知己好友写不出此序：(1)"吾友王公子渊"表明了序作者和王玉阳的客观真实关系；用王处一的原名（王子渊）而未用道名（王玉阳），也体现了一种老朋友关系。(2)《西岳华岳志》"先觉而守道，独立而全真"，完全符合王玉阳的神童身份。(3)"方毕婚娶，弃家入名山"，《甘水仙源录》的记载是"人谓或病失心，或识为无疾，将收敛冠巾妻之，不可，遂与母皆为老氏法"，可以互为阐释。(4)《西岳华岳志》的主要内容就是华山的神性地理，完全符合神童的内心需求。(5)《西岳华岳志》7000字：删编为主，既不连贯，也不完整，同样符合追求圣迹的灵通特征。(6)就《西岳华岳志》的现存面貌看，王处一即便没有到过西岳华山，也完全可以进行此种删编工作。王处一编《西岳华山志》的底本来源，可能和王重阳有关。

全真七子中，王处一的历史非常独特，王处一的独特巨大贡献就是和金朝的历史性合作。与之对照，马丹阳和刘处玄皆进过金政府"监牢"，丘处机被金政府曾"杖击三百"。1183年《西岳华岳志》问世，对于王处一和全真教而言，既是一个微妙和奥妙的历史事件，也是一个危险和冒险的传教行动。1181年马丹阳离开关中，特意留下弟子田元普进入华山修道；回到山东宁海，马丹阳和王玉阳同宿金莲堂。1183年王处一编《西岳华岳志》问世，全真教从著述和行动两个方面宣布挺进华山。我们看《西岳华岳志》中的几个具体词条。

(1) 无忧树。"无忧树者，陈希夷先生庵傍之树也。语人祸福，若合符节。至宋太宗诏，方赴召，服华阳巾，草履垂绦，以宾客礼见延英殿，赐坐，问之久，赐号希夷先生。"

王重阳和马丹阳都曾使用过"无忧子"这一道号。在昆嵛山，王重阳就头带"华阳巾"。马丹阳有诗作，认为王重阳极像钟离权。钟离权兵败入山，王重阳也是兵败入山——这个山，从王重阳的"无忧子"道号和"华阳巾"扮相看，就是西岳华山。

(2) 文仙谷。"文仙谷者，乃是吕真君隐居之所也。真君来此，易姓姬,更名洞明,道号抱真子。居华山莲花峰下,文仙谷内,结庵四十年矣,人无识者。"

《西岳华岳志》的署名就是"莲峰逸士"。吕洞宾是王重阳的传道师傅。吕洞宾和王重阳皆隐姓埋名。吕洞宾托名"姬洞明",王重阳托名"赵宗

华山全真岩

印":前者是周朝的本位意识,后者是北宋的遗民流露。王重阳隐姓埋名的原因就是兵败入山,拜访中条山玉峰老人。谭处端1181年居华山纯阳洞修炼,有祭祖访圣之意。文仙谷原名是"闻(问)仙峪",即王重阳向吕洞宾"闻(问)仙之峪"。

(3)醴泉。"醴泉,在古庵直下,其水微有酒香醇味,为国之瑞,屡招凤饮,傍有玉女神祠。"

"醴泉,在古庵直下",就在华山文仙谷纯阳洞附近。王重阳第二次和吕洞宾相遇的地点是"醴泉"。"醴泉",其水如酒味,已经写进《甘水仙源录》了。"甘水仙源"的真实秘密,全真七子当然非常清楚。在隐喻和隐秘的意义上,甘河就是"醴泉","醴泉"就是甘河。"甘水仙源",至少在隐喻层面,其实就是吕洞宾和王重阳的华山"闻(问)仙峪"故事。

当山东乡人问修炼之地,丘处机没有推荐磻溪和龙门洞,而是推荐华山(《寄东方学道者》)。1181年左右,谭处端居华山纯阳洞修

炼，在《赠穆先生》中写下"太华山阴穆老仙"之句。金大定初年（1161年），长安的莲峰真隐有《兴庆池》绝句（陈垣《道家金石略》1042页），王重阳写有《游兴庆池》诗作（《王重阳集》11页）。1170年，王重阳在"入南京，望华山"的历史道境谢世。1177年，马丹阳弟子乔炼师"面太华而叹曰"，因而修造华山太清观（《道家金石略》437页）；乔炼师大抵即与王重阳和唱《游兴庆池》的"莲峰真隐"（《道家金石略》1042页）。马丹阳的《金玉集》绝句写道："云云安石作山分，刀削孤峰便出群。君悟太湖开碧眼，目观色界似浮云。"前两句"云云安石作山分，刀削孤峰便出群"是王重阳写的，写华山。"刀削孤峰"源于《山海经》"削成而四方"。"石作山分"写华山是王重阳人生的分水岭。后两句"君悟太湖开碧眼，目观色界似浮云"是马丹阳补的。"碧眼胡僧"指金人入关，"色界浮云"即靖康之耻。王重阳"富平战役"和华山隐修的人生经历，马丹阳知晓。这首绝句用来印心。1181年，马丹阳回归山东，特意留下田元普入华山修炼。在华山，田元普遇见了王居中，"以印求丹阳"（《华阴清华观碑》，陈垣《道家金石略》687页）。田元普需要"以印求丹阳"，王居中就是王重阳留在华山的全真弟子。1182年，谭处端进入华山纯阳洞修炼。1183年，王处一的《西岳华岳志》问世。

在山西永乐宫画传，王重阳给华山道友讲道。全真七子后，到了尹志平这一代，全真教之于华山，就不再是隐秘的孤立进入，而是空前绝后的全面开发。全真教成了华山的历史主人，华山成了全真道的修行仙山。吕洞宾在华山修行40年，是著名的剑仙。王重阳的道学，就突出了一个剑仙形象。在商挺的《题甘河遇仙宫》中，王重阳是抗金豪杰；在陆游的《赵将军》中，王重阳是"关中奇士"；在《射雕英雄传》和《神雕侠侣》的"华山论剑"中，王重阳被确定为第一英雄。借着丘处机之口，金庸先生写道："我恩师是一位纵横江湖的英雄好汉,只因愤恨金兵入侵,毁我田庐,杀我百姓,曾大举义旗,与金兵对敌,占城夺地,在中原建下了轰轰烈烈的一番事业,后来终以金兵强盛,先师连战连败,将士伤亡殆尽,这才愤然出家"。(金庸《神雕侠侣》第一册,三联书店1994年版,第120页)

　　王重阳"愤然出家"的第一站正是西岳华山。亚里士多德的《诗学》指出,诗高于历史。从商挺的《题甘河遇仙宫》、陆游的《赵将军》,再到金庸先生的《射雕英雄传》和《神雕侠侣》的"华山论剑",我们看到的是王重阳被确定为第一的英雄史诗。《祖庭记》写道:"远望有如须弥顶,遥观恰似太华峰"(《鸣鹤余音》卷九)。《射雕英雄传》和《神雕侠侣》"华山论剑"的杰出贡献就是:金庸既给自己的作品奉献了传神之笔,也把全真之祖带回了西岳之巅。这不单是文学作品的精彩创造,也可能是全真奥秘的历史真相。

第三章 全真之文 释义之道

第一节 诗歌体：全真文本之冠

"诗言志，歌咏言"是儒家诗学。孔子的《论语》甚至说："不学诗，无以言。"道家没有什么诗学，而是直接创作诗歌。老子的《道德经》就是哲学诗歌。道教自汉末诞生，分为两大派别：符箓派和金丹派。符箓派经典如《太平经》，由于和广大百姓打交道，就选择了较为通俗的散文体。和《太平经》前后登场的《周易参同契》属于金丹派的亮相之作，就是诗歌体文本。王重阳全真教的历史突破之一：既有汉末符箓派道教的广大社会群众基础，又有汉唐以来金丹道的高雅诗唱。具体地说，面对社会群众，全真教主要依靠救苦济世的实践行为，扩大影响空间，此即所谓的"行"。面对性命超越，全真教特别强调个体自我的苦己清修，深化心灵体验，此即所谓的"功"。全真教所谓的功行圆满，指的就是救苦济世和个人修炼的双融结合。救苦济世主要属于全真教的实践领域，突出一个"行"而不是"说"，这有别于传统符箓道教。个人修炼上，全真教和传统金丹派既有明显的继承关系，又特别突出苦己清修的孤独超越。诗歌是自我的心灵独白。孤独是诗歌的心灵沃土。王重阳和全真七子人人都是诗歌能手，几乎都有诗歌集。"最为典型的以诗词传道的风气始自全真教，元代全真教教徒刊行了大量诗文集，在道教史上可谓空前绝后，其主旨不离弘道。"（刘永海《元代道教史籍研究》98页，人民出版社，2010年）诗歌体，堪称全真教文本之冠。

《重阳全真集》《重阳教化集》和《分梨十化集》是王重阳的主要作品，全部属于诗歌体。诗歌体占了王重阳写作文本的绝大比重。《重阳全真集》是王重阳分量最重、篇幅最长的诗歌集；大约收录了1000首的王重阳诗歌。《重阳全真集》共13卷，诗3卷（第一卷，第二卷和第十卷），词占到了10卷，也是"唐诗宋词"的一个注解。《重阳教化集》《分梨十化集》和《重阳全真集》都是诗歌体，区别是：《重阳全真集》主要属于王重阳的个人独唱，《重阳教化集》《分梨十化集》是王重阳和马丹阳师徒的诗歌对话：马丹阳就是《重阳教化集》的"教化"对象，马丹阳和孙不二夫妇就是《分梨十化集》的"分离"对象。从写作语境讲，《重阳教化集》《分梨十化集》是具体和明确的，《重阳全真集》是随机和自由的。《重阳全真集》的语境对象，有丘谭马刘四子（《结物外亲》），有社会贤达（《孙公求问》），有僧道同仁（《迟法师注道德经》），也有兄弟妻儿（《上兄》）；有自然景物（《和落花韵》），有抽象哲理（《磨境》），有道教宫观（《题麻真人观》），也有僧道法器（《木鱼》）。总体上，《重阳全真集》的语境对象主要还是以"人"为主，所占比重大致在一半之上。《重阳全真集》的诗歌，从时间上为王重阳48岁之后的写作。他是以一个得道觉悟的宗师形象出现的，内容以劝化人为主，风格以庄重为主，思想以深沉为主，境界以超脱为主。

　　除了有具体的语境对象（或者是人或者是物），《重阳全真集》还有一类就是不存在具体的语境对象，而是王重阳自己的心灵思索和独白。为了简明起见，我们把有具体语境对象的诗作称作"具体语境"写作，而把没有具体语境对象的诗作称作"道体语境"写作。"具体语境"写作，由于时空限制和应景即兴特征，一般较短：最长八句，短的为四句，以四句者为多数。"道体语境"写作，由于不存在时空限制和自白特点，一般较长，也有四句，属于自由即兴绝句；以长诗或组诗为主，如《活死人墓赠宁伯公》长达100句，如几首《述怀》都在50句以上。就诗作看，"具体语境"写作和"道体语境"写作在《重阳全真集》中，大致上各有一半比重；就词作看，"具体语境"写作较少，而"道体语境"写作要占据十之七八

豳风诗境

的内容篇幅。词的长短句形式和词牌的丰富多元,比起诗歌无疑更适应自由的个人心智诉述。从这个简单的现象看出,《重阳全真集》首先是王重阳的心灵自由歌唱。多种词牌的丰富选用,也是王重阳儒雅士风和学家深厚的具体呈现。和王重阳的诗歌形成对比的是刘处玄的《仙乐集》。

《仙乐集》共5卷,诗4卷,词1卷。《仙乐集》诗词的比重和师傅《重阳全真集》诗词的比重刚好相反。在诗作形式上,刘处玄的《仙乐集》以四言最多,占到2/3的比重。《仙乐集》中的第一首,即四言写成的《天道罪福论》,是刘处玄55岁的晚年之作。开始几句是:

无火院罪,赐清凉福。无贪淫罪,赐安乐福。
无恶浊罪,赐善清福。无憎爱罪,赐清平福。
无苦恼罪,赐知足福。无着身罪,赐修真福。
无赞邪罪,赐明正福。无毁人罪,赐赞己福。
无万爱罪,赐万清福。无妄想罪,赐通仙福。
无分别罪,赐善通福。无妒嫌罪,赐归顺福。

《天道罪福论》全长200句。长真子刘处玄自己恐怕也意识到了某种单调和枯燥感。于是在一百句之后,换成了"三、五"短语。

无善道,则赐轮回罪。无公平,则赐生灭罪。
无忘贪,则赐不足罪。无常情,则赐寿夭罪。

无通变，则赐愚鲁罪。无清深，则赐浊浅罪。

无悟道，则赐迷俗罪。无厌宠，则赐多辱罪。

无就下，则赐危险罪。无善福，则赐恶报罪。

无三孝，则赐十恶罪。无明见，则赐幽冥罪。

无真禧，则赐身堕罪。无真常，则赐荣枯罪。

  四言诗是《诗经》的主体形式。《诗经》分"风、雅、颂"三部分，以"十五国风"和"小雅"的质量水平为高。"十五国风"和"小雅"质量水平高的简单原因有三个：(1) 有具体的劳动场景；(2) 有具体的抒情对象；(3) 有生动形象的意境。而刘处玄的《仙乐集》四言诗，却恰恰沿袭了《诗经》中"庙堂大颂"的写作，并将枯燥冗长推进到了极限。并不偶然，《仙乐集》的第四卷，整个都由《四言颂》组成，这无疑是全真诗艺的严重倒退和思想苍白的体现。原因在哪里呢？原因在刘处玄对全真教功行双融结合原则的忽视和偏离。前面我们讲过，救苦济世是全真教的实践领域，它突出一个"行"而不是"说"，这是其有别于传统符箓道教之处。刘处玄的《仙乐集》特别是《四言颂》部分，恰恰是在斋醮法事活动中高声念颂之"诗"，是社会实践领域中的"说"，这就倒退到了传统符箓道教之窠臼，也开始偏离王重阳全真教突出真行之精神。刘处玄的《仙乐集》中的大量作品表明，他已经在怀疑由王重阳开创、由马丹阳继承的全真道修炼精神。事实上，马丹阳就对刘处玄偏于外在形式、注重奢华提出了批判。事实上，《仙乐集》也提出了一些对王重阳全真教苦己清修的不同看法。从普遍原理看，刘处玄的《仙乐集》的一些不同看法，也不是完全没有价值和它的合理性。如果从《仙乐集》和《重阳全真集》在诗艺上的巨大差距看，刘处玄的确尚不具备修正或超越王重阳全真教的精神实力和水平。而马丹阳、谭处端和王玉阳等师兄对王重阳全真精神的忠诚和恪守，就显得不仅是清醒明智的，也是深刻智慧的选择。作为刘处玄的师弟，丘处机更是王重阳全真教苦己清修精神的发扬光大者；其"一言自杀"的盖世奇功也并非偶然。重要的不是诗歌的有无，也不是诗歌的形式，而是诗歌中的心灵深度。关于文人诗作和全真诗作的区别，《磻溪集序》就有"道之聪非世之聪也，道之言非世之言也"的提醒，并举《赞丹阳、长真悟道》"手握灵珠常奋笔，心开天籁不吹箫"为全真诗范。《赞丹阳、长真悟道》全诗写道：

> 马氏谭君达圣朝，疑情万古一时超。
> 云中采药烹金鼎，火后收丹贮玉瓢。
> 手握灵珠常奋笔，心开天籁不吹箫。
> 看看跨鹤乘风去，海上人间影边遥。

丘处机称赞马丹阳和谭处端，认为两位师兄的作品属于"手握灵珠常奋笔，心开天籁不吹箫"。这种天籁诗作，发自作者本心，扫除读者疑心，至少丘处机个人获益良多。"手握灵珠"决定了全真之诗是本体论之言说，"心开天籁"决定了全真言说乃是本体论之诗。否则，徒具诗歌形式的写作不仅毫无意义，简直就是卖弄精魂的做作和作孽。《渐悟集》指出："诗词作孽，妨我清闲仙举业。猛悟心惊，如向深渊履薄冰。便疏笔砚，却与气神相眷恋。懒裹寻慵，无作无为是马风。"

马丹阳不仅反对无病呻吟，并且非常警惕"诗词作孽"。这是王重阳全真教的原则，也是全真道的诗论。马丹阳、谭处端、王玉阳和丘处机的著述也以诗歌体为主。丘处机的《磻溪集》是六卷诗集，谭处端的《水云集》是上中下三卷诗集，王玉阳的《云光集》是四卷诗集，马丹阳的诗歌写作最多。马丹阳有《渐悟集》《金玉集》和《神光灿》多部诗集，还有和师傅王重阳在《重阳教化》《分梨十化》的诗词唱和。全真七子中，就纯粹的诗学成就看，还是以大师兄马丹阳成就最高，刘处玄和郝大通要差一些。刘处玄的《仙乐集》突出了全真教斋醮法事领域的活动贡献，郝大通突出了全真教在先天易理研究中的杰出成就。丘处机的《磻溪集》有坚毅浑厚、大器晚成的精神风格。谭处端的《水云集》和王玉阳的《云光集》是阴阳对比鲜明的绝代双煞：《水云集》是清静无为的杰作，《云光集》是直率透辟的佳作。马丹阳和孙不二简直是天配夫妇、绝配真人：马丹阳诗集最为丰富，孙不二则绝少诗意吟唱；马丹阳留下《渐悟集》《金玉集》和《神光灿》等多部诗集，孙不二只留下几首"素心人面对素心花"的女神之歌。全真七子和王重阳不仅给我们留下了可歌可泣的神奇历史，也给我们创作了自由丰富、风格多元的心灵诗篇。全真著述，诗体为冠的事实表明：出家修道，首先是生命自由和思想解放的美好事业。

第二节　性命观：全真文本之旨

性命是中国古典思想的核心问题，也是王重阳全真教的中心课题。《重阳全真教》有自己独到深刻的性命观。到了全真后学，却渐渐脱离了苦修实证的重阳祖风，沦为茶后饭余的玄理清谈。脱离了苦修实证，全真教后学的性命思辨既无法和魏晋玄学区别，也不能够和宋明理学划出分野，往往乞灵于别人。盘山派姬志真的《性命》和《道性》就是突出例子。其《性命》写道：

动若水，静如山。坐通关，戾默转。枢环有无俱混合，声色莫颜顶。性了易，命尤难。阴阳莫测，神鬼何干。物物皆从化，头头不放闲。习习东风谁是主。性是主人形是宅，游即为魂止即魄。若将分别论玄机，毫末有差天地隔。

《道性》中写道：

　　　　明明不是物，了了亦非心。
　　　　浩浩通天地，冥冥贯古今。
　　　　有无常显化，生灭妄浮沉。

神鬼莫能测，声闻何处寻。

《道性》充满了禅宗色彩，《性命》中的"动若水，静如山"从《论语》"仁者乐山，智者乐水"化用而来。王重阳全真教的苦行功夫沦为词章功夫。姬志真的《性命》中的性命言说，不仅杂揉各家，并且思想严重混乱！其一，既然"物物皆从化""枢环有无俱混合"，就不会有性命相分的"性了易，命尤难"。其二，一方面高谈"若将分别论玄机，毫末有差天地隔"，一方面"性是主人形是宅，游即为魂止即魄"，这不是自打嘴巴吗？姬志真的《性命》就是一种既"阴阳莫测"又性命相分（"性了易，命尤难"）思想混乱的性命言说。《磻溪集序》中写道：

道之聪非世之聪也，道之言非世之言也。何以征之乎？俗学者虽能鼓颊摄毫，不过歌咏情性，搜逻景物。至造理者，明天人之际，助圣贤之教，亦可与日月争悬。夫悟真之士特不斯然，发无言之言，明造化，彰无形之形，下脱死生。

马丹阳在《渐悟集》中指出：

内容未显名先显，事可伤悲。坏道根基。失了元初更怨谁。寻思懵懂胜伶俐，做个憨痴。无作无为。缀甚闲词写甚诗。

包括姬志真的《性命》在内的全真后学写作，已经和魏晋玄学和宋明理学很难区分了，已经退步为缺乏苦修实证的"至造理者"，已经沦为"内容未显名先显，事可伤悲。坏道根基"的辱

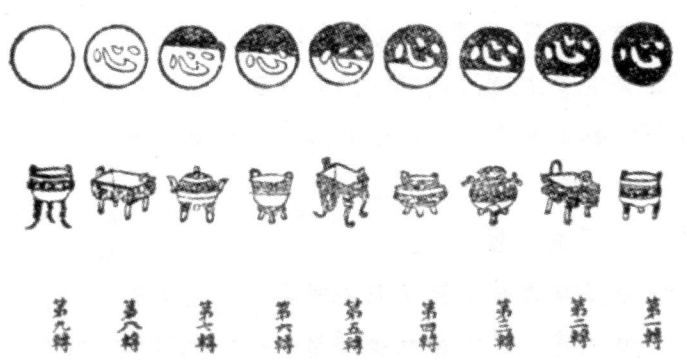

九鼎炼心图

没之辈。十多年前，引用姬志真的《性命》之后，张广保就指出："严格说起来，追询'道是什么'是不太明智的"（《金元全真道内丹心性学》154页，三联书店，1995年）。性命问题是全真教的核心命题。宗教者，既不能失去其"宗旨"，也不可丢掉其"教风"。姬志真的《性命》诗，固然也在努力表达全真教的宗旨问题，但明显已经远离了全真教的"教风"，已经与宋明理学的教风沆瀣一气了。王重阳全真道的教风由生活方式和语言风格两个方面"保真"。王重阳全真教生活方式的最大特征，就是苦己清修、乞食行化、赤足行道、忍辱行志，它们具体而严格，从而保持了全真活的"生命"。语言风格上，王重阳和全真七子基本上以诗歌为主，既有淡定诗吟，也有雄壮放歌；既有诗的严整浑厚，也有词的深切自由；既有哲言的穷理思辨，也有道语的双关象征。《庄子》有"三言"妙论，王重阳有预言高行。庄子的"寓言"，王重阳有卞和的全真释义；庄子的"重言"，王重阳有九龙灯的极致组装；庄子的"卮言"，王重阳的《教化集》是整体示范。让我们具体看一下，在《庄子》"三言"语境中，王重阳全真教的性命表达。先看王重阳的"重言"。

述 怀

功成王四父，风害第三孙。瞥地回头处，认得自来悟。
擘开真道眼，跳出是非门。已作空中客，那为地下魂。
名山三座总，好景四时温。物物非非是，非非是勿论。
眼暗耳双聋，明声总不通。劝伊休唱峪，举事便和问。
不去钦贤圣，何劳重害风。般般俱是妄，物物尽皆空。

捣练子

猿骑马，呈颠傻，难擒难捉怎生舍。哩啰嗦，哩啰嗦。
慧刀开，齐下杀，教君认得根源也。哩啰嗦，哩啰嗦。

水兼火，坎和离，两般消息怎生知。哩啰嗦，哩啰嗦。
休烧炼，莫修持，元来只是这些儿。哩啰嗦，哩啰嗦。

得得歌

盈盈一粒任绵绵，寂寂圆光传永永。
传永永，做灵灵，处此清凉绝视听。
何用醍醐香馥郁，不夸环佩响珰玎。
响珰玎，声灭歇，别生彩艳重超越。
自然莹莹宝中珠，返照辉辉天外月。
虚空空上达晴空，言说说前非有说。
非有说，愈昭彰，得得歌中现道场。

指迷颂

无无有有有无端，有有无无有有攒。
无有有无无有相，有无无有有无看。

　　《指迷颂》既有佛教般若十八空的思辨味道，也是《庄子》"无有之辨"的道家宗风。《述怀》："名山三座总，好景四时温。物物非非是，非非是勿论。般般俱是妄，物物尽皆空"，是姬志真的《性命》的直接源头。区别是，王重阳"眼暗耳双聋，明声总不通"，全真后学姬志真却和宋明理学一样："眼明耳聪"。姬志真和宋明理学尽管"眼明耳聪"，却听不懂王重阳的《捣练子》中的"哩啰嗦，哩啰嗦"在唱什么，也听不懂王重阳《得得歌》中"虚空空上达晴空，言说说前非有说。非有说，愈昭彰，得得歌中现道场"在说什么。王重阳《捣练子》《得得歌》已经把《指迷颂》中的"无无有有有无端"的思辨语言化成了劳工圣神的哼吆情歌，化成了马蹄声声的历史神学。这是性命的历史声响，也是性命的劳作道场，这是性命合一的全真之歌，也是性命还乡的先天之境。再看王重阳"卮言"中的性命言说。

赠弟子颂

入道非难,亦非易做。苦中寻闲,闲中没苦。
休觅婴姹,莫搜龙虎。只要真清,要识真趣。
绝尽人我,绝尽思虑。或饥或饱,或寒或暑。
便戴青巾,便衣纸布。决要上街,觅钱乞去。
些小绢帛,些小绵絮。遮藏微体,长令淡素。
三人同行,三人同处。常用一心,不得二慕。
只是兄弟,并无师父。惟谈惟笑,共歌共舞。
落绝清闲,任诗任句。如在庖厨,大家管顾。

"卮言"就是矛盾中的辩证言说,"入道非难,亦非易做";"卮言"就是实际中的苦行言说,"或饥或饱,或寒或暑。便戴青巾,便衣纸布";"卮言"就是超越中的无我言说,"绝尽人我,绝尽思虑";"卮言"就是伦理中的平等言说,"只是兄弟,并无师父";"卮言"就是共在中的自由言说和快乐言说,"惟谈惟笑,共歌共舞。落绝清闲,任诗任句"。这是性命的真际,也是性命的道境。

关于庄子的"寓言",王重阳有卞和的著名释义。卞和释义是在《金关玉锁诀》中。姬志真的

王重阳法像

《性命》叹曰："性了易，命尤难"。卞和寓言已经回答了"性了易，命尤难"的问题。王重阳的《啄木儿》指出："自行自行，见性不用命"；《苏幕遮》指出："性是真，身是假"；《西江月》指出："一性孤灵有验"。作为全真后学，姬志真的《性命》中的"性了易，命尤难"已经无法和全真教祖王重阳的性命学相提并论：（1）王重阳是"见性不用命"，姬志真是"性了易，命尤难"；（2）王重阳的《苏幕遮》是"性是真，身是假"，姬志真的《性命》是"性太易，命却真"；（3）王重阳的《西江月》的"一性孤灵有验"是命功修炼的境界，姬志真的《性命》中的"性了易，命尤难"还不知道如何修炼命功。（4）王重阳"见性不用命"，是"尽性以至于命"的性命功夫；姬志真"性了易，命尤难"尚是"穷理"阶段的性命思辨，和宋明理学相当。丘处机晚年总结说：马丹阳是纯粹无为，刘处玄是有为无为各半，他自己是力主有为。相应地，马丹阳是两年半得道，刘处玄是7年得道，丘处机是17年得道。如果说王重阳的"见性不用命"是马丹阳纯粹无为得道迅速的注解；那么，姬志真的"性了易，命尤难"就是丘处机17年得道的注解。不要说是姬志真诸龙门后学，王重阳当年给丘处机也一句"命功"不谈！除了在《重阳全真集》等诗集反复吟咏"见性不用命"外，除了竭力突出"真性真命"外，王重阳还专门写了《金关玉锁诀》。所谓"真性"者，首先是"心死神活"，结束"穷理"阶段的性命思辨是起码标准。所谓"真命"者，即有真气生发，即有灵光显发，"见性不用命"是起码的思想认知。所谓"金关"者，即修性也；所谓"玉锁"者，即修命也。"修命"，除了三返七回，除了肘后飞金精，还的芦芽穿膝盖。《金关玉锁诀》中的卞和寓言讲的就是芦芽穿膝盖的修命功夫。没有芦芽穿膝盖的修命苦功，"命尤难""性了"也并不"易"！所了之"性"，可能仅仅是禅宗之"性"，或者是宋明理学之"性"，而不是全真道之性，不是全真之"性"。《重阳立教十五论·

第十一论混性命》指出：

性者神也，命者气也。性若见命，如禽得风，飘飘轻举，省力易成。阴符经云：'擒之制在气'是也。修真之士，不可不参。不可泄露于下士，恐有神明降责。性命是修行之根本，谨紧锻炼矣。

性命相混的直观标准就是"擒之制在气"，"擒之制在气"使得孤立后天的性命思辨已经变得没有意义。没有"擒之制在气"就不是"真命"，没有"一性孤灵有验"的"神"也不会是"真性"。后天的性命思辨可以孤立谈论"性"和"命"，这是"擒之制在气"之前的宋明理学和宗教哲学的思想方式，也是心物二元的理论游戏。姬志真在《性命》中写道："明明不是物，了了亦非心。浩浩通天地，冥冥贯古今。"尽管还没有完全得道，姬志真也能够讲出"明明不是物，了了亦非心"的全真本体论，这已足够把近代唯物唯心的哲学讨论甩远了。就《重阳全真集》看，"了性"的实际功夫分为："修命—得气—明心—见性—观光—结丹—金丹—空观—妙有—黑体"等系列步骤。其中"黑体"仅是王重阳和马丹阳略微涉及到的修炼秘境。王玉阳"明心"最早，七岁的时候；而在"空"这一步，他费时最长。丘处机"明心"太艰苦了，整整花了十年的功夫，使用了各种大家周知的磨性办法，同时，丘处机也真正把"修命"和"炼空"结合成了一个整体。而"光"修性的灵光是全真七子经常遇见的寂寞伙伴，它被描述得也最多：

马丹阳的《神光灿》中写道：

不论天涯海畔，矗矗地、如痴似醉狂歌。外即虽然疏散，内养冲和。神丹一朝炼就，放霞光、万道非多。

丘处机的《磻溪集》中写道：

虚空照耀明如镜，好弱头头皆应。随逐状同形影，稍错还提正。

王玉阳的《沁园春》中写道：

元禀仙胎，隐七岁玄光混太阳。感东华真迹，飘空垂顾，悟人间世梦，复遇重阳。

谭处端的《水云集》中写道：

谭马丘刘四个师，逍遥自在做修持。周天磨炼无穷宝，一片灵光自得知。

刘处玄的《仙乐集》中写道：

守道无怨，慧目观天。无中妙有，汞结灵铅。行全八百，功了三千。傻猿缚住，迸出光圆。

郝大通的《太古集》中写道：

阳九宫中大觉僧，擎拳端坐诵黄庭。神光射透虚空藏，瑞气清凝聚宝瓶。

孙不二的《金丹女诀·第十服食》中写道：

大冶成山泽，中含造化情；朝迎日乌气，夜吸月蟾精；时候丹能采，年华体自清；元神来往处，万窍发光明。

孙不二告诉我们，修炼者之所以能够辟谷什么的，关键的道理在于他们可以服食"万窍发光明"的元神灵光。王玉阳是"隐七岁玄光混太阳"，所以他是全真七子中的神通第一。丘处机得道"虚空照耀明如镜"，用了很长时间。得到之后，仍然有些不自信："随逐状同形影，稍错还提正。"马丹阳毕竟是全真七子中的大师兄，灵光来的又迅速又充分："神丹一朝炼就，放霞光、万道非多。"马丹阳把自己和师傅王重阳的诗集叫作《神光灿》，道理就是"放霞光、万道非多"的修炼道境。灵光呈现当然不是修道的终极道境，却是性命修真的起码道理。《阴符经》云："擒之制在气。"如果说，气功是修道的初步体证，那么，光功就是修真的深入环节。这些体证与环节，保证着全真教的修炼特色和风格，也是全真教性主命次、性命双修的必要基础，还是全真教性命思想区别于宋明理学的性命思辨的重要特征。气功和光功是全真教性命相混的修炼中介和必要基础。这是一种"混性命"的实际过程，这是"性命为一"的修炼工程。性命合一，既已"了性"，命能剩下吗？用现代电影语言，就是"一个也不能少"。这才是全真道，也才是全真教。王重阳的《金关玉锁诀》是全真教"了性难，了命易"正式修炼的系统法诀，《分梨十化》乃是全真性命修炼的劝道辞和寓言书。

第三节　先知书：全真文本之奥

毫无疑问，《老子》一书是论道的圣典性文本。其实，孔子的《论语》讨论"道"的内容文字也不在少数，后世有"孔孟之道"就是注解。特别是作为"孔孟之道"的隔代传人，宋明理学的鼻祖朱熹不仅以道学家自称，并且事实上在所谓正史的《宋史》中，就把陈抟众道士挤到了《隐逸传》，他自己稳稳坐在了"道学家"的首席位置。喧宾夺主，儒侵道席，此之甚乎？宋史悲哀，《宋史》荒唐，此之谓乎！多亏了道教还有《九阴真经》秘笈，千年之后，高手云集，金庸先生在《射雕英雄传》中仍然把全真教祖王重阳推为"天下第一"。《九阴真经》秘笈其实就是王重阳全真教随处可见的先知书，先知书是全真教文本中的奥秘。马丹阳在《渐悟集》记载：

重阳师父百端诱化，予终有攀缘爱念。忽一夜，梦立于中庭，自叹曰：我性命有如一只细磁碗，失手百碎。言未讫，从空碗坠，惊哭觉来。师翌日乃曰：汝昨晚惊惧，才方省悟。吕公大悟黄粱梦，舍弃华轩。返本还源。出自锺离作大仙。山侗猛悟细磁梦，割断攀缘。炼汞烹铅。出自风仙性月圆。

马丹阳自己的梦境，为王重阳通晓。这叫作梦境通。《庄子》云："先有真人，后有真知。"先知书源于先知，先知书和先知事件敞明了先知形象。马丹阳遭遇的梦境通就是一桩先知事件。《长相思》写道："往南京搬取风仙灵衬""入南京，赴蓬瀛。显出王风九转成。超然得上升。宠何荣，辱何惊。三髻山侗绝利名。何愁性不灵"。

马丹阳的《金玉集》中记载：

重阳真人欲往宁海，亲笔画一画图，与醴泉县弟子史公密收之。钰预梦南园一仙鹤从地涌出，经月有重阳师父到来，指鹤起处要修庵居。钰又梦参从师父入一山，翌日师父训钰小字山侗。铉随师父到南京，至年终，师父要归逝。钰求辞世烦。师父言：我在关中吕道人庵壁上，预前写下。

《神光灿》中写道（重阳真人升霞之前）：

重阳师父，遇吕真人，养成神内之神。心起慈悲不住，开阐良因。时时出神入梦，化人人、要出迷津。登州北，有布王曾见，海里腾身。华表巨才高氏，在东牟郊外，或见其真。曾共南京针李，中都开镡。当初幻躯在日，尚如斯、出现频频。况今也，得成蝉蜕，永占长春。

《神光灿》中写道（重阳真人升霞之后）：

全真七子法像

重阳师父，预指南京，果然得赴蓬瀛。四假凡躯弃下，真性超升。浚仪桥边出现，劝臧公、早做修行。垂教语，遮性命事大，名利休争。更有丹州大薛，在终南一遇，端的分明。刘蒋张翁得药，身体康宁。昆明池西人见，向空中、舞袖轻轻。因得道，做神仙久视长生。

王重阳生前给马丹阳多次显灵，"当初幻躯在日，尚如斯、出现频频"。

仙逝之后,更是屡屡显化,"四假凡躯弃下,真性超升。浚仪桥边出现,劝臧公、早做修行。更有丹州大薛,在终南一遇,端的分明。刘蒋张翁得药,身体康宁。昆明池西人见,向空中,舞袖轻轻"。王重阳不只是给马丹阳一人显现,也给众人显灵。丘处机在《磻溪集》中记载:

大定己丑夏四月,余与丹阳等数人,从重阳师,自文登如宁海。时迈龙泉,日气稍炽。师令余等前,己执伞在后,距半里许。余忽回顾,见伞腾空而起,余急返走问之,云:'搏持扶摇而上,不知其然而然'。初伞起东北,望之冉冉坠于沙间,指其方而觅之,了无所也。时余法眷玉阳子王公,隐于东海隅之查山。山到文登一百一十里,文登到伞起处又七十里。伞起乃辰时,及晡,堕玉阳公庵前。柄内 阳子道号,往赐之焉。金字,篇韵本无,乃师之所撰。伞自后查山下翟公家藏之,本宁海范明叔家借用者,范后知往取之,而弗肯。予投冠者,初师之登城北观海,头上竹皮冠忽堕水漂去,已而复还(引自郭武《丘处机学案》189—190页,齐鲁书社,2011年)。

丘处机这里主要记载了师傅王重阳的两件神奇现象。第一件神奇现象就是给王玉阳200里空中送伞: (1) 相关在场者有"余与丹阳等数人",还有普通居士"查山下翟公"和"宁海范明叔"。(2) 全真七子中,王玉阳可谓神通第一,王重阳也就以神通方式给他寄去道号。(3) 王重阳用200里空中送伞的神通方式给王玉阳寄去的道号,是"七个人",预示他神通第一,七子之冠。那是对王玉阳的特殊信任和鼓励,后来王玉阳果然以道功和神通成为金世宗召见的第一人。丘处机记载师傅王重阳的第二个神奇现象就是"予投冠者,初师之登城北观海,头上竹皮冠忽堕水漂去,已而复还"。《磻溪集》的记载是几十年之后的时间;"予投冠者",一是纪念师傅授道的先知之恩,二是功成名就之后对师傅的心灵致意和报谢。"予投冠者"既是全真宗师的风范,也是行为艺术的典范。不仅是全真七子的受道充满神奇，王重阳自己的受道本身也是神奇性的先知事件。《金莲正宗记》中"王重阳"写道：

> 默而不言，遂索毫楮书秘语五篇，使之详读。先生读之数过，方悟妙理，戒之曰：天机不可轻泄。即令投之火中。道者曰：速往东海，丘刘谭中有一俊马，可以擒之。言毕不知所在。其五曰：九转成，入南京，得知友，赴蓬瀛。

就在王重阳自己刚刚正式出家修道的时候，他的师傅就已经授记了他的弟子，"速往东海，丘刘谭中有一俊马，可以擒之"。"秘语五篇"既是全真教的《九阴真经》类秘笈，也是全真道的第一部先知书。"因循数载，观见满目苍生，尽是凶顽下鬼"，宋金乱世，中华民族到了最危险的时分，先知出现了，全真的救恩史开始了。"好餐霞于碧峤之前，堪炼气于松峰之下"，华山松非常有名。"每向尘中作系腰"，这是全真教的命功修炼，来自于汉墓《导引图》。"其五曰：九转成，入南京，得知友，赴蓬瀛"，一语双关：既是王重阳的功德圆满，全真金莲盛放；也指王重阳将于汴梁（南京）撒手人寰，归于天界道乡。王重阳的"秘语五篇"，就是金庸的《射雕英雄传》"九阴真经"灵感的思想来源。当国内学者面对全真教"先知书"，屡屡以"杜撰""夸饰"进行研究的时候，金庸的《射雕英雄传》已经妇孺皆知，誉满神州了。2008年，中国亿万人欢呼北京奥运，殊不知，奥运的发源地奥林匹克就是一座先知之山。国内全真教研究界，也和欧美学者屡有交流了。殊不知，美国总统手中的《圣经》就是一部"先知书"。中国学界的"宗教学"，至今仍然声称"宗教信仰是落后时代的反映"。殊不知，作为1987年诺贝尔奖获得者，诗人布罗茨基就指出："分析的方式、直觉的方式"之上，还有"先知们的领悟方式"。（布罗茨基《文明的孩子》44页，中央编译出版社，1999年）

第四节 视知性：朝元洞与修真图

《易经·系辞》告诉人们："河出图，洛出书，圣人则之。"图书乃人类文明的基本载体，在图书时代，文明的起源和逻辑是先"图"后"书"。21世纪的图像时代，仍然不见对全真教图像遗产的重视研究。举其荦荦大者，全真教图像遗产至少有四个方面：其一，王重阳本人就是图像专家。其二，丘处机的《大丹直指》就有专门"图诀"，郝大通的《太古集》有30幅图像。《金莲正宗仙源像传》是全真教的图像教史。其三，绘画是全真教宫观庙宇的重要部分，以山西永乐宫为辉煌代表。其四，历史上全真教已把内丹修炼形象化，如《修真图》《内经图》，等等。

作为全真教祖，王重阳就是图像专家。赵道一的《仙鉴》记载："见醴泉史公密乃出旧图，而皆应合。相与茸师之故庵。""史公"即王重阳的终南弟子史处厚；他收藏的"旧图"，出自王重阳手笔，画的是马丹阳的道像。秦志安的《金莲正宗记》有较详细的叙述：

大定七年四月二十六日，迤逦东迈，经过咸阳，自画一幅，作三髻道者，青松郁栖，白云缭绕，仙鹤婆娑，有出尘之格。见史风仙，欣然赠之曰：待我他日擒得马来以为勘。

《金莲正宗仙源像传序》也有记载：

其未出关时，尝自画一三髻道者与松鹤共为一图，付史风仙曰：留此待我他日擒得马来以为勘同。后丹阳入关，风仙以画像验之，毫发无异。其神妙若此者甚多。

这是马丹阳的典型形象："自画一幅，作三髻道者，青松郁栖，白云缭绕，仙鹤婆娑，有出尘之格。"《金莲正宗仙源像传序》出自道士画家，用"风仙以画像验之，毫发无异。其神妙若此者甚多"，评价了王重阳图像创作的写实造诣和神妙画风。由于已经是神仙了，根本没有人在意王重阳的绘画成就。除了马丹阳肖像创作外，王重阳还多次画过骷髅像。马丹阳在《神光灿》"师父画骷髅相诱引稍悟"记载：

> 凤仙化我，无限词章，仍怀犹预心肠。见画骷髅省悟，断制从长。欲待来年学道，恐今年、不测无常。欲来日，恐今宵身死，失却佳祥。

马丹阳《采桑子·出家人道》中写道：

> 扶风全道名通一，道号无忧。见画骷髅。猛烈收心事事休。四旬有六霜侵鬓，拂袖云游。休要刚留。譬似无常限到头。

王重阳在《自画骷髅》中写道：

> 此是前生王害风，因何偏爱走西东。
> 任你骷髅郊野外，逍遥一性月明中。

马丹阳的《神光灿》《采桑子·出家人道》的叙述和王重阳的《自画骷髅》都明确表达了一个重要事实：王重阳不仅创作过骷髅画像，并且画技特别高超！王重阳为了度脱马丹阳出家入道，写了《重阳全真集》《分梨十化集》，马丹阳仍然最后决心，是王重阳的"自画骷髅"起到了大作用，"师父画骷髅相诱引稍悟"，"凤仙化我，无限词章，仍怀犹预心肠。见画骷髅省悟，断制从长"。语言诗词和骷髅画像的直观力量无法相比！对马丹阳妻子的教化，王重阳照样使用了艺术绝招："师尝训马钰之妻孙氏，名不二，号清静散人。又以天堂画相示之。五月五日，令不二烧誓状，仍赠以诗。"王重阳的《题竹》《题净业寺月桂》《京兆来学正觅墨》和《题红白牡丹》等显然都是"题画诗"。我们看《题红白牡丹》：

> 红白绞绡剪作团，青罗帐上稳排安。清香远喷无差别，异质虽殊各正端。尘世久遗三岛种，时人休作两般看。我今折得同归去，步步云霞代彩鸾。

多么罕见的一张国画啊！首先是"红白牡丹"，皆是国花天色。红牡丹，可以想象就是杨贵妃；白牡丹，可以想象就是林黛玉。王重阳的审美趣味既高超又宽容："清香远喷无差别，异质虽殊各正端"；只要是美女，贾宝玉都喜爱，王重阳也欣赏。柏拉图指出：美学的极致就是神学。"尘世久遗三岛种，时人休作两般看"，正是同一道理。基尔凯果儿拒绝美女婚姻而研究存在神学，和王重阳"我今折得同归去，步步云霞代彩鸾"堪称异国隔代知音。受到王重阳画风的直接影响，中经丘处机的《大丹直指》"图诀"和郝大通的《太古集》"图像"教育，全真教历史上便有了《金莲正宗仙源像》和《修真图》的视知盛宴。

《修真图》创作的具体年代已不可考，"据传《修真图》成于元代"（长安无名氏《人体内证观察笔记》上册"修真图"注文，台湾橡实文化，2011年）。我们认同"《修真图》成于元代"的观点。其一，现在行世的《修真图》和《难经》人体图，在构图上非常接近（见法国戴思博《修真图——道教与人体》中译版35页，齐鲁书社，2012年）。《难经》"人体图"的创作时间在1250年左右。《修真图》比《难经》人体图要复杂，是在后者的基础上绘制的。其二，蒙元时期，全真教有丹经道书的绘画热潮；丘处机的《大丹直指》和郝大通的《太古集》有许多"图像"，《金莲正宗仙源像传》更是全真教的图像教史。其三，《修真图》有道教南北宗合流的内容特征，合流的时间即元代的统一。其四，明代（1368—1644年）尹真人高弟《性命圭旨》，呈示出复杂化的图示风格，属于《修真图》后的著述。

《修真图》的文化渊源，从历史方面看，它是中国医学漫长发展的产物；从道教方面看，它是南北宗合流的结果；从政治因素看，它是道士向皇室展示的秘笈。《修真图》的丹道渊源，戴思博的《修真图——道教与人体》倾向于道教南宗，特别是南宗雷法派。这一结论尚值得商榷：(1) 从丹道渊源看，道教南北宗皆以钟吕为教祖，皆以《钟吕传道集》和《灵宝毕法》为道典。钟吕教派的本质特征是内炼金丹道，而不是符箓雷法派。(2) 在钟吕内炼丹道这一大的前提下，王重阳北宗就以"全真"名"道"，特别强调"修道"就是"修真"；《修真图》出现的道派思想资源更为肥沃。(3) 就现在行世的丹经道书看，和《修真图》风格最接近的是署名丘处机的《大丹直指》和郝大通的《太古集》。(4) 蒙元时期，全真教出现了丹经道书的绘画热潮。《老子八十一化图》《甘水仙源图》是最知名者。(5) 现存《修真图》是全真教特别是龙门派保护传承下来的（戴思博《修真图—道教与人体》中译版24页，齐鲁书社，2012年）。

《修真图》的主题就是"修真"，就是"真人"出现的修炼过程，这也是《重阳全真集》的中心。《修真图》最上方的"元命真人"是经过修炼后所形成的真正自我，是自己的真性。未经修炼者，是非全真性的人。北京白云观版《修真图》的右边最下部：叙述主题是"天一生水"和"先天肾水（元气）"，属于炼精化气的筑基功夫；图像符号是一只待哺玄鹿，玄鹿的左边对应位置是牧童骑牛，在王重阳的《金丹玉锁诀》中指炼精化气的鹿车和牛车。最上方的"元命真人"，其基础即最下方的"先天肾水（元气）"。《老子》言"高以下为基"，《修真图》将此形象化了。各种版本的《修真图》外圈，都有30个月亮的月周期；按月的盈缺周行练功是王重阳全真道的特色。金庸的《射雕英雄传》的情节，即各路高手争夺王重阳的"九阴真经"。金庸堪称王重阳和《修真图》的知音。

"五藏论"构成《修真图》外圈叙述文字的主体，主要属于中医学的生命理论；比如，左上方对心藏的论述和右下方对肾脏的论述。外圈围绕的中间文字，其内容主要属于道教修炼知识；比如，中间土釜的"刀圭"概念，土釜上方的真人形象和下方的地狱概念。

"刀圭"概念在《重阳全真集》中有异常深刻的论述：既和《老子》"知白守黑"有关，也与现代宇宙学的黑洞有关；"刀圭"的双土，决定性地敞露了性命双修的全真概念。而"命"的基础，即五藏修真。五藏盛衰关乎着身命，而身命关乎着心性。修真以命炼性，炼精合神，借假修真；《修真图》中的五藏文字，主要引用了《黄庭经》以讲述各脏腑与修真的关系。《黄庭经》即《黄庭内景经》和《《黄庭外景经》，可以说是道教最早的"修真图"。

　　《修真图》最核心的部分是中轴线的三个人像：分别对应精、气、神三种性命境界，《重阳金关玉锁诀》比喻作修道中的欲界、色界和空界。其他的"心猿意马图""龙凤图"和"四象图"大家熟知，不再赘述。《修真图》是中国医学和道教修炼的结晶成果，从图像历史看，《修真图》的近亲是元代的《难经》人体图，远祖是西汉马王堆的帛画升天图。《修真图》也是王重阳全真道修炼的直观总结，是人类修道的视知珍品。《修真图》尚是二维的，全真教的三维家园就是他们修炼的洞天福地。全真教历史上，最早记录的洞天福地是昆嵛山烟霞洞。赵道一的《仙鉴·王重阳》中记载：

　　未几，师领马钰等住昆嵛山。始至，指而言曰：是中有烟霞洞，我先世修道之所也。命凿之，其器具之朽者与玉池井尚在。又因取石于岭，有巨块将坠，适当其庵，师厉声叱之，屹然而止。山间樵夫，见者骇之。

　　1168年2月，王重阳带领马丹阳、谭处端和王玉阳来到昆嵛山烟霞洞进行闭关修炼。现在家居讲究风水，山洞修炼更看重因缘，"是中有烟霞洞，我先世修道之所也"。世居昆嵛山的樵夫都不知道有烟霞洞，王重阳"命凿之"就发现之。整饬烟霞洞的时候，"有巨块将坠，适当其庵，师厉声叱之，屹然而止"。王重阳和烟霞洞的神奇故事，吸引丘处机和郝大通也加入了修炼团体。除了刘处玄，王重阳的七朵金莲差不多圆满了。王重阳和马丹阳弟子们在烟霞洞

华山朝元洞

修炼了6个多月,是正式洞修的第一课。烟霞洞也是王重阳全真教修炼的第一洞。这段修炼日子,王重阳写过多首诗作。其中《烟霞洞》中写道:

古洞无门掩碧沙,四山空翠锁烟霞。天开玉树三清府,池涌青莲七子家。阐教客来传道法,游仙人去换年华。可怜此地今谁管,春暖桃夭自发花。

诗中,"四山空翠锁烟霞"是烟霞洞的出典。王重阳将烟霞洞看作全真教的洞天福地,也是全真七子的诞生地,所谓"天开玉树三清府,池涌青莲七子家"。烟霞洞位于山东烟台昆嵛山西北隅,由一突兀岩石自然造化而成。洞室呈椭圆形,深7米,高3米,洞壁上刻"烟霞洞"三个大字。洞内供奉着"七真人"雕像。烟霞洞之后,王重阳带领马丹阳、谭处端和丘处机前往文登,王玉阳则选择了云光洞作为洞天福地。王玉阳在铁槎山云光洞修炼了整整9年时间。铁槎山在山东荣成市东海之滨。金大定九年(1169年)春,王处一开始隐居铁槎山,直至金大定二十七年(1187年)应金世宗之诏,才离开此地,在铁槎山待了将近20年。铁槎山云光洞是王玉阳修道、成道和传道的地方。王玉阳的《云光集》即来自于云光洞的修道生活。

王重阳训练弟子们修行的烟霞洞、丘处机修行的龙门洞、王玉阳修炼的云光洞基本上都是天然洞穴,栖居修行是主要目的。北七真后,全真后裔开凿了许多洞窟。我们只能简要介绍华山朝元洞。

华山朝元洞是贺志真师徒用了四十多年的时间开凿而成的。元泰定二年（1326年），在华山设立了《太华山创建朝元洞之碑》（陈垣《道家金石略》769—770页）。碑称记载，贺志真，号元希，元世祖忽必烈至元丙子年（1276年）自甘肃西部，不远千里，一杖一钵来至华山，在玉泉院西，依山劈荆结庐而居。后来，他攀登华山主峰，开始经营劈山凿洞大业。40年间，贺志真餐霞饮露，沿华山峪谷选址凿洞，甚至在鸟迹罕至、猿猱不到的危崖绝壁，攀藤悬空，凿石不止。据称，贺志真师徒在华山凿洞70有余，使修行的道友都有了栖身之所。贺志真因凿洞声名大震。元朝至元大德已亥年（1299年）11月，贺志真在长安潜真庵逝世，年88岁。其徒姚真常等，将其遗骸归葬于华山全真观西山的石龛中。众徒遵照贺志真遗训，长驻全真观，全力开凿华山朝元洞。朝元洞殿堂，云山之间，绝壁石龛，宏伟壮美，天人之观；殿正中供奉三清金身塑像，两厢有大小神像四百余尊，构成一幅浩浩荡荡的朝元图。

仅仅出于史学研究，晚清开始出现了历史地理学。追溯道教历史，感知洞天福地乃是基础功夫。研究全真教的风骨精神，最好的教室莫过于华山朝元洞了。近年，学者注意到了对全真石窟的研究，也开始关注华山朝元洞了（景安宁《道教全真派宫观、造像与祖师》284—285页，中华书局，2012年）。名山既是原始人类的故乡，也是各种神明的家乡。道教有著名的《五岳真形图》，有洞天福地的神性地理原理。华山朝元洞最突出的意义有三点：（1）朝元洞的开凿是全真华山派最为得意的荣耀篇章。至少在《七真传》里（团结出版社，1999年，156—166页），朝元洞的开凿故事已经"嫁接"到了华山派祖师郝大通身上。（2）全真修炼有两种基本途径：绝世观心和苦行劳作（"打尘劳"）。朝元洞开凿的故事是二者最完美的结合。（3）《周易·大畜》指出："天在山中，大畜，君子多识前言往行，以畜其德。"开凿朝元洞，不仅需要"君子多识前言往行，以畜其德"，并且是履险如夷、出生入死、无限巨大的艰辛劳作；"所畜之德"是名副其实的"大畜"：不仅"天在山中"，并且""道在山中"，人也在仙境了。华山朝元洞是天人的伟大对话，是人和自然的崇高合作，是西岳文明和全真修炼的传奇合唱。《金莲正宗仙源像传序》中写道：

　　大道之妙，有非文字可传者，有非文字不传者，此《仙源像传》所以作也。一日以此意为西蟾先生言之，西蟾欣然称善，乃相与博搜传记，旁及碑碣，编录数年，始得详悉。乃图像于前，附传于后，名曰《全真正宗仙源像传》。

　　《金莲正宗仙源像传序》的"大道之妙，有非文字可传者"，仅仅说到了二维的图像，还没有牵涉三维洞穴的存在奥秘。"洞穴"者，既是人类告别动物史的栖身家园，也是道教历史上热衷宣扬的洞天福地，还是今日欧洲核子研究中心的实验基地。

第五节　朝天阙：重阳宫与白云观

　　据丁煌的《唐代道教太清宫制度考》，唐代长安太清宫具体位置就在八仙庵附近，房舍近千间，守卫的兵士达五百人之多，由宰相直接管理。唐玄宗给太清宫作《霓裳羽衣曲》，杜甫写作《朝献太清宫赋》。由唐玄宗建立的道教太清宫制度，一直沿承至北宋末年，历四百年之久，在王重阳时代宣告结束。王重阳创建全真教，源于对异族的精神抵抗；丘处机光大全真教，源于和异族的历史合作。王重阳从唐朝长安城出发，丘处机于北京长安街撒手。中国道教的重心，也由王重阳的长安太清宫，迁移到了丘处机归葬的北京白云观。

　　今天的白云观，既是首都北京的旅游名胜，也是中国道教的玄都中心。白云观记载了华夏民族的盛衰变迁，也记录了全真道教的心灵哀乐。"据碑刻史料，白云观源于唐朝的天长观，创建于开元二十七年（739年），颇极壮丽。"（程越《全真祖庭白云观在金元时期的沿革》）作为北京白云观前身，唐开元二十七年始建的天长观，只是幽州的地域道观。王重阳的清修源于民族的家国苦难，全真教的崛起根于法箓道的历史灾难。"安史之乱"终结了盛唐，"靖康之耻"消灭了北宋，皆与官方道教的法箓表演有关。"安史之乱"的首领正是幽州（范阳）节度使安禄山。颠覆盛唐的安禄山是西域胡族，绞杀北宋的女真人也是少数民族。

金正隆年间（1156—1160年），天长观遭火灾焚烧殆尽。金大定七年（1167年）敕命重修，历时八载，至大定十四年（1174年）三月竣工。金世宗赐名曰"十方天长观"。金泰和二年（1202年）天长观又不幸毁于火灾，仅余老君石像；翌年重修，改名曰"太极宫"。金宣宗贞祐二年（1214年），国势不振，迁都于河南汴梁，北京太极宫遂逐渐荒废。丘处机赴雪山应成吉思汗聘，1224年回京后居太极宫。元太祖因其道号长春子，诏改太极殿为长春宫。1227年丘处机羽化，弟子尹志平等在长春宫东侧购建下院，即今白云观，并于观中构筑处顺堂，安厝丘处机灵柩。《燕京白云观处顺堂会葬记》中记载：

> 长春大宗师既仙去，嗣其道者尹公乃易其宫之东甲第为观，号曰白云，为葬事张本也。越明年三月朔，召其徒而告之曰：父师殡于葆光，未安也。吾将卜地白云，构堂其上而安厝之。（陈垣《道家金石略》458页）

文献记载表明，"白云观"的名称来自于尹志平，"号曰白云，为葬事张本也"。白云观原属元代长春宫（唐代天长观、金代太极宫）的一部分，是"安厝邱处机灵柩"之处。这是狭义的白云观。广义白云观即指元代长春宫（唐代天长观、金代太极宫）。现在的北京白云观是广义概念的白云观，它是全真道教第一丛林，北京白云观位于北京西便门外，是道教全真三大祖庭之一。新中国成立后，中国道教协会、中国道教学院等机构先后设在这里。白云观也是

"文革"中北京很少没被破坏的寺庙之一。白云观今存观宇格局，为清康熙四十五年（1706年）重修，有彩绘牌楼、山门、灵官殿、玉皇殿、老律堂、丘祖殿和三清四御殿等。明初，长春宫以处顺堂为中心重建宫观，并易名为白云观。清初，王常月主持对白云观又进行了一次大规模的重修，基本奠定了今日白云观之规模。

窝风桥于1988年重建，为南北向的单孔石桥。窝风桥下并无水。桥洞两侧各悬一枚古铜钱模型,刻有"钟响兆福"四字,钱眼内系一小铜钟。那么，为什么要修建一座桥呢？据说，由于北方风猛雨少，观外原有座"甘雨桥"，人们便在观内修了这座"窝风桥"。两座桥象征风调雨顺。"甘雨桥"为纪念王重阳甘河遇仙而建。《老律堂》原名七真殿；供奉全真七子：中座为丘处机，左边依次为刘处玄、谭处端、马钰，右座依次为王处一、郝大通、孙不二。清代高道王常月曾奉旨在此主讲道法，开坛传授戒律。后世为纪念这一盛事，便将七真殿改称"老律堂"。《丘祖殿》奉祀全真龙门派始祖丘处机。殿内正中摆放着一个巨大的"瘿钵"，系一古树根雕制而成，此钵为清朝雍正皇帝所赐。传说观内道士生活无着落时，可抬着此钵到皇宫募化，宫中必有施舍。丘处机的遗蜕就埋藏于此"瘿钵"之下。

北京白云观为宫观式建筑群。金代改建太极宫后，初具道教丛林规模，时有"千柱之宫，百常之观，三极之坛，巍巍乎，奕奕乎"的赞语。据记载，元代的长春宫已是"正殿五间""方丈卢室，舍馆厨库，焕然一新""琳宫秘宇，似于王者"。现存建筑均为明清两代所重建，主要建筑由南至北分中东西三路。中路轴线上的殿堂依次有灵官殿、玉皇殿、老律殿(七真殿)、丘祖殿、三清阁和四御殿以及后花园；东路有南极殿、斗姥阁和恬淡守一真人塔；西路有吕祖殿、八仙殿、元君殿、元辰殿和祠堂院等。白云观融合南北方宫观、园林的特点，尤其是后花园，无论亭台楼阁还是树木山石，均精巧别致,安排得恰如其分,有"小蓬莱"的美誉。从全真教历史看,"人间蓬莱"的北京白云观,是王重阳"活死人墓"的修炼功果。

金庸的《射雕英雄传》中的"活死人墓"原型就在陕西户县的重阳宫,重阳宫是全真教的天下祖庭。祖庵镇因全真祖庭而得名,户县因《甘誓》有扈氏而得名,王重阳因甘水而得道。李道谦写全真教史,题目就是《甘水仙源录》。白云观雄居北京,重阳宫在终南小镇。在全真教的整个历史上,重阳宫不仅和白云观相提并论,并且无出其右者:(1)这里是王重阳修炼、得道并归葬的地方;(2)这里是马丹阳传道10年的地方。马丹阳一生传道的时间只有13年啊。(3)这里是全真四子(马丹阳、谭处端、刘处玄、丘处机)给王重阳守墓3年的地方,是马丹阳"心死祖庭"之处。

王重阳仙逝后,1172年马丹阳诸弟子护送其遗骨葬于刘蒋旧居。马丹阳执掌全真教,于其地建立道观,1174年"手书'祖庭心死',以表其额。庵为祖庭,自此始也"(王利用《马宗师道行碑》)。1198年,北七真王处一奏请,为刘蒋祖庭购得灵虚观额。"这标志祖庭由一个民间修行的非法庵所转变为朝廷认可的正式宫观。"(张

全真祖庭重阳宫

广保《金元时期全真祖庭研究》）元太宗十年（1238年）"将祖庭之灵虚观正式改为重阳万寿宫"。重阳宫在元代北方道教中影响很大，居全真道三大祖庭之首。重阳宫享有"天下祖庭""全真圣地"之尊称，悬挂在山门上方的元帝御赐金匾清晰可辨。据载，元代重阳宫的殿堂建筑共计五千余间，东至东甘河，西达西甘河，南抵终南山，北近渭河；全真道徒往往云集于此，最盛时近万人。我们不难想见当年宫殿的宏大气势。元代的《终南山甘河镇遇仙宫诗序》中写道：

> 甘之一水，其用有如此者，我重阳祖师之道其传而当至于百千万世之无穷，予不得而预言之。始以正隆以来，百年三四传中众所同见者而观之，其出自门下登真者自丘、刘、谭、马数师真以降，不知其几百千人。其赖以生死肉骨者不知其几千万人，其宫观不知其几千百所，凡颅圆趾方号物之灵者，苟能撒胸中之自蔽而向之，莫不在大光明中随求而随给。信乎，其充塞霄壤也？原其始动之机，实自此水遇二仙饮以一杯之力而发之。故洞真真人于公即其地立其宫，以志之也。（李道谦《甘水仙源录》）

"洞真真人于公"，即元代重阳宫的著名道长于善庆。于善庆时期，重阳宫达到全盛；碑石林立，宫观连绵。重阳宫现在陈列元时道教全真石刻文物八十余通（件），碑石55通，尤以31通巨型元碑最为著名。许多碑文由赵孟頫、姚燧、王重阳、尹志平、商挺等名家高道所书，此外还有少量金代及明清碑石。其中《大元敕藏御服之碑》《皇元孙真人道行碑》为元代大书法家赵孟頫所书，殊为珍贵。而《皇帝玺书碑》等五通蒙汉文对照碑，碑文为八思巴蒙古字与汉字合刻。现存八思巴古字碑在全国已发现有二十余种，祖庵重阳宫碑林即保存有五通，实属罕见。

就中国文明传统言，文之重者立碑，史之巨者勒石。卡尔·马克思在《1844年经济学—哲学手稿》中指出，工业是人类打开的心理学。重阳宫和白云观是全真教凝固的心灵史。在《艺术作品的本源》中,海德格尔一再回溯希腊神庙。出于历史研究,程越、景安宁和张广保已经开始描摹全真教宫观。重阳宫和白云观是建筑吗？它们更是宗教庙宇,是全真圣殿！什么是宗教庙宇的本质特征呢？从《1844年经济学—哲学手稿》和《艺术作品的本源》看,人的心灵诉求和"道"（神）的绝对维度,乃是宗教庙宇的本质特征。元代的《终南山甘河镇遇仙宫诗序》的描述是："凡颅圆趾方号物之灵者,苟能撒胸中之自蔽而向之,莫不在大光明中随求而随给。"重阳宫和白云观作为宗教建筑,就是全真教的"大光明"居所,就是华夏"天阙"和"朝天阙"的地方。民族英雄岳飞和全真教祖王重阳是同时代人,岳飞著名的《满江红》有"待从头收拾旧山河,朝天阙",结局是悲壮陨落。王重阳也有"重整山河,再造乾坤"的激烈壮怀;重阳宫和白云观表明,全真教的"朝天阙"获得了历史性的辉煌成功。岳飞的"朝天阙"让人不无悲伤,王重阳的"朝天阙"令人回味深长。姬志真在《送李和甫归秦》中写道:

之子西归出凤城,芰荷风袭羽衣轻。
莲庐天地寸心事,咫尺云山千里程。
幸矣相逢亲识面,惜哉重别淡交情。
终南祖意君偏得,独向长安道上行。

重阳宫和白云观可谓"咫尺云山千里程"。就自然地理而言,它们是"云山千里程";就人文地理而言,它们是"咫尺云山程";就宗教地理而言,它们是"莲庐寸心事"和"莲庐天地心"。重阳宫位于华夏古都西安,其中有丘祖殿。白云观雄踞现代首都北京,其中有甘河桥。重阳宫和白云观作为全真祖庭的血脉一气,不仅让全真教士"心系祖庭忘酷暑",也使华夏儿女体味"独向长安道上行"。作为华夏政治哲学思想的体现,古都西安过去依靠的是"中（终）南山",现在的首都北京围绕着"中南海"。从"中（终）南山"到

"中南海",不仅记录着王重阳和丘处机的证道踪迹,不单记录着华夏民族从汉唐盛世到宋元衰落的历史,也启示着神州大地从中(终)南山的厚重坚实到中南海的开放变通的精神历程。"中(终)南山"和"中南海"不啻为华夏民族领悟山之仁厚、海之智慧的思想主题。"待从头收拾旧山河,朝天阙";全真祖庭的中心,从重阳宫转移至白云观的启示意义,不谓小矣。正是:"终南祖意君偏得,独向长安街上行。"

图书在版编目（CIP）数据

重阳登高·全真普世道情 / 高从宜，王肖岑著. —西安：西北大学出版社，2013.3

（中华根柢·道教三书）

ISBN 978-7-5604-3192-5

Ⅰ.①重… Ⅱ.①高…②王… Ⅲ.①全真道—道教史—研究—中国 Ⅳ.①B956.3

中国版本图书馆CIP数据核字（2013）第062281号

重阳登高·全真普世道情

作　　者	高从宜　王肖岑　著
出版发行	西北大学出版社
地　　址	西安市太白北路229号
邮　　编	710069
电　　话	029-88303593
经　　销	全国新华书店
印　　装	陕西向阳印务有限公司
开　　本	680毫米×960毫米　1/16
印　　张	18.25
字　　数	230千字
版　　次	2013年3月第1版　2013年3月第1次印刷
书　　号	ISBN 978-7-5604-3192-5
定　　价	49.00元